Les secrets de l'efficacité

D1513449

En faire plus en moins de temps les secrets de l'efficacité

savoir s'organiser au **bureau**
individuellement ou en équipe
mieux utiliser les nouvelles techniques
informatiques

Bruno Savoyat

MAXIMA
LAURENT du MESNIL•ÉDITEUR

Chef d'entreprise, diplômé en psychologie, **Bruno Savoyat** est un spécialiste reconnu de la gestion efficace du temps. Responsable de l'Institute of Business Technology (IBT) pour la France, la Suisse et la Francophonie, il a mis en place de très nombreux programmes d'efficacité personnalisés dans des entreprises de toute taille. Cette expérience et ses connaissances en PNL (il est responsable de l'École de PNL en Suisse Romande), de la formation (il a été longtemps professeur de psychologie) et du coaching (il enseigne à l'Institut de Coaching International et appartient au bureau de la Fédération Francophone de Coaching) en font aujourd'hui un consultant et un «coach» de dirigeants très recherché.

MAXIMA
LAURENT du MESNIL ● ÉDITEUR

192, bd Saint-Germain, 75007 Paris
Tél. : + 33 1 44 39 74 00 – Fax : + 33 1 45 48 46 88

(infos/nouveautés/catalogue sur www.maxima.fr)

© **Maxima, Paris 2000.**

ISBN 2.84001.193-X

TABLE DES MATIÈRES

Partie III

LES SECRETS DE L'EFFICACITÉ AVEC LES NOUVELLES TECHNOLOGIES DE L'INFORMATION ET DE LA COMMUNICATION

CHAPITRE 1

CHAPITRE 2

CHAPITRE 3

PRÉFACE

Avez-vous trop à faire ou trop peu de temps pour accomplir ce que vous avez à faire ?

Les changements vous semblent-ils se précipiter trop rapidement pour les suivre ?

Les technologies vous compliquent-elles la vie ?

Votre entreprise semble-t-elle attendre de vous plus que vous ne pouvez raisonnablement lui donner ?

Si vous répondez OUI à l'une ou l'autre de ces questions, sachez que vous n'êtes pas le seul ! Des études montrent que nous travaillons plus dur que jamais. De plus en plus de femmes ont désormais une vie professionnelle. De plus en plus de couples travaillent tous les deux à plein temps et ont ainsi moins de temps pour s'occuper de leur vie familiale et privée… et moins de temps encore pour aller respirer le parfum des roses !

Les entreprises connaissent la même situation. Les pressions concurrentielles sont considérables. Aucun secteur n'est à l'abri. De l'agriculture aux secteurs de haute-technologie ou à l'industrie automobile, nos entreprises sont amenées à repenser leur façon de faire des affaires et de travailler.

Les entreprises, les dirigeants, les consultants et les professeurs d'université semblent tous d'accord avec le fait que la vitesse de traitement des affaires, le temps de réponse aux besoins de clients et de mise sur le marché de nouveaux services et produits à haute valeur ajoutée sont le facteur déterminant du succès dans l'économie d'aujourd'hui. Évidemment la rapidité est à l'origine de la plupart des pressions que nous ressentons tous.

Comment pouvons-nous répondre à ces problèmes ? Certains s'imaginent que tous ces problèmes vont disparaître d'eux-mêmes ! Il est peu probable que cela arrive. Cependant comme le développement a pratiquement éliminé la misère noire et la famine dans le monde occidental, il doit être possible de garder « le bon » et d'éliminer « le mauvais ». C'est ce que Bruno Savoyat nous propose dans ce livre.

Les secrets de l'efficacité ouvre la porte à des solutions pour faire face au stress et aux pressions de notre vie professionnelle. Il existe des techniques à notre portée en tant qu'individus qui permettent de rendre le travail plus facile. Bruno Savoyat nous montre dans son livre ce qui est le plus intéressant pour nous : ces méthodes sont entièrement sous notre propre contrôle.

Obtenir un meilleur contrôle sur notre stress commence par une meilleure maîtrise de notre façon d'aborder le travail. Nous pouvons profiter des nouvelles technologies pour travailler plus efficacement. Nous pouvons collaborer plus étroitement avec nos collègues. La chance atteint ceux qui sont prêts à tirer le meilleur parti de ces techniques.

Le secrets de l'efficacité vous montre comment faire.

Lisez-le. Appliquez-le. Réussissez.

Kerry Gleeson
Président d'IBT International

AVANT-PROPOS

Un livre à mettre en pratique

Ce livre se veut pragmatique. Il est entre vos mains pour vous rendre service et pour vous aider à gagner en efficacité. Les meilleures pratiques ont été retenues pour vous. Elles nécessitent un faible investissement financier, et une mise en œuvre simple, pour un impact maximal sur votre productivité, sur la qualité de votre travail et sur la satisfaction que vous retirerez de votre vie professionnelle. Une lecture méthodique de cet ouvrage du début à la fin vous aidera à faire une révision systématique de votre manière de travailler. Une découverte par thème vous permettra d'aller directement aux points qui vous intéressent.

Vous pourrez appliquer ces principes seul ou avec votre équipe. Ils seront pour vous une aide précieuse qui vous permettra d'atteindre vos objectifs quelle que soit votre position dans l'entreprise. Ce livre peut vous ouvrir les chemins d'une nouvelle vie, sa lecture seule ne sert à rien, ou à presque rien. En effet, pour être utile, il faut le mettre en pratique.

Prenez donc immédiatement une première décision : la décision de passer à l'action tout de suite !

Un monde en mutation, l'entreprise en mutation

Le passage immédiat à l'action est prioritaire. Notre monde est en mutation et franchit des zones de turbulences. Les pratiques professionnelles doivent donc être révisées et transformées pour s'adapter au contexte mouvant, pour parvenir à une plus grande efficacité à moindre coût. Cette nouvelle révolution du travail est liée au fait que l'entreprise change ses paradigmes.

Un paradigme est un cadre de pensée, une structure intellectuelle permettant la compréhension et l'explication de certains aspects de la réalité.

Un changement de paradigme, c'est-à-dire une nouvelle façon de penser de vieux problèmes, fait apparaître un principe qui était déjà présent, mais que nous n'avions pas reconnu. Le nouveau paradigme inclut l'ancienne perception comme une vérité partielle, un aspect de la réalité, mais il couvre un plus grand champ que l'ancien. Le nouveau paradigme s'impose soudain à notre perception et à notre compréhension comme une évidence.

Le changement de paradigme ne consiste donc pas en un acquis de connaissances mais en un regard neuf sur les mêmes éléments. Subitement ces éléments s'organisent et acquièrent un sens nouveau qui devient une évidence. Notre pratique en est alors profondément modifiée.

Amusez-vous à repérer dans votre entreprise ou ailleurs les nouvelles tendances qui émergent et qui traversent l'entreprise.

Ancien paradigme en train de s'estomper	Nouveau paradigme en train de se révéler
Comment évolue l'environnement de l'entreprise ?	
Le marché est local, national.	Le marché est global, mondial.
Le marché est stable.	Le marché est sans cesse mouvant.
Le monde est clos et protégé.	Le monde est ouvert, avec des risques d'effet de domino.
Il est facile de garder des informations dans un milieu préservé.	Il y a transparence et il n'est presque plus possible de conserver des informations secrètes.
L'entreprise est face à un marché de demandes (la demande crée l'offre).	L'entreprise est face à un marché d'offres (l'offre crée la demande et des besoins nouveaux).
Le produit est rare.	Le client est rare.
Le client est patient, les rythmes sont lents.	Le monde est un monde d'immédiateté, le client ne veut pas attendre.

Ancien paradigme en train de s'estomper	Nouveau paradigme en train de se révéler
La concurrence joue sur les prix.	La concurrence joue sur les prix et sur la qualité du service ajouté.
La concurrence est agressive.	La concurrence passe par un positionnement attractif.
La valeur réside dans la durée de vie des produits.	La valeur réside dans la vitesse d'introduction de nouveaux produits.
La production est de masse pour réduire les coûts et satisfaire une grosse demande.	La production cherche à s'adapter aux besoins différenciés des clients.
La lutte entre concurrents est frontale.	Les entreprises sont à la fois clientes, concurrentes, fournisseurs et partenaires les unes des autres (« Business Ecosystem »).
La valeur réside dans la production au meilleur coût.	La valeur réside dans une production respectueuse de l'environnement.
La longévité de l'employé dans une entreprise est importante. L'ancienneté de l'employé dans l'entreprise et sa fidélité sont récompensées par une médaille du travail.	La richesse des expériences acquises est privilégiée. La disponibilité pour une mobilité géographique, ou entre départements, ou encore d'une entreprise à l'autre devient une nécessité.
La formation initiale de l'employé est la référence.	La formation est permanente.
Le diplôme fait la sélection.	La capacité à relever le défi d'une mission fait la sélection.
La sécurité d'un employé passe par la sécurité de l'emploi.	La sécurité devient l'employabilité.
La richesse est produite par l'industrie.	La richesse est produite par les prestations de services.
L'information descend en cascade depuis le sommet. Elle est réinterprétée, appauvrie et distillée. L'information remonte mal.	L'information originale est entièrement et immédiatement disponible pour tous sur le réseau. Elle circule dans tous les sens.
La rationalisation et le détail sont valorisés.	Le pragmatisme et la globalité sont valorisés.
Si le pouvoir pose problème, on change celui qui détient le pouvoir.	Si le pouvoir pose problème, on change la nature du pouvoir.

Ancien paradigme en train de s'estomper	Nouveau paradigme en train de se révéler
Chaque pays, chaque entreprise protège sa langue, sa culture et sa spécificité.	La mondialisation donne un avantage aux pays et aux entreprises qui savent faire vivre ensemble les diversités culturelles, linguistiques. Liée à un maximum de pays, chaque entreprise devient une micro-représentation du monde.
Comment le cap est-il décidé et géré ?	
La vision est l'expression d'un dirigeant.	La vision est l'expression consensuelle de l'entreprise.
On parle de culture d'entreprise.	On parle de « l'entreprise apprenante ».
Le changement est considéré comme une prise de risque.	Le changement est considéré comme une opportunité.
La stratégie est plutôt déterminée du haut vers le bas.	La stratégie est plutôt participative.
La stratégie est plutôt réactive face à l'environnement, à la clientèle et à la concurrence (rattraper les concurrents, accroître ses parts de marché…).	La stratégie est pro-active. L'entreprise cherche à se démarquer par des approches originales (plus de valeur pour le même prix, design, innovation permanente, création d'effets de mode…).
La rigueur de la planification et des procédures décidées par la direction laisse l'entreprise dépourvue face à l'imprévu.	Les acteurs de terrain ont une large liberté d'initiatives pour réagir aux situations imprévues.
L'entreprise élabore sa conception stratégique dans l'isolement.	La démarche stratégique se conçoit dans un réseau d'alliances.
La stratégie est monolithique et définitive.	La stratégie est dynamique et stimule les retours d'information pour une adaptation permanente.
L'entreprise est conçue pour être solide et stable.	L'entreprise est conçue pour être stable, flexible et compétitive.
On cherche le coût de production le plus bas par le « Juste à Temps », la « Qualité Totale ».	On diminue encore plus les coûts de production par le « reengineering » (repenser les processus).
Le développement de nouveaux produits est issu de la recherche des ingénieurs.	L'initiation de nouveaux produits est issue du marketing et des commerciaux « à l'écoute des clients ».
L'innovation est due à une personne.	L'innovation est le fait d'une équipe.

Ancien paradigme en train de s'estomper	Nouveau paradigme en train de se révéler
La restructuration est centrée sur les diminutions d'effectifs.	La restructuration est centrée sur la valeur ajoutée, la croissance et le développement des meilleures pratiques.
Le changement est ponctuel.	Le changement est permanent.
L'important semble être d'initier un changement.	L'important semble être de mener un changement à son terme.
Comment l'entreprise est-elle organisée ?	
La présence se manifeste par proximité physique (du client, de l'entreprise…).	La présence se comprend plutôt comme une proximité virtuelle (grâce à l'internet, l'extranet, l'intranet).
L'entreprise est centralisée.	L'entreprise se décentralise et est développée en réseaux fluides.
L'emphase est mise sur la performance de l'individu ou d'une fonction.	L'emphase est mise sur la performance d'un processus.
Le client est externe.	Le client est externe et interne.
Le fournisseur est externe.	Le fournisseur est externe et interne.
La séparation des départements se fait par métier. La communication entre départements est cloisonnée.	L'intégration pluridisciplinaire est recherchée.
La structure se conçoit par fonctions, métiers.	Les équipes de projets sont composées pour un projet, puis sont défaites.
La hiérarchie est pyramidale. Les cadres intermédiaires font les relais d'information entre le décideur et la base.	Les hiérarchies s'aplanissent. Les niveaux intermédiaires disparaissent.
La structure est pyramidale.	La structure est maillée, mouvante, en réseau, en prise avec les clients, les fournisseurs, les actionnaires, le personnel, la société.
La gestion des projets passe sur informatique. La communication bi-directionnelle est faible.	La gestion informatique des projets et le groupware permettent de favoriser une bonne communication sur les projets.
Il est important de créer une infrastructure qui traite les données.	Il est important de créer un environnement qui permette aux individus de combiner les informations.
Les réseaux informatiques donnent accès à des bases communes.	Les réseaux informatiques permettent de travailler ensemble.

Ancien paradigme en train de s'estomper	Nouveau paradigme en train de se révéler
L'employé a son territoire dans l'entreprise (bureau…).	L'employé peut ne pas avoir de bureau dans l'entreprise (travail à distance).
Toute l'équipe est dans les mêmes locaux près de son chef.	Une équipe peut être dispersée sur plusieurs sites, certains membres peuvent travailler chez eux, le management à distance apparaît.
Changer le contenant (structure, stratégie…).	Changer le contenu d'abord (valeurs, comportements…).
Comment l'entreprise est-elle gérée ?	
Utiliser le rapport de force pour marquer son identité.	Utiliser une attitude gagnant-gagnant et un esprit de coopération.
Le dirigeant dicte les changements comportementaux.	Le dirigeant donne l'exemple.
Le dirigeant est un stratège.	Le dirigeant est un stratège et un bâtisseur.
Le dirigeant distribue les ressources.	Le dirigeant est le leader de l'entreprise.
Diriger, c'est régner.	Diriger, c'est servir.
Le chef est l'autorité, il est normatif.	Le responsable est leader et coach, il est mobilisateur.
Le chef est roi.	Le client est roi.
Le chef est un modèle de compétences.	Le chef développe les compétences de son équipe.
Le chef décide, planifie, gère, contrôle.	Le chef rassemble autour d'une vision, fait prendre les décisions et résoudre les problèmes, stimule et coordonne la planification collective, l'auto-organisation et l'auto-contrôle.
L'entreprise stimule un phénomène de dépendance.	L'entreprise stimule responsabilité et autonomie.
L'employé est un subordonné.	L'employé est un pair.
Le respect des règles est privilégié.	Le respect des règles se nuance par la recherche d'apport de valeur.
La fonction est mise en avant.	La mission est mise en avant.
La reconnaissance se fait selon l'ancienneté.	La reconnaissance se fait selon les compétences et le potentiel.
Travailler, c'est produire.	Travailler, c'est produire et améliorer.
On met en valeur l'efficacité individuelle.	On met en valeur l'efficacité de l'équipe.

Ancien paradigme en train de s'estomper	Nouveau paradigme en train de se révéler
Pour élaborer en équipe, on multiplie les réunions.	Pour élaborer en équipe, information et idées s'échangent d'abord à travers le groupware (les réunions sont moins fréquentes).
Les connaissances et les savoir-faire sont dans la mémoire d'un individu.	Les connaissances et les savoir-faire sont sauvegardés et partagés.
Connaissances et informations donnent le pouvoir. Peu de partage et beaucoup de rétention d'informations.	La diffusion large des connaissances et informations utiles est valorisée. La rétention est dévalorisée.
Est compétent celui qui sait.	Est compétent celui qui sait faire et qui sait être.
Imiter est considéré comme perdre son identité.	Imiter est une preuve d'humilité et de sagesse qui permet de s'enrichir des meilleures pratiques.
L'opérationnel est un exécutant.	L'opérationnel est un entrepreneur.
L'action est orientée sur le but à atteindre.	L'action est orientée, non seulement sur le but à atteindre, mais également sur la manière de l'atteindre.
La perfomance se mesure quantitativement en interne.	La perfomance est vérifiée qualitativement aux résultats obtenus pour le client grâce à une proximité des acteurs de terrain avec le client.
Le changement s'impose par la contrainte.	Le changement procède par adhésion.
Le changement se fait en rouleau compresseur avec peu de retour d'information et de remise en question.	Le changement se fait dans un va-et-vient permanent entre information et décision.

Le concept d'« organisation en apprentissage permanent » a été développé par les grandes multinationales pour trouver de meilleures réponses à une évolution accélérée et à une concurrence exacerbée. Savoir améliorer, savoir repenser l'évidence et la tradition, savoir changer et se transformer sont aujourd'hui des conditions de survie.

La biologie nous montre que, dans tout système vivant, l'élément qui a la meilleure longévité et qui a tendance à devenir l'élément dominant est celui qui a la plus grande capacité à s'adapter, rapidement et simplement, à des milieux changeants et à des conditions variables. L'approche systémique nous apprend que ce modèle va au-delà de la biologie et s'applique aussi aux autres systèmes. On l'appelle « la loi d'Ashby » ou « loi de l'indispensable diversité ». Cette loi s'applique de la même manière dans l'univers de l'entreprise.

Rolf Ashby a établi que « la condition nécessaire pour qu'un système variant puisse prendre le contrôle d'un autre système variant est que sa variété soit supérieure à celle de l'autre système ».

Quand l'entreprise est fortement centralisée, elle subit un grave ralentissement dans la transmission d'informations qui sont souvent de plus déformées ; elle a peu de capacité à s'adapter à un environnement fluctuant. Au contraire, une entreprise décentralisée dispose d'une capacité à faire prendre les décisions par plus proche de ses points de contact avec l'environnement, elle développe de ce fait une capacité à s'adapter au plus près des intérêts de son environnement et du sien. Son tableau de bord équilibré (voir *Focal Point*, page 276) fait circuler les informations quantitatives et qualitatives, objectives et subjectives, vers toutes les voies décisionnelles et permet à toutes les instances de décision de réagir à une vitesse supérieure à la vitesse de changement de son environnement.

Les grandes administrations publiques elles-mêmes cherchent à appliquer le concept d'« organisation en apprentissage permanent » à travers ce qu'il est communément admis d'appeler le « New Public Management ». Elles veulent, elles aussi, favoriser la qualité du service à leurs clients ou administrés, à de meilleurs coûts de production, tout en stimulant l'évolution, l'apprentissage et la satisfaction de leurs fonctionnaires et en se repositionnant de manière plus adéquate.

Devant cette mutation importante des organisations, allons au-delà de l'ancien cadre de pensée et découvrons les nouvelles tendances qui marquent notre temps. Inspirons-nous en pour voir venir les changements, les initier ou nous y préparer.

Rappelons-nous qu'au cœur du changement, il y a l'homme et il y a les équipes. C'est d'abord au niveau de la capacité de l'individu et des équipes à changer et au niveau de leur disponibilité, que doit se placer notre attention pour faciliter ensuite l'irruption des grands changements.

Actuellement, l'homme ne vit pas seul, il est un homme communiquant au sein d'un réseau utilisant ou non des technologies de communication. L'homme a un défi multiple : améliorer son efficacité personnelle au sein d'un réseau et adapter ses comportements aux nouvelles technologies de communication.

L'objet de cet ouvrage est de vous fournir les éléments utiles pour contribuer à préparer et à accompagner les changements. La base de notre expérience est celle des actions menées dans les entreprises qui ont fait appel aux services du PEP (Programme d'Efficacité Personnalisé) d'IBT (Institute for Business Technology).

La méthodologie choisie est douce et simple, concrète et performante. Ce sont les choses simples qui marchent le mieux.

Notre action est orientée vers ce que l'on pourrait appeler la quête de « l'élégance de l'efficacité ». Cette élégance consiste à développer une attitude et des comportements professionnels qui vont vers la simplicité, l'épuration du geste, du comportement et de la tâche, la disparition de l'inutile, l'utilisation de ressources minimales, le respect de soi, le respect de l'autre, tout cela pour produire un impact maximal sur la mission de chacun. L'action efficace devient alors élégante, belle, et son sens réapparaît.

LA VIE DE BUREAU
ET SES DYSFONCTIONNEMENTS

OBJECTIFS
• **Prendre conscience des dysfonctionnements du travail personnel**
• **Prendre conscience des dysfonctionnements du travail en équipe**
• **Comprendre pourquoi ces problèmes apparaissent**
• **Comprendre la résistance au changement**
• **Connaître les stratégies permettant d'introduire le changement**
• **Se mobiliser pour tester des propositions d'amélioration**

Les mille et un tracas de la vie de bureau

La vie de bureau a ses joies et ses malheurs. À travers ces portraits des incidents de la vie de bureau, vous reconnaîtrez sans doute des situations familières.

Se perdre dans l'information

Les temps actuels sont malades de trop d'informations indigestes. Les magazines spécialisés sont pléthores. Les chaînes de télévision ou de radio nous inondent d'informations de toutes sortes.

Internet est un véritable océan de données sur lequel surfer peut signifier se perdre. Les fax «crachent» du papier à longueur de journée et la messagerie électronique est en train de les surpasser. Les réunions se multiplient. Le téléphone trône toujours sur notre bureau et nous tient comme en laisse ; devenu portable, il ne nous lâche plus. Les listes de distribution (mailings, fax, messagerie électronique…) sont endémiques et accablent des innocents qui ne leur ont rien demandé. En fait de « bureau sans papier », les piles de documents encombrent les tables, attendant leur heure qui semble ne jamais venir et quand enfin elle arrive, une autre pile surgit aussitôt pour occuper l'espace libéré.

Dans ce dédale et ce débordement d'informations, il y a de quoi perdre la tête et s'égarer.

Les informations arrivent en vrac. Elles sont mal organisées, mal classées, sur des supports de plus en plus divers. Mises à la disposition de tout le monde, elles échappent à celui qui s'en croyait propriétaire pour lui revenir sous une autre forme. Et quant elles sont confidentielles, elles s'abritent derrière des codes d'accès soigneusement cryptés. Certains accès vous sont réservés, mais encore faut-il que vous vous souveniez des mots de passe.

Retrouver des données est un exploit réservé aux aventuriers des temps modernes, ces nouveaux explorateurs qui savent découvrir, compiler et organiser l'information.

Perdre son temps

Les documents semblent disparaître alors qu'ils étaient là, tout proches, l'instant d'avant : temps perdu.

Pour un oui ou pour un non, il faut se déplacer dans l'entreprise ou à l'extérieur pour une réunion. Le temps passé en déplacements augmente. Les voyages sont toujours nombreux. Encore du temps perdu.

Les réunions elles-mêmes sont décevantes, comparées au temps qui leur est consacré et au travail qui aurait pu y être accompli.

Et il va de soi que si les réunions ne sont pas productives, c'est la faute des autres, même si c'est peut-être aussi à cause de soi ! Temps perdu.

Téléphoner devient aussi une corvée. Combien d'appels pour joindre la bonne personne ! L'interlocuteur est en réunion ou en déplacement. Pour quelques minutes de conversation, quel temps il a fallu dépenser ! Temps perdu.

Un ordre tombe : l'exécution commence. Le contre-ordre arrive aussitôt. Un projet démarre. Avant même de l'avoir finalisé, il faut déjà s'atteler à un autre projet et le temps investi sur le premier est irrémédiablement passé en pertes et profits. Temps perdu.

Le dédale du système organisationnel

Le monstre du système organisationnel a pour nom « bureaucratie ». Son art est de générer du travail inutile grâce à son talent inné pour compliquer ce qui pourrait être simple et ajouter des contrôles aux contrôles dans un jeu de cascades successives. Sa mission semble être d'occuper le temps et d'asseoir l'autorité d'un chef sur un plus grand nombre de personnes, plutôt que de produire des services utiles à l'entreprise ou à l'organisation. Son effet est pervers et se révèle toujours malfaisant quand il commence à pénétrer une équipe de travail.

Un cadre me fit à ce propos la confidence de son étonnante histoire. Occupant une position de manager dans une grande société, il avait peu à faire, mais ne devait pas le montrer pour justifier sa place et être tranquille. Au bout d'un certain temps, comme il s'ennuyait, il s'était mis au défi de prouver à sa hiérarchie qu'il avait besoin d'un assistant pour faire face à sa charge de travail. Assistant qu'il obtint au bout de quelques temps. Brillant succès face à l'absurdité ! Lassé de se sentir inutile, il a eu la sagesse de démissionner.

Dans une de mes fonctions antérieures, j'étais fasciné par la quantité d'activités parasites qui accaparaient notre équipe. Lors d'une réunion qui s'éternisait, j'ai fait cette remarque provocante à mes collègues : « Qu'est-ce que nous fonctionnerions bien si nous n'avions pas de clients ! ». La provocation a sidéré mon chef de service, surprit quelques collègues et une discussion s'est engagée. L'équipe admit que même sans aucun client nous serions très occupés, et que nous aurions enfin le temps de faire tout notre travail. Cette réunion fut le point de départ d'une remise à plat de nos activités, qui nous a permis de supprimer un grand nombre d'occupations inutiles et de revenir au cœur de notre mission.

Plus la mission est floue, plus les objectifs sont vagues et changeants, plus le monstre de la désorganisation risque d'apparaître. Dans une organisation internationale, au cours d'une séance PEP (Programme d'Efficacité Personnalisé), j'ai demandé aux participants comment ils contribuaient aux objectifs de l'organisation. Devant leur perplexité, je leur ai demandé quels étaient les objectifs principaux de leur organisation : nouvelle perplexité des intéressés et, de plus, effroi du chef de service qui découvrait l'ampleur de cette méconnaissance chez ses collaborateurs. Chacun était effectivement très occupé par ses activités, mais les activités parasites étaient nombreuses. En fait, leur travail manquait du sens que donnent une mission entraînante et des objectifs clairs.

Plus une institution grandit, plus elle a tendance à créer des circuits tortueux pour descendre et remonter la hiérarchie. Ainsi, l'autorisation pour l'engagement d'un employé peut demander jusqu'à une dizaine de visas ; l'achat d'une seule imprimante peut également être très gourmand en signatures. Les documents font facilement des aller-retour, suivent lentement des méandres curieux, s'arrêtent sur certains bureaux, puis reprennent leur circuit, poussés par les réclamations d'un client impatient ou d'un collaborateur exigeant.

Les délais peuvent paraître impossibles quand on s'en préoccupe trop tard, ou quand on n'est pas assez organisé pour absorber sa charge de travail. Ceux que l'on pensait pouvoir tenir en raison de sa bonne organisation personnelle sont soudain repoussés par l'absence de réponse ou les retards extravagants des collègues d'un autre service, ou de son chef, ou encore d'autres correspondants.

La pression extérieure et la surcharge font généralement voler en éclats les organisations peu efficaces. Leur capacité d'adaptation est faible. Elles sont peu entraînées à prendre du recul pour envisager les nouvelles situations. Si vous voulez tester la solidité de votre efficacité personnelle ou collective, voyez comment vous réagissez en temps de crise, de surcharge, de pression extérieure.

Sous la pression des humeurs de l'entourage

Travailler, c'est partager une vie collective. Difficile de ne pas se sentir touché par des remarques désobligeantes ou rudes. Difficile d'être insensible au collègue et ami qui connaît énormément d'ennuis personnels et demande beaucoup de temps pour parler et être écouté. Difficile de faire bonne figure quand le collègue du bureau d'en face est mal luné ou en colère contre tout et tous. Difficile de se concentrer sur son activité quand d'autres sont agacés autour de soi par les difficultés qu'ils rencontrent avec leurs clients, leurs activités ou d'autres collègues, et le font savoir bruyamment. Difficile d'être complètement à sa tâche quand le chef ne donne jamais de feed-back ou n'exprime jamais sa satisfaction devant ce qui a été fait. Difficile de rester attentif quand le collègue d'à côté passe sa journée à crier dans le téléphone. Difficile d'être dans les délais quand on ne répond pas à vos demandes.

Se démotiver
ou ne pas être à la hauteur des défis du professionnalisme

L'installation dans une routine de savoir-faire qui n'est plus remise en question pousse à en faire moins et, plus tard, à se démotiver. L'esprit d'initiative s'atrophie. La capacité à se remettre en question s'évapore et la résistance s'organise contre les risques de changement.

Le manque d'organisation génère des piles de papier, des retards, des oublis, des recherches fatigantes de documents égarés, des travaux inachevés. Se développe alors le sentiment de perdre le contrôle de son travail.

La limitation de l'espace de responsabilité d'une personne conduit à une diminution de son champ de perception. « Je fais ce que l'on m'a demandé, et si je n'obtiens pas les réponses attendues, ce n'est pas de ma faute ! » « On me demande de faire quelque chose de stupide, je fais quelque chose de stupide ! »

Pourtant, la qualité de service souhaitée par les clients internes ou externes s'élève de jour en jour. Ceux qui se sont endormis dans un conformisme de pensée ne se réveilleront pas, ou trop tard. Alors, après quelques sursauts d'agitation et de résistance, ils découvriront avec stupeur qu'ils ne sont plus à la hauteur du professionnalisme attendu.

Paradoxalement, le perfectionniste, si sûr et si désireux de bien faire, travaille mal. Winston Churchill a eu cette phrase lapidaire : « Perfection s'épelle p-a-r-a-l-y-s-i-e ». La meilleure manière de ne pas donner satisfaction est de vouloir être parfait. Notre monde ne demande pas la perfection, mais bien plus souvent la rapidité et la satisfaction des critères de qualité au niveau requis.

Managers débordés

Si les grandes entreprises ont en général des programmes de formation sophistiqués et des plans de développement pour leur encadrement, c'est loin d'être le cas dans toutes les petites et moyennes structures. Les bons collaborateurs y sont promus à des postes d'encadrement et, soudain, ce qui était une reconnaissance de leurs loyaux services devient un cadeau empoisonné. Ils se trouvent désorientés, en difficulté, voire en échec. Ils ne savent pas manager ! Leur nouveau métier exige de nouvelles compétences. Ils étaient appréciés, ils deviennent critiqués.

Par méconnaissance des outils de management, les nouveaux managers sont surchargés et n'ont ni le temps, ni la volonté de diriger et de piloter leurs collaborateurs.

Les managers qui sont formés au management et qui veulent se tenir informés, sont confrontés à des théories multiples, contradictoires et qui se renouvellent sans cesse. Ce qu'ils veulent : savoir comment s'en sortir au quotidien.

Une enquête de 1998 menée par l'IFOP et l'ICM au niveau européen révèle que, selon les cadres eux-mêmes, 50 % seulement des projets qu'ils mènent sont dans les délais et les budgets, 26 % sont dans les budgets mais hors délais, 14 % sont hors budget mais dans les délais, et 10 % sont hors budgets et hors délais.

Les facteurs d'échec déclarés par les cadres interrogés sont :
• l'ampleur des tâches quotidiennes qui ne laissent pas suffisamment de temps (68 %) ;
• le non-respect des délais et des échéances (51 %).

Les facteurs du manque d'efficacité de leurs équipes sont, toujours selon les mêmes cadres :
• le manque de clarté des objectifs (59 %) ;
• le manque de planification et d'anticipation (51 %).

Pour réaliser efficacement leurs missions, ces cadres déclarent qu'il leur faudrait améliorer :
• leur capacité à gérer les priorités (62 %) ;
• leur organisation personnelle (48 %) ;
• leur capacité à convaincre (47 %).

Plus de la moitié des cadres interrogés constate que leur entreprise est obsédée par le court terme. 70 % d'entre eux considèrent que leurs actions sont faites dans l'urgence.

Ces cadres disent travailler en moyenne 56 heures par semaine. Ils investissent donc beaucoup de temps pour remplir leurs missions. Tant de travail pour si peu de résultats !

Croisons cette enquête avec une recherche plus ancienne faite aux USA par le Pr. de Woot, et voyons ce qui occupe tant les cadres supérieurs :

• 49 % de leur temps est consacré à des tâches qui pourraient être accomplies par leur secrétaire ;

• 43 % de leur temps est consacré à des tâches qu'ils auraient pu déléguer à leurs assistants ou adjoints directs ;

• 5 % de leur temps est consacré à des tâches qu'ils auraient pu confier à d'autres collaborateurs.

C'est donc 97 % de leur temps qu'ils vouent à des activités qui ne sont pas les leurs. Il ne leur reste que 3 % de leur temps pour les activités et les responsabilités propres à leur niveau.

Non seulement c'est un piège pour l'entreprise dont les départements sont ainsi insuffisamment dirigés, mais c'est aussi une perte financière directe. Les salaires des secrétaires et des collaborateurs sont moins élevés que ceux d'un cadre supérieur. L'entreprise paie donc certaines activités à des taux nettement trop élevés.

Pourquoi ces dysfonctionnements ?

Globalement, nous pouvons considérer trois origines à ces problèmes : la formation, l'individu, l'environnement.

Première origine : la formation est incomplète. S'organiser est un aspect du travail qui est peu enseigné. Après des études professionnelles, c'est subitement la découverte d'un univers de papiers, d'écrans, de téléphones. Ce nouvel univers est agité par des informations, des sollicitations, des non-dits qui se croisent, se télescopent, se contredisent, se pulvérisent à haute vitesse devant nos yeux, dans nos oreilles, dans notre cerveau... Les rythmes tranquilles de l'université et des écoles professionnelles préparent rarement à survivre dans cet univers survolté.

Seconde origine : l'individu lui-même. Ses valeurs ne le poussent pas à l'efficacité. Il est préoccupé par lui-même ou par des événements extérieurs, et n'est pas disponible intérieurement. Il n'est pas assez structuré, il ne sait pas s'autodiscipliner. Il est plutôt fataliste et défaitiste.

Troisième origine : l'environnement ne facilite pas l'efficacité. L'entreprise elle-même et son management, mais aussi son réseau d'interlocuteurs externes, manquent d'un système organisateur, malgré les injonctions fréquentes à être efficace. L'environnement génère pression, désordre et inefficacité.

Les résistances au changement

Pourquoi changer ses habitudes ?

Les habitudes, ou automatismes, nous permettent de traiter de façon semi-conscient, voire complètement inconsciente, une quantité d'activités qui sont suffisamment rodées pour ne pas nécessiter de décisions particulières.

Les services de sécurité, par exemple, sont organisés pour que de nombreux savoir-faire et de nombreuses décisions soient entièrement pris en charge par des automatismes. Le pompier, l'ambulancier, le policier, le soldat, le garde du corps, le pilote... sont entraînés à traiter des situations de crise. Les décisions vitales sont automatisées. En effet, devant le danger, les réflexes devront assurer le geste qui sauve une autre vie ou qui protège la sienne. La réflexion doit être réduite.

Dans la vie quotidienne, lorsque nous conduisons notre voiture, nous n'avons pas besoin de réfléchir à toutes les séquences de comportements pour rouler correctement et éviter les accidents. Le pilotage automatique interne du conducteur assure la plus grande partie des manœuvres et lui permet de mener une discussion ou d'écouter la radio. Ce sont des automatismes, des habitudes.

Le grand avantage des automatismes que nous nous créons, est de nous libérer l'esprit pour qu'il réfléchisse ou qu'il se détende.

Des automatismes sont adaptés à certaines situations. Généralisés à d'autres situations, ils peuvent devenir totalement inadéquats. Par exemple, éviter ce qui est compliqué, lourd ou ennuyeux paraît naturel dans la vie ordinaire ; c'est même une attitude saine qui permet de s'investir dans des actions simples, légères ou amusantes. Mais si l'automatisme d'évitement se généralise, il posera problème car certaines actions doivent être accomplies, même si elles sont de prime abord compliquées, lourdes ou ennuyeuses. Cherchons alors le moyen de les rendre simples, légères et amusantes !

Il est donc important de remettre en question régulièrement ses routines, ses habitudes, ses automatismes, pour les maintenir adaptés aux situations que nous rencontrons et les rendre plus performants. C'est une question d'hygiène de vie, d'hygiène de travail.

Les entreprises engagent parfois des programmes de restructuration lourds, coûteux et douloureux qui, trop souvent, ne donnent pas les résultats escomptés. C'est qu'ils tenaient insuffisamment compte des comportements humains qu'il fallait modifier : les habitudes de travail. Bien des chefs d'entreprise et même des grands cabinets de conseil paraissent agir à cet égard avec une naïveté déroutante. Par analogie, c'est comme si pour résoudre ses problèmes informatiques (manque de certaines fonctionnalités, absence d'adéquation aux besoins...) une entreprise changeait tous ses ordinateurs en conservant les mêmes logiciels.

Restructurer une entreprise sans changer les habitudes de travail c'est ouvrir la porte à l'apparition des mêmes problèmes… et à la nécessité d'un nouveau plan de changement.

Or, les nouvelles technologies de l'information et de la communication nous forcent à modifier nos habitudes de travail. Si nous ne le faisons pas, aussi sophistiqués que soient les nouveaux outils, nous courons le risque de retrouver nos vieux problèmes, mais transposés dans des technologies de pointe. Celui dont les tiroirs et les dossiers sont mal rangés aura une grande propension à déplacer ce désordre dans son disque dur et ses disquettes…

Dans notre environnement en évolution très rapide et de plus en plus complexe, celui qui ne change pas se condamne. L'entreprise qui se contente de vivre sur ses acquis sera vite en difficulté.

Travaillez rusé, vous ferez des économies d'énergie, des économies de temps, et vous conserverez votre enthousiasme ! Le paresseux est un bon modèle : il cherche à fournir le moins d'efforts pour arriver à son résultat. Au contraire, travailler dur pour obtenir peu est un mauvais calcul. L'apprentissage n'est jamais terminé. Il est toujours possible de s'améliorer.

La seule chose qui ne change pas, c'est que tout change de plus en plus vite ! Cette vérité ne date pas d'aujourd'hui, mais de la Grèce antique avec son célèbre *panta rei* (tout coule et se renouvelle toujours).

Pourquoi est-il si difficile de changer ?

Changer semble difficile parce que cela affecte à la fois l'individu, l'équipe et l'entreprise.

Le changement comporte en effet un paradoxe. Pour survivre, tout système cherche à stabiliser ses structures, ses règles, ses habitudes. Or, c'est cette stabilité qui, à partir d'un certain seuil, va causer l'inadaptation à l'environnement interne et externe, donc la destruction. Un développement sain devra créer un équilibre entre recherche de stabilité et recherche de transformation. Il est indispensable à la fois de se conserver et de devenir.

Nous comprenons ainsi mieux pourquoi la tendance courante est d'abord de s'opposer à une initiative qui vient perturber un équilibre.

Mais les réticences au changement traduisent en fait rarement une allergie au changement lui-même. Elles révèlent plutôt une réaction de défense face à la manière de présenter le changement, aux jeux qui le sous-tendent, aux menaces qu'il représente.

Les raisons de résister relèvent de plusieurs catégories :

- la peur de l'inconnu ;
- la peur d'être incapable de changer ou d'en assumer les conséquences ;
- l'incompréhension de la nécessité de changer ;
- la crainte de perdre ses repères habituels ;
- la peur de perdre la maîtrise de la nouvelle situation ;
- la crainte des efforts nécessaires pour changer ses habitudes ou ses croyances ;
- la peur d'avoir plus de travail à cause du changement ;
- la peur de perdre sa sécurité ou son confort ;
- la peur de changer de rôle et la peur de changer ses interdépendances ;
- la peur de perdre des responsabilités ou d'en avoir de nouvelles ;
- la peur de perdre son emploi ou de la précarité ;
- la perte d'indépendance ;
- la perte de reconnaissance ;
- la valorisation du passé et une vision pessimiste sur les changements ;
- la menace des pouvoirs, des privilèges ;
- la remise en question de décisions antérieures ;
- les changements de valeurs de référence ;
- les groupes d'influence qui utilisent les projets de changement à d'autres fins que celles affichées.

En face d'un projet de changement, l'individu, l'équipe et l'entreprise ont à choisir entre trois réactions :

- une attitude agressive : s'opposer, attaquer le projet, ses promoteurs ou ses supporters, développer un boycott actif, rechercher les conflits...
- une attitude passive : être indifférent, faire ce que l'on demande sans élan, adhérer en apparence et ignorer le changement, réagir par l'absentéisme, par la lenteur dans l'exécution des tâches, par le blocage de l'information, par des accidents de travail...
- une attitude constructive : contribuer activement au changement, engager les adaptations nécessaires pour lui permettre d'avoir un succès plus grand, développer son leadership, être positif...

Comment introduire le changement ?

Quels sont les moteurs du changement réussi ?

Pour qu'un changement affectant une équipe puisse se dérouler de façon efficace, il faut veiller à la présence de certains moteurs de changement. L'absence de l'un de ces moteurs conduit ordinairement à l'échec. Leur présence conjuguée apporte ordinairement le succès.

Moteur n° 1 : le changement proposé est une réponse évidente à un problème, une voie pour atteindre des objectifs ou encore la satisfaction de besoins en faisant des économies de moyens (effort, temps...). Plus le changement est simple et évident, plus il a de chances de réussir.

Moteur n° 2 : le changement proposé est écologique et améliore les équilibres établis. Il va dans le sens des objectifs profonds des individus et de l'équipe.

Moteur n° 3 : le changement proposé est bien présenté, la communication est faite de manière à satisfaire les besoins d'information, à amener des réponses rassurantes aux intérêts menacés, à susciter l'adhésion et l'enthousiasme, et à faciliter les échanges et la construction participative du projet de changement.

Moteur n° 4 : le changement est annoncé de manière à rappeler avec simplicité et transparence que toute phase de démarrage comporte des tâtonnements, des hésitations, des erreurs, des ajustements. Les éventuelles craintes ou réticences sont écoutées et traitées de manière respectueuse et positive.

Les stratégies du changement réussi

La stratégie la plus souhaitable est celle où les intéressés eux-mêmes trouvent les solutions à appliquer à leur niveau et veulent mettre en application le changement. Pour autant que ces solutions soient conformes aux missions et aux ressources de l'entreprise, leur mise en œuvre sera simple. C'est habituellement la manière la plus favorable. Nous procédons à un changement demandé.

Si la volonté de changement est institutionnelle, plusieurs stratégies sont alors envisageables, que ce soit au niveau de l'entreprise ou d'une de ses équipes :

Stratégie n° 1 : impliquer le sommet hiérarchique dans le changement pour l'initier et servir de modèle. Le changement est ensuite déployé sur l'ensemble de l'entreprise.

Stratégie n° 2 : viser d'emblée l'ensemble de l'entreprise et proposer un changement radical immédiat dans une approche globale.

Stratégie n° 3 : choisir des poissons pilotes volontaires et à forte capacité de leadership, qui vont initier et développer le changement à leur niveau (individu, équipe, département, site…), et compter sur l'influence positive de ces leaders et des premiers résultats pour que le changement se déploie de manière naturelle et volontairement. Plus le groupe test est large, plus le déploiement pourra être rapide et puissant.

Stratégie n° 4 : proposer le changement et laisser les intéressés choisir « sur catalogue ». La mise en place du changement se fait alors sur une base volontaire, lente et peu coordonnée.

Pour réduire les risques de résistance au changement et se donner les meilleures chances, prenez certaines précautions :
• réduisez les peurs en les écoutant ;
• garantissez les avantages de la situation actuelle et veillez au sentiment de sécurité ;
• rendez le changement attractif ;
• informez largement ;
• trouvez des leaders forts pour le changement ;
• donnez vous-même l'exemple, un exemple qui donne envie de l'imiter, soyez heureux et enthousiaste dans votre changement.

Si vous voulez vous motiver puissamment pour un changement, inventoriez tous les bénéfices que vous tirerez à le faire et tous les inconvénients à ne pas changer. Envisagez les compensations et la satisfaction que vous apportera le changement, visualisez-les, et imaginez une mise en œuvre positive et agréable du changement. Et agissez tout de suite.

Les 7 principes de changement de ceux qui réussissent

Rolf Smith a observé au sein des entreprises les plus renommées sept principes essentiels mis en œuvre pour réussir à changer mais aussi pour innover et motiver :

Principe n° 1 : concentrez-vous sur les activités importantes ;
Principe n° 2 : exécutez correctement les activités importantes ;

Principe n° 3 : améliorez, faites davantage que les activités importantes ;
Principe n° 4 : abandonnez certaines activités ;
Principe n° 5 : imitez, faites ce que d'autres font ;
Principe n° 6 : soyez différent, faites ce que personne d'autre ne fait ;
Principe n° 7 : réalisez l'impossible.

Ces 7 principes de changement inspireront votre démarche pour découvrir de nouvelles manières de travailler seul ou collectivement.

La réponse du Programme d'Efficacité Personnalisé au défi du changement

Le Programme d'Efficacité Personnalisé (PEP) propose une réponse adaptée grâce à des petits engagements personnels et collectifs qui auront des impacts forts sur votre efficacité. Il consiste à proposer des changements utiles et nécessaires, peu coûteux et très pragmatiques, qui provoqueront des gains importants de productivité, de qualité et de satisfaction. Chacun (individu, équipe et entreprise) y trouvera son compte.

Rêvons

Rêvons...

* et si ces changements ne cherchaient pas à vous rendre parfait...
* et si l'information devenait d'un accès plus facile...
* et si votre équipe devenait plus ouverte et plus désireuse de créer un climat de coopération toujours meilleur...
* et si vous pouviez communiquer avec plus de monde, mais avec moins de coups de téléphone et moins de réunions...
* et si vos méthodes de travail devenaient plus flexibles, plus fiables, plus puissantes, pour toujours mieux vous adapter...
* et si vous faisiez plus et mieux, avec moins d'efforts et avec plus de plaisir...

En conclusion et en ouverture

Vous découvrirez tout au long des trois parties suivantes, les moyens d'introduire dès maintenant des changements radicaux dans votre activité :
- les leviers de l'efficacité personnelle ;
- les leviers de l'efficacité du travail en équipe ;
- les leviers de l'efficacité avec les nouvelles technologies de l'information et de la communication (NTIC).

Ces secrets de l'efficacité agissent comme des leviers. Le lévier permet de lever un poids important avec une force minimale. Petit investissement d'énergie pour un grand effet !
Mettez ce livre en pratique tout de suite !

Résumé

LA VIE DE BUREAU ET SES DYSFONCTIONNEMENTS

Pour oser changer :

➤ répertoriez les gains que vous pouvez attendre du changement ;
➤ faites la liste des inconvénients à ne pas changer ;
➤ trouvez comment conserver ou replacer dans le nouveau contexte les avantages que vous aviez dans la situation antérieure ;
➤ donnez-vous envie de changer ;
➤ donnez envie à d'autres personnes de changer avec vous ;
➤ faites votre plan de changement ;
➤ lancez le changement tout de suite.

PARTIE I

LES SECRETS
DE L'EFFICACITÉ PERSONNELLE

OBJECTIFS DE LA PARTIE

- **Repérer les meilleures pratiques pour une organisation individuelle efficace**
- **Créer un déséquilibre dynamique qui incite à se dépasser**
- **Développer des habitudes d'efficacité dans son travail**
- **Organiser efficacement et agréablement son espace de travail**
- **Organiser ses dossiers de manière à tout retrouver immédiatement**
- **Faire ce qui doit être fait à temps et sans stress**
- **Viser la haute performance tout en maîtrisant son travail**
- **Créer l'habitude de joindre le plaisir à l'efficacité**
- **Gagner 1 heure par jour**

QUIZZ « EFFICACITÉ PERSONNELLE »

Ce Quizz vous permettra de vous regarder dans un miroir sans complaisance et d'identifier immédiatement ce que vous pouvez améliorer.

Questions	OUI	NON
Quand je quitte mon travail le soir, je suis détendu et j'ai effectué tout le travail prévu.		
Quand je quitte mon travail le soir, ma table de travail est rangée et je n'ai laissé dessus aucun document de travail.		
Quand je quitte mon travail le soir, mon plan de travail pour la journée suivante est déjà prêt.		
Quand j'arrive à mon travail le matin, j'ai plaisir à commencer ma journée.		
Mes documents sont classés.		
Je n'ai aucun document inutile ou périmé.		
Je retrouve tout document de travail dans mon bureau ou dans mon ordinateur en 5 secondes.		
Je réponds à toutes les sollicitations (courrier, e-mail, téléphone, etc.) dans les 24 heures.		
Tout ce que je ne peux pas faire dans les 24 heures est planifié et les interlocuteurs concernés en sont informés.		
J'arrive à effectuer ma charge de travail dans le temps de travail normal.		
Mes travaux sont finis dans les délais prévus.		
Je garde de la souplesse dans mon agenda pour faire face aux imprévus.		
Mes collègues sont heureux de travailler avec moi.		
Mes clients internes et externes sont satisfaits de la qualité, de la rapidité et de la pertinence de mes travaux ou de mes services.		
TOTAUX		

Vos réponses à ces 14 questions indiscrètes vous indiqueront immédiatement où se trouvent vos gisements de progression. Cette partie vous fournira les éléments nécessaires pour que vous puissiez prochainement avoir la satisfaction de répondre « oui » à la totalité de ces questions.

COMMENT ÉTABLIR SA MISSION ET SES OBJECTIFS POUR BIEN INVESTIR SON ÉNERGIE ET SON TEMPS ?

« Voudriez-vous me dire, s'il vous plaît, par où je dois m'en aller d'ici ?
– Cela dépend beaucoup de l'endroit où tu veux aller.
– Peu m'importe l'endroit...
– En ce cas, peu importe la route que tu prendras.
– ... pourvu que j'arrive quelque part, ajouta Alice en guise d'explication.
– Oh, tu ne manqueras pas d'arriver quelque part, si tu marches assez longtemps. »

Lewis Carrol, *Alice au Pays des Merveilles*

Qui ne se préoccupe pas du futur se condamne aux futurs immédiats.

Confucius

Les freins à la clarté

Nos pensées et nos actes ne sont cohérents que dans la clarté. Malheureusement nos propres habitudes, les sollicitations venant de toute part, les parasites, les surcharges de travail, l'incapacité à s'arrêter quelques instants pour nettoyer le pare-brise de notre esprit, peuvent ternir cette clarté en nous faisant perdre de vue notre mission et nos objectifs.

Mon expérience dans l'entraînement des individus à l'efficacité m'a fait rencontrer de très nombreuses personnes qui travaillent le nez dans le guidon. Ils ont tellement à faire, tellement de sollicitations de la part des collègues ou des clients, qu'ils vivent dans un sentiment d'urgence et de folie. Ils prennent les choses comme elles viennent. Ils envoient balader certaines personnes qui leur apportent de nouvelles tâches, ou arrêtent ce qu'ils sont en train de faire pour se lancer à corps perdu dans l'exécution d'une nouvelle commande de leur chef. Ils sont sans cesse interrompus. Ils n'ont pas le temps de s'arrêter et de regarder leur route. Ils finiront candidats à l'accident cardiaque.

Si vous vous reconnaissez partiellement dans ce tableau, sachez que l'une des premières mesures à prendre est de vous isoler quelques minutes pour réfléchir à votre mission et à vos objectifs.

La force de cohérence et de simplification de la mission

Votre mission est le principe organisateur de vos énergies et de vos pensées. Elle va couvrir à la fois votre vie privée et votre vie professionnelle. Quand votre mission est claire, les décisions sont faciles à prendre parce que les choix s'imposent d'eux-mêmes ; vous vous laissez moins attirer par des activités parasites ; votre énergie et votre temps vont naturellement être consacrés à votre mission. Quand elle est puissante et claire, une mission crée un phénomène d'attraction, comme un aimant, et les opportunités se présentent plus nombreuses et meilleures. Si tel est le cas, vous aurez moins d'énergie à fournir pour trouver ce dont vous avez besoin.

Pour vous rendre la vie facile, votre mission doit être doublement cohérente : elle doit l'être par rapport à vous-même, à vos valeurs, à votre personnalité et à votre style de vie ; elle doit être cohérente par rapport à l'extérieur, c'est-à-dire adaptée à l'environnement que vous vous êtes choisi ou avec lequel vous devez composer. Cette cohérence est un équilibre dynamique, constamment en mouvement. Vous êtes comme le skipper d'un voilier, attentif à la fois à son bateau et aux conditions extérieures, à la mer, au vent, à la visibilité.

Si vous n'avez aucune idée de ce que peut être votre mission, une bonne manière de la découvrir est de faire la liste de tous les événements qui vous ont donné satisfaction dans votre vie.

Ainsi repensez à certains bons moments de votre vie privée ou professionnelle... Demandez-vous en quoi ils ont été bons, en quoi, ou pourquoi, ces moments ont été importants pour vous. Vous trouverez peut-être des éléments tels que : m'épanouir, apprendre, être bien avec les autres, contribuer à l'avancée du monde ou des personnes qui m'entourent, exprimer ma compétence, communiquer, être en accord avec moi-même, être en accord avec les autres, contrôler la situation, relever un défi, être libre de faire ce que je veux, avoir de l'importance pour les autres, être heureux, être heureux avec ma famille, avoir une influence positive sur les autres, découvrir de nouveaux domaines, me découvrir de nouvelles compétences, respecter les êtres humains, donner de l'amour, etc.

Tous ces exemples expriment des valeurs personnelles. Comme toutes les valeurs, elles ne sont pas atteignables dans l'absolu, à moins de vivre dans un monde idéal ! Vous trouverez de la sorte vos propres missions de vie ; elles sont distinctes d'un but ponctuel. Ainsi, atteindre une position professionnelle reconnue est un but ponctuel et non une mission de vie ; que se passerait-il le jour de votre retraite ou en cas de licenciement ? Bien élever ses enfants et les aimer est un but ponctuel pour un parent ; si c'est un but de vie, il risque une dépression au départ de ses enfants. Certains gèrent en effet leur vie en faisant des confusions coûteuses entre les buts ponctuels (qui permettent de mieux aller dans le sens de leur mission) et leurs buts de vie.

Écrivez donc pour vous-même vos grandes valeurs : vous trouverez ainsi votre mission.

Développez-la en créant le maximum de cohérence par rapport à vos choix de vie privée et de vie professionnelle.

Gardez-les clairement en mémoire. Vous passerez vos choix de vie et vos responsabilités à travers le filtre de votre mission.

Vos responsabilités

Vous avez des responsabilités dans votre vie privée et dans votre vie professionnelle :
- votre responsabilité par rapport à votre propre vie (développement, santé, sport, relationnel, matériel, finances, etc.) ;
- votre responsabilité par rapport à votre famille ;
- votre responsabilité par rapport à vos engagements sociaux (dans une association, dans votre groupe d'amis, dans votre voisinage, etc.) ;
- votre responsabilité par rapport à votre activité professionnelle.

Pour chacun de vos secteurs de responsabilités, vous pourrez établir une carte de vos responsabilités.

Prenons le cas professionnel, votre fonction est au centre de vos responsabilités. Que vous soyez manager, secrétaire, contrôleur de gestion, DRH…, vous êtes engagé et payé pour tenir certaines responsabilités. Votre « lettre de mission », « description de poste » ou « cahier des charges » devrait vous en fournir les éléments essentiels. Si vous travaillez comme indépendant, et si vous n'avez pas encore écrit noir sur blanc vos responsabilités, voilà une excellente opportunité de le faire.

Établissez votre propre carte de responsabilités en complétant le tableau ci-après (Figure 1).

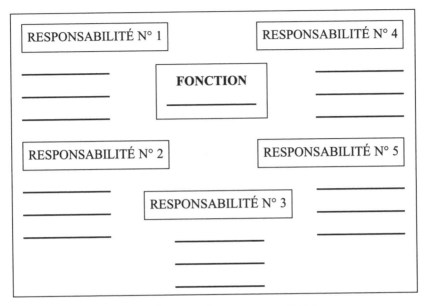

Fig. 1 : *La carte de vos responsabilités*

Au centre, inscrivez votre fonction. Autour, indiquez vos principales responsabilités. Notez sous chacune les responsabilités qui en découlent.

L'établissement de cette carte va stimuler votre clarté d'esprit. Aussi contrôlez que toutes vos responsabilités sont bien incluses. Elle peut faire apparaître des tâches effectuées qui n'auront pas de place logique sur la carte ; si c'est le cas, êtes-vous en train de faire le travail de quelqu'un d'autre ? Les dérives de fonction sont fréquentes, parfois elles sont tout à fait pertinentes et cette carte permet de leur donner une place reconnue, parfois ce sont des activités parasites et il faut s'en défaire. Si vous trouvez dans vos dossiers papier ou informatiques, des documents qui ne sont pas rattachés à l'une des responsabilités de votre carte, ceci signifie soit que vous avez oublié d'y faire figurer une responsabilité, soit que ces documents sont inutiles et doivent disparaître.

Avec votre carte de responsabilités, vous savez maintenant où sont vos priorités.

La puissance des objectifs

Il n'y a de vent favorable que pour celui qui sait où il va.
Sénèque

Les responsabilités correspondent à des objectifs à atteindre. Il y a une distinction à établir entre une intention globale et un objectif précis. « Je veux réussir », « Je ne veux plus ce genre de travail », « Je veux un travail intéressant », « Je vais donner satisfaction à mon supérieur », « Nous devons améliorer la qualité », « Il faut être plus efficace » sont des déclarations d'intention. L'intention n'est qu'une étape dans le cheminement de la pensée, elle manque encore de pertinence et est peu opérationnelle. Or, l'efficacité commence par des objectifs précis.

À chaque responsabilité doivent correspondre des objectifs à atteindre. La formulation d'un objectif est tout un art. Au début l'exercice peut paraître un peu scolaire, mais pour celui qui en a pris l'habitude, cela devient une façon de penser intégrée, donc automatique.

Dans le PEP, nous utilisons la formule STAR-PEP pour préciser un objectif. Cette formule deviendra une étoile *(star)* qui guidera votre route.

S	pour Spécifique
T	pour Temps
A	pour Ajout de valeur
R	pour Réaliste

Fig. 2 : La formule STAR-PEP pour fixer un objectif

1) Un objectif est spécifique

Il doit donc être :
• formulé de manière précise, concrète et mesurable ;
• formulé de manière positive.
Formulé de manière positive, un objectif précise ce qui va être atteint. La négation est donc impossible.

En effet, notre cerveau traite assez mal les données exprimées en négatif. Ainsi, si je vous dis « Imaginez un petit singe qui n'est pas blanc et qui ne vous fait pas de grimaces... », avez-vous visualisé ce petit singe qui n'est pas blanc, qui ne vous fait pas de grimaces ? Il est bien probable au contraire que, comme pour la plupart des personnes, vous avez créé l'image d'un singe blanc faisant des grimaces ! Notre cerveau traite mal les négations, notamment dans la transmission rapide d'informations. Donc, parlez par affirmations, pensez par affirmations, fixez des objectifs par affirmations !

« Je ne veux plus de ces retards » n'est donc pas un objectif, car il est formulé dans une négation. « Nous livrerons le travail dans le délai convenu, c'est-à-dire dans trente jours à dater de ce jour » est une affirmation et constituera le début de votre objectif.

Un objectif *décrit avec précision le résultat à atteindre. Il inclut donc des données de mesure* qui permettent de le vérifier. Ces données sont à la fois contrôlables par l'intéressé lui-même et par les personnes extérieures concernées. Ces éléments de mesure permettent de faire les ajustements nécessaires pendant le processus et de savoir quand l'objectif est atteint. La précision de l'objectif sera un élément clé pour prendre la décision de lancer l'action.

L'objectif s'inscrit *dans un contexte donné.* Ainsi quand vous fixez des objectifs par rapport à votre carte de responsabilités professionnelles, le contexte général vous est donné. Cependant il peut être encore plus précis. Vous pourriez par exemple fixer l'objectif de répondre à toute sollicitation dans un délai d'une demi-journée (quand vous êtes à votre bureau) et vous donner un autre délai quand vous travaillez dans un autre contexte (lorsque vous êtes en voyage par exemple).

2) Un objectif est situé dans le temps

La formulation d'un objectif exprime d'une part *la date de mise en route du projet* et la *date d'échéance finale,* et d'autre part *les étapes majeures de sa réalisation.*

Un objectif qui ne serait pas calé sur un calendrier aurait de la peine à s'intégrer à vos autres objectifs, lesquels viendront naturellement prendre sa place.

3) Un objectif ajoute de la valeur

a) En premier lieu, votre objectif ne devra pas induire une perte de valeur ! *« D'abord ne pas nuire »* est l'une des premières règles du serment d'Hippocrate.

Il est prudent de penser qu'un objectif peut déranger des équilibres chèrement acquis par d'autres personnes. Tout le monde ne sera peut-être pas heureux des nouveaux objectifs que vous voudrez fixer. Il est donc salutaire d'analyser au préalable les intérêts qui peuvent être menacés : privilèges, habitudes, attentes, autres objectifs menés par d'autres personnes, etc. S'ils se sentent menacés, les autres risquent de vous mettre des bâtons dans les roues, volontairement ou non. Si vous le savez à l'avance, vous pouvez ajuster votre objectif, intéresser l'autre à votre démarche, lui faire trouver son avantage et préserver ses intérêts, ou bien… renoncer à votre objectif, ou bien encore… savoir à quels obstacles vous attendre ! Vous-même pouvez également être dérangé par vos propres objectifs ! Ils peuvent bousculer d'autres objectifs déjà fixés, faire apparaître des conflits de temps ou d'intérêts.

Je me souviens d'un homme d'une trentaine d'années, manager, travaillant à plein temps, inscrit à un cycle d'études universitaires qu'il menait avec succès, et qui s'était fixé l'objectif de suivre les cours d'une école de commerce sur une durée de deux ans. Il semblait très épanoui dans cette façon d'atteindre ses ambitions. Quand je lui ai demandé si son choix risquait d'affecter des personnes de son entourage, son sourire s'est éteint, son visage est devenu blême, et il m'a dit d'une voix à peine audible : « Elle va me quitter ou elle va disjoncter ! ». Et il m'expliqua que sa compagne lui faisait déjà souvent le reproche qu'il n'était jamais disponible ; ce projet d'un nouveau cycle d'études ajouté au reste de ses nombreuses activités allait devenir un sérieux problème entre eux. Il était là face à un choix important, un choix de vie.

Si vous faites le choix de vous fixer un nouvel objectif, que deviennent vos autres objectifs ? Aurez-vous le temps et l'énergie de tout mener de front ? Le développement de ce nouvel objectif risque-t-il de consommer ou d'affecter des ressources prévues pour d'autres objectifs (budget, temps, personnel…) ?

b) En second lieu, votre objectif doit apporter une réelle valeur ajoutée, sinon à quoi bon !

Ainsi, dans la recherche de qualité, le souci de vouloir bien faire amène parfois à se fixer des objectifs qui vont être très coûteux en temps pour une valeur ajoutée tout à fait discutable.

Si le bénéfice de votre objectif n'est pas évident pour vous, pour les personnes concernées, ou pour votre entourage, vous risquez d'avoir de la peine à être motivé et à motiver !

4) Un objectif doit être réaliste

Avant de se mettre en action, il est sage de se poser des questions de simple bon sens :
• Ai-je l'autorité pour décider ?
• Ai-je les compétences pour conduire cet objectif ?
• Que me manque-t-il ? Et comment l'obtenir ?
• Ai-je le temps ? Le budget ? L'énergie ? Le personnel ?
• Suis-je suffisamment motivé par cet objectif ?

Un objectif doit être sous votre contrôle. Vous ne pouvez pas décider de l'objectif d'autrui, vous ne pouvez décider d'un objectif qui dépendrait des autres pour une part importante, sauf si ces « autres » sont réellement sous votre autorité. Par exemple, vous ne pouvez probablement pas décider que votre patron va vous augmenter de 50 %, c'est un objectif qui n'est sans doute pas complètement sous votre contrôle ! Vous pourrez cependant avoir comme objectif un niveau de performance qui vous aidera à négocier vos primes.

La définition de votre objectif va vous permettre de décider également des ressources et du temps que vous lui allouerez.

Exemples d'objectifs :
• notre service traitera correctement 50 % des commandes le jour de leur arrivée, 100 % dans un délai de 48 heures à partir de telle date ;

- dans mon travail, je répondrai à toute sollicitation dans un délai de 24 heures, et, si je ne le peux pas, je planifierai et j'informerai le solliciteur du délai de réponse ;
- avoir rédigé ou fait rédiger les 5 procédures améliorées de mon service d'ici telle date.

Visualisez le succès de chacun de vos objectifs

Vous pouvez maintenant vous représenter mentalement de façon très claire la réussite de chacun de vos objectifs. Familiarisez-vous avec cette image et sentez votre capacité à réussir.

Utilisez la technique de ceux qui réussissent ce qu'ils décident. Quand vous savez ce que vous voulez, quand vous l'avez formulé comme un objectif, faites-vous tout un cinéma mental. Ceux qui réussissent ont ce savoir-faire particulier, ils se projettent mentalement le film de leur succès futur, le visionnent autant de fois que nécessaire, en s'en imaginant toutes les répliques, en le mettant en musique… jusqu'à s'être complètement imprégnés de leur succès, jusqu'à l'habiter, à le sentir, à le vivre… Ce n'est même plus un film, c'est presque la réalité, ils sont complètement dedans. Ils prennent ainsi confiance dans leur potentiel à réussir… Ou parfois ils se rendent compte qu'il y a des compétences préalables à développer; ils se fixent alors des objectifs intermédiaires, pour revenir plus tard sur leur objectif principal. Les sportifs de haut niveau utilisent également ces techniques de visualisation mentale. Les recherches médicales ont mis en évidence que, durant l'entraînement mental d'un sportif, les exercices de visualisation mentale d'un travail physique activent les mêmes parties du cerveau que lors de l'action physique elle-même. Essayez… et bon succès pour vous aussi !

CHAPITRE 2

COMMENT PLANIFIER ET ORGANISER SON TEMPS ? FAIRE LA BONNE CHOSE AU BON MOMENT

Vous avez formulé vos objectifs principaux, ceux qui émanent de votre libre arbitre ou ceux qui vous ont été donnés par vos clients (internes ou externes). Vous avez recensé vos priorités. Si vous êtes décidé à les réaliser, il va falloir leur faire de la place dans votre emploi du temps.

Des avantages et des risques de la planification

Rien ne sert de courir, il faut partir à point...
Jean de la Fontaine, *Le lièvre et la tortue*

En toute chose, il faut considérer la fin.
Jean de la Fontaine, *Le renard et le bouc*

Le premier grand écueil de la planification est celui des dates limites fixées par d'autres et qu'il faut tenir ! Parfois elles peuvent être négociées, parfois ce n'est pas possible. Les échéances d'une nouvelle tâche peuvent mettre en péril d'autres activités déjà planifiées.

Le deuxième écueil est celui de la mauvaise estimation du temps nécessaire pour l'exécution d'un projet ou de certaines tâches de ce projet. La sous-estimation du temps est un problème ordinaire, la surestimation est moins fréquente. Savez-vous combien de temps il vous faut pour faire une lettre ? Et pour écrire un rapport ? Avant votre prochaine tâche, décidez combien de temps elle doit vous prendre et vérifiez ensuite le temps que vous y avez réellement passé.

Le troisième grand écueil consiste à s'inventer sans le vouloir des tâches inutiles ou de faible valeur ajoutée, ou encore à se laisser submerger de sollicitations extérieures par incapacité à être clair avec soi-même et avec les autres. Le temps est alors dévoré par des tâches parasites.

L'exercice de la planification oblige à mettre un peu de discipline dans ses activités, c'est-à-dire déterminer comment répartir son temps de manière satisfaisante.

Les personnes bien organisées ont un rapport au temps qui est relativement simple. Elles utilisent quelques outils basiques de manière réflexe. Ce n'est pas la sophistication des outils de planification qui fait la bonne planification pour le quotidien, c'est bien au contraire un comportement automatisé, ou réflexe, dans la gestion de ses objectifs et de son temps.

Le plan d'action

Votre objectif, qu'il soit simple ou ambitieux, sera plus facilement atteint s'il est rigoureusement planifié.

Planifier, c'est prévoir maintenant les événements du futur et leur faire déjà de la place pour qu'ils puissent se dérouler de la meilleure manière.

Qu'est-ce qu'un plan d'action ? Le plan d'action consiste à prévoir les ressources nécessaires et toutes les étapes pour atteindre l'objectif dans les délais et avec le niveau de qualité désiré.

Dans sa variante simple, le plan d'action est une liste chronologique de tout ce qui est à accomplir. Seront à préciser pour chaque tâche : son propriétaire, le temps estimé nécessaire, la date d'exécution prévue, la date d'exécution réelle.

Un plan d'action peut demander une longue élaboration s'il est complexe, s'il représente une activité nouvelle ou s'il fait intervenir plusieurs acteurs.

Quand rédiger le plan d'action ? Le plan d'action devrait être fait dès que la décision est prise de passer à l'action. Il devrait même faire partie du processus de décision, car sa construction oblige à penser à tous les détails. La rédaction du plan d'action peut parfois prendre une heure ou deux, voire plus. Il sera bon de planifier ce temps de préparation dans votre agenda.

Si vous voulez faire un plan d'action concernant l'amélioration de votre propre efficacité, notez sur votre feuille toutes les actions que vous décidez de mettre en œuvre pour atteindre le niveau d'efficacité que vous avez déterminé.

Pensez à la « réserve ». Lorsque vous préparez un plan d'action, pensez à insérer du temps de réserve pour les tâches oubliées ou les mauvaises estimations de durée que vous pourriez avoir commises, pour les retards des autres, pour ce qui est allé de travers, pour les impondérables… En ce qui me concerne, je considère qu'une réserve minimale de 10 % sur le délai et sur le volume de temps est une bonne marge. Autrement dit, ceci veut dire que vous devriez avoir terminé votre action en avance !

Comment rédiger un plan d'action ? Deux manières sont possibles :

- la manière régressive : vous construisez votre plan depuis la date d'échéance finale en remontant le temps à l'envers pour déterminer la date de début de la mise en œuvre ;
- la manière progressive : vous construisez étape par étape, puis déterminez la date de lancement et l'échéance finale.

Un plan d'action peut être affiné en déterminant les passages obligés (étapes obligatoires) et les passages compressibles (étapes qui peuvent être supprimées en cas de manque de temps).

Chaque fois que vous construirez un plan d'action, *cherchez le chemin idéal*, c'est-à-dire la voie la plus rapide, celle qui élimine les tâches superflues, qui raccourcit le temps nécessaire et les

PLAN D'ACTION				
Titre :				
Objectif :				
Responsable :				
Date de mise en route :		**Date de fin d'exécution :**		
Quoi	**Qui**	**Durée**	**Quand**	**Fait le**
Remarques :				
Date de rédaction du plan d'action :				

Fig. 3 : Modèle de plan d'action pour préparer
vos projets et vos différentes activités
(un modèle est à votre disposition sur Internet sur www.fr.ibt-pep.com/livres)

délais, qui permet de déléguer le plus. Vous irez ainsi droit à l'essentiel et vous augmenterez votre productivité. Le chemin idéal respectera cependant vos contraintes.

Où ranger un plan d'action ? La meilleure place est dans le dossier de travail qui lui correspond, en première page, ou agrafé à la couverture du dossier. Les personnes qui sont souvent en déplacement pourront préférer rassembler tous leurs plans d'action dans un dossier qu'elles gardent avec elles. Celles qui ont fait le choix du tout informatique auront probablement beaucoup plus de facilité et le classeront dans le dossier du projet correspondant ; ou bien auront un logiciel de planification intégrant tous leurs plans d'action.

Et si le plan d'action est répétitif ? Il arrive que certaines activités se répètent à une certaine fréquence avec quelques variantes. Gagnez du temps. Faites un plan d'action type, gardez ouvertes certaines variantes que vous compléterez selon les cas. Tout ce qui est inamovible sera déjà prêt. Au fur et à mesure des expériences, vous affinerez l'évaluation du temps nécessaire pour chaque étape et vous l'améliorerez.

L'agenda

L'agenda est l'outil majeur de toute planification. Il ne suffit pas d'avoir un bel agenda pour être bien organisé, encore faut-il l'utiliser efficacement.

Mal utilisé, il donne l'agenda « réactif » dans lequel ne sont inscrits que quelques aide-mémoire : rendez-vous, réunions, voyages, congés.

Mieux utilisé, l'agenda devient un instrument organisateur, il devient « un instrument pro-actif ». En plus des rendez-vous et des réunions, vous y réserverez des moments pour travailler sur vos dossiers, vous inscrirez les échéances ainsi que les grandes étapes des projets importants, les temps de préparation de vos réunions, etc.

Le fait de réserver du temps sur votre agenda va vous permettre de trouver de la place pour vos activités importantes, va vous faire gagner du temps et va vous faciliter la vie avec tous ceux qui sollicitent votre disponibilité.

Vous avez fait l'analyse de votre carte de responsabilités, vous avez formulé vos objectifs, vous avez prévu des actions, il faut à présent leur réserver du temps. Vous allez le répartir dans votre agenda.

Vous n'allez naturellement pas marquer de minute en minute ce que vous allez faire, à moins d'être dans un emploi particulièrement protégé contre l'extérieur. Vous allez cependant vous réserver des blocs de temps pour les activités majeures.

Un professeur de médecine qui confie son agenda à son assistante me faisait part, au cours d'un PEP, de son manque de temps pour travailler certains dossiers importants. Malgré ses écrasantes responsabilités, cet homme est très disponible pour les autres et déjà remarquablement bien organisé. Il a accepté l'idée de bloquer des périodes de temps dans son agenda pour ses dossiers. Souvent les collaborateurs désireux d'avoir un rendez-vous avec lui passent au bureau de son assistante, regardent l'agenda de leur patron et font alors pression sur elle pour obtenir un rendez-vous dans des zones protégées. Nous avons trouvé une astuce imparable : inscrire sur l'agenda les blocs réservés pour les dossiers, de la même manière que pour un rendez-vous : « M. ou Mme X ». J'ai donné l'astuce à plusieurs autres dirigeants qui se sont empressés de l'adopter.

Celui qui n'utilise son agenda que comme un instrument réactif, c'est-à-dire en enregistrant uniquement les rendez-vous et réunions, court le risque de se croire disponible et d'accepter des rendez-vous ou des réunions, voire des déplacements, dans des moments absolument incompatibles avec ses objectifs. Prenez donc soin de vous réserver du temps pour vos activités essentielles.

Travailler et être au service du client, de ses collègues ou de ses collaborateurs, c'est aussi savoir être flexible. Si vous recevez une demande qui vous paraît importante et qui menace une tranche de temps protégée, faites comme vous le feriez si vous aviez à déplacer le rendez-vous d'une autre personne que vous respectez. S'il est impératif que ce soit à un moment déjà réservé, vous déplacez votre rendez-vous avec cette activité vers un moment plus favorable. Vous n'annulez pas, vous reprogrammez.

Au cours d'un PEP à Abidjan, en Côte d'Ivoire, un directeur prend la décision de s'organiser pour être en mesure de consacrer, deux mois plus tard, deux demi-journées par semaine à la veille technologique dans son secteur. Je l'ai invité à déjà enregistrer cette décision dans son agenda à partir de la date décidée. Sa décision aura ainsi plus de chance d'être réalisée à l'échéance convenue.

Nous l'avons vu : être efficace, c'est être flexible. Faites simple : *dans votre agenda, n'écrivez qu'au crayon à papier.* Un agenda est fait pour prévoir, mais aussi pour s'adapter à des changements. Un agenda clair (sans rature grâce à l'usage du crayon et de la gomme) est beaucoup plus agréable qu'un agenda raturé, surchargé, susceptible d'amener des erreurs ou des confusions sur les horaires, des noms, etc.

L'agenda et la gestion des imprévus

La gestion des imprévus est un facteur de risque et de bouleversement pour un agenda. Parfois cela prend de telles proportions qu'il m'arrive de rencontrer des personnes qui ont abandonné l'agenda : elles étaient fatiguées de constamment remettre en question ce qu'elles avaient planifié.

Vous allez donc *veiller à garder du temps pour l'imprévu.* Une bonne partie des imprévus est parfaitement prévisible et ne relève que d'un manque de planification. Le client qui se manifeste parce qu'il n'a toujours pas reçu de réponse n'est pas un imprévu. La visite du collaborateur qui vient demander des clarifications sur une délégation floue est parfaitement prévisible.

Au fur et à mesure que vous allez avancer dans la mise en pratique de ce livre, vous allez découvrir que les imprévus ont tendance à diminuer. Si vous évaluez que les imprévus imprévisibles sont de l'ordre de 25 % de votre temps, vous savez que lorsque votre agenda est plein à 75 %, il affiche complet !

Le format de l'agenda

Pour faire face aux situations, votre agenda doit vous suivre dans vos déplacements. Il doit être adapté à vos besoins, à votre type de travail et à votre style. Le marché offre de multiples formes de « gardiens du temps ». Il est important de choisir le modèle le mieux adapté à votre d'activité.

La forme la plus efficace est en général celle qui permet de voir toute la semaine d'un seul coup d'œil. Son grand avantage est de permettre de se faire une représentation de son emploi du temps sur une période maîtrisable. Ceux qui adoptent l'agenda offrant une page par jour passent en général beaucoup trop de temps à en tourner les pages !

Il est souvent pratique d'avoir un agenda qui réserve un peu de place en bas de chaque journée pour noter des tâches ou des échéances concernant cette journée, et qui réserve aussi un peu de place pour les tâches de la semaine. Ces espaces permettent de répartir les tâches brèves et que l'on garde flottantes. Il suffit d'enregistrer qu'elles doivent être faites dans la journée ou dans la semaine.

Vous pouvez choisir un petit agenda qui tient dans la poche de votre chemise ou un grand agenda qui reste sur votre table. Choisissez selon vos besoins et vos goûts.

L'agenda électronique est un outil intéressant. Vous pouvez l'installer sur votre ordinateur de table, sur votre portable, ou sur votre organiseur électronique de poche. Un agenda électronique peut être partagé avec son équipe. Gérer un agenda électronique est plus facile si vous êtes sédentaire et si vous travaillez constamment à votre bureau, mais cela est plus difficile si vous vous absentez souvent de votre bureau. Les personnes qui font un bon usage de l'agenda électronique sont celles qui aiment jouer avec ; si vous n'appartenez pas à cette catégorie et n'avez pas d'obligation de ce côté-là, revenez à l'agenda papier.

Ayez un agenda et un seul. Il est rarement justifié de tenir pour soi-même plusieurs agendas. Il est en général mieux d'utiliser le même agenda pour le privé et pour le professionnel. Avoir plusieurs agendas est un grand facteur de désorganisation. J'ai vu à Paris une personne travaillant dans une banque à l'acquisition de clientèle, qui avait trois agendas pour gérer son temps. Chacun avait sa spécialité. Une chose est sûre : cette personne était perdue. Elle consultait ses trois agendas pour savoir si elle était disponible lorsqu'un prospect ou client voulait un rendez-vous. Nous avons réorganisé son activité sur un seul agenda, et elle s'en est trouvée grandement soulagée.

La sauvegarde de l'agenda

Que votre agenda soit un agenda papier ou un agenda électronique, pensez à le sauvegarder. Une femme, manager dans une multinationale à Genève, partait à un rendez-vous. Sur le parking, elle avait de la peine à trouver ses clés de voiture dans son sac. Elle posa son agenda sur le toit de sa voiture, trouva sa clé, ouvrit sa voiture, oublia son agenda sur le toit de la voiture, démarra et perdit son agenda : désespoir ! Elle avait tout confié à son agenda et n'avait rien sauvegardé.

Je vous suggère d'en faire des photocopies de temps à autre pour éviter ce genre d'infortune. Imaginez ce que peut être la reconstitution de votre planning et de vos engagements pour les semaines ou les mois à venir, si vous perdiez votre agenda. Ceux qui ont adopté l'agenda électronique sourient, ils ont là un sérieux avantage. Il est facile de faire des sauvegardes électroniques, mais encore faut-il les faire !

Le plan hebdomadaire

Dresser le plan de sa semaine est une activité particulièrement importante. Les personnes les mieux organisées ont en général adopté cet outil. La semaine est une durée facilement maîtrisable, ni trop longue ni trop courte.

Comment faire le plan de sa semaine ? Vous vous munissez de votre agenda ou d'une feuille ad hoc (un modèle est à votre disposition sur Internet sur www. fr. ibt-pep. com/livres), ou bien vous le faites sur un support électronique. Votre source d'information sera vos plans d'action, votre agenda, votre échéancier, vos plans mensuels ou annuels… Vous sélectionnez tout ce qui doit être fait au cours de la semaine qui vient et vous répartissez les activités chaque jour de manière équilibrée en estimant les temps nécessaires.

Choisissez pour votre semaine un à trois petits objectifs particuliers qui vous feront avancer significativement dans vos responsabilités. Vous procéderez ainsi de manière encore plus pro-active.

Si vous avez besoin d'informations pour traiter un dossier la semaine suivante, demandez-les dès maintenant en précisant votre échéance, vous aurez ainsi toutes les données nécessaires lorsque vous voudrez travailler sur le dossier en question.

Si vous découvrez que la semaine est trop chargée, faites des choix, négociez les délais, raccourcissez certaines activités… Soyez créatifs si vous ne voulez pas être débordé ! Rappelez-vous le budget temps que vous avez pour la semaine !

Quand votre plan hebdomadaire est prêt, prenez quelques instants pour visualiser tranquillement votre semaine et ses activités, vérifiez si vos activités se déroulent de manière simple et satisfaisante, et imaginez votre satisfaction à la fin de la semaine prochaine. Cette revue mentale est une valeur ajoutée, une imprégnation de votre cerveau, une délégation à votre système inconscient d'une partie de votre organisation. Votre semaine prochaine en sera beaucoup plus légère !

Combien de temps y consacrer ? Cela peut prendre de 5 minutes à 3-4 heures selon la complexité de la fonction ou des projets, et selon l'importance que l'on accorde à ce moment particulier de planification et de réflexion sur son travail. Pour certaines personnes dont l'activité est relativement routinière, c'est très vite fait. Pour d'autres personnes, c'est une activité privilégiée, à laquelle elles choisiront de consacrer du temps.

Ainsi le Directeur Général d'une banque me faisait part de sa difficulté à rester une heure sans être interrompu. Nous parlions du plan hebdomadaire, une pratique qu'il ne connaissait pas. Il voulut absolument la mettre en application, et associer à cette tranche de temps un travail de réflexion stratégique sur sa banque et son développement, ainsi qu'une réflexion sur l'amélioration de sa contribution. Il choisit d'y consacrer une demi-journée en fin de semaine, chez lui, pour être sûr d'être tranquille. Quelques semaines plus tard, il me fit part de sa grande satisfaction d'avoir fait ce choix. Il avait les idées beaucoup plus claires, se sentait plus centré sur sa responsabilité, gagnait beaucoup de temps et gérait son établissement plus efficacement.

Quand faire son plan de semaine ? À IBT, nous avons l'habitude de recommander d'effectuer le plan hebdomadaire en fin de semaine. Les données de la semaine qui s'achève sont fraîches, c'est le moment de faire le point sur la semaine écoulée et de préparer la semaine suivante. Il y a également un avantage précieux à se vider la tête sur ses plans d'action et sur son agenda avant de terminer sa semaine. Ceux qui ont des emplois à responsabilités préoccupantes ou ceux qui sont de nature angoissée en tireront immédiatement profit. Vous partirez alors chez vous pour le week-end et n'aurez plus (ou beaucoup moins) ces retours sur les choses « à surtout ne pas oublier de faire la semaine prochaine » !

Le plan quotidien

L'autre moment de prédilection pour planifier est la fin de la journée. Chaque soir, avant de quitter son poste de travail, il faut remettre ses dossiers à leur place, préparer sa journée du lendemain dans les moindres détails, se préserver des temps souples, ranger son bureau et rentrer chez soi la tête libre.

Mettez en évidence un ou deux objectifs pour votre journée en vous demandant par exemple : « Si je ne pouvais accomplir demain que deux choses, lesquelles seraient-ce ? »

Comme nous l'avons déjà vu pour le plan hebdomadaire, faire son programme du lendemain avant de partir permet de se vider la tête, de verrouiller sur le papier ou l'ordinateur les tâches, les soucis et les mille petites choses prévues pour le lendemain, et de rentrer chez soi l'esprit tranquille. Si vous faites partie des gens qui pensent à leur travail quand ils sont avec leur famille ou le soir avant de s'endormir, ou qui se réveillent la nuit pour se rappeler les actions qui les attendent au travail, attention, l'épuisement vous guette ! Vous devez adopter d'urgence ces moments de planification le soir au bureau pour le lendemain, ainsi que le dernier jour de votre semaine pour la semaine suivante. Vous serez plus détendu chez vous et vous profiterez mieux de votre famille et de vos temps de repos.

Le matin, en arrivant au travail, ouvrez votre agenda, et consultez votre planification de la journée préparée la veille. Visualisez mentalement votre journée. Imaginez votre fin de journée avec un résultat positif sur ce que vous aurez accompli. Vous aurez ainsi plus d'énergie pour faire se dérouler votre journée dans les meilleures dispositions.

L'expérience m'a montré que certaines personnes sont longues à être efficaces lorsqu'elles commencent leur travail le matin et qu'elles créent un espèce de rituel lent qui leur fait perdre du temps. Elles sont un peu comme ces anciens modèles de voiture qui peinaient au démarrage les matins d'hiver ! Créez-vous un démarreur-réflexe. Choisissez une activité simple, comme par exemple répondre tout de suite au courrier électronique. Ainsi vous vous mettez en action immédiatement, et l'énergie vous vient en travaillant.

En fonction de vos besoins, pensez que vous pouvez également prévoir un plan mensuel, trimestriel ou annuel.

L'esprit de planification

Planifier permet de préparer les conditions du succès.

L'accompagnement de nombreuses personnes de différents pays travaillant dans les secteurs les plus divers m'a amené à identifier deux types d'attitude : les adeptes de la planification rigide et les adeptes de la planification flexible.

Les « rigides » peuvent faire preuve d'une rigueur froide, parfois poussée à l'extrême. Le planificateur rigide finira son plan coûte que coûte, quitte à refuser des opportunités intéressantes, à se montrer impoli envers certains interlocuteurs, et même si des changements devraient être intégrés pour s'adapter à des faits nouveaux ou à des erreurs de planifications.

Les « flexibles » peuvent être tentés par le laxisme. Le planificateur flexible se montre tellement capable de modifier sa planification et de s'ajuster à un environnement changeant qu'il finit par perdre le cap et ne plus être dans les délais !

La plupart des gens se situent entre ces deux tendances qui ont leurs avantages et leurs inconvénients.

Les excellents planificateurs sont prévoyants, ils gardent le cap tout en tenant compte des vents qui soufflent et qui remettent leurs plans en question. Ils savent que l'adaptation aux conditions changeantes fait partie du jeu. N'en déplaise à la géométrie, la ligne droite n'est pas toujours le plus court chemin. Si vous avez fait de la voile, vous savez ce que veut dire « tirer des bords » pour utiliser au mieux les vents ! Même des vents contraires peuvent être très porteurs.

Ceux qui planifient bien ont plus de facilité à vivre dans le présent. Leurs systèmes de planification leur tiennent lieu de mémoire et ils peuvent donc les oublier et être plus légers. Leurs systèmes se rappelleront pour eux.

L'informatique au service de la planification

Les mordus de l'informatique ont déjà adopté l'un des nombreux produits d'aide à la planification qui se trouvent sur le marché. Ils l'ont installé sur leur ordinateur ou sur leur organiseur électronique de poche, ou même sur les deux.

PIM (Personal Information Manager) est le terme couramment utilisé pour désigner les logiciels d'aide à l'organisation personnelle. Ils contiennent en général un agenda, une liste « à faire », un carnet d'adresses et une alarme.

Les PIM les plus à la mode actuellement sont Lotus Organizer et Outlook.

Si vous avez adopté Lotus Organizer, vous pouvez profiter d'une application complémentaire créée par IBT, le PEP Planner for Windows ; cette application est disponible gratuitement par téléchargement sur le site d'IBT (www.FR.IBT-PEP.com).

L'informatique s'impose avec le travail d'équipe. Les planifications vont se faire de plus en plus à travers l'informatique. Les agendas partagés sur réseau se développent. Cependant dans tous les cas, la fonction agenda électronique reste séparée des autres activités, ce qui n'est pas logique. Le logiciel Notes de Lotus propose à cet égard une base qui permet des développements intéressants (voir partie III).

CHAPITRE 3

QUELQUES PRINCIPES
POUR MIEUX GÉRER SON TEMPS

La gestion du temps, des priorités et de l'effort a inspiré beaucoup d'auteurs. Ce bref récapitulatif de quelques grands principes vous aidera à réfléchir sur votre usage du temps.

Le principe d'Eisenhower

Le général Eisenhower est connu, pour avoir organisé et coordonné le débarquement des Alliés en Normandie, puis en tant que président des États-Unis. Pour gérer autant de choses à la fois, il avait l'habitude de classer ses activités dans les quatre cases d'une matrice des priorités de son invention.

Comment s'y retrouver entre les urgences et les priorités ? Le principe d'Eisenhower est parfaitement clair et vous aidera à vous orienter, notamment si vous avez trop à faire et pas assez de temps. Il vous aidera à prendre en considération l'importance du contenu face à l'urgence du délai.

1. Important & Urgent	2. Important & Non urgent
3. Non important & Urgent	3. Non important & Non urgent

Fig. 4 : Le diagramme d'Eisenhower pour mieux identifier
les véritables priorités

Faites l'inventaire de vos activités de la semaine écoulée, et distribuez-les dans les 4 catégories (cases) de sa matrice. Faites de même avec vos activités planifiées pour la semaine prochaine.

Si vous avez une proportion importante d'activités en case 4 (Non important & Non urgent), il est fort probable que vous vous ennuyez dans votre travail. Les tâches de ce niveau sont en général peu motivantes, elles donnent le sentiment d'être inutile. Il est temps de remettre en question l'organisation de votre travail, ou de repenser votre orientation professionnelle, ou encore de discuter avec votre supérieur ou vos collègues du sens des tâches que vous accomplissez (elles sont peut-être importantes sans que vous le sachiez, vous n'en aviez alors pas compris le sens) ! Élaguez !

Si vous avez une forte proportion d'activités en case 3, il peut être utile de vous demander pourquoi tant de choses peu importantes sont urgentes. Il y a quelque chose qui ne va pas ! Pourquoi passer tant de temps sur des choses futiles et se stresser à leur sujet ! Élaguez, repensez ces tâches, déléguez.

Si chez vous c'est la case 1 qui est dominante, attention ! Vous travaillez sur le fil du rasoir, vous êtes constamment en danger de rupture. C'est la panique ! Les tâches importantes sont traitées dans l'urgence, au dernier moment (ou même après), vous êtes sur les dents et votre entourage sur les nerfs. Il y a manifestement une grosse lacune en planification. Asseyez-vous, respirez et choisissez par exemple de garder au moins un tiers de votre temps pour vous occuper immédiatement de tâches réellement importantes et non urgentes.

Si c'est la case 2 qui est dominante, vous manifestez une bonne prise de recul et vous avez développé l'art d'anticiper et de faire les choses à temps. C'est la force tranquille.

Pour bien vous organiser, vous allez donc prendre comme règle de donner la priorité aux activités importantes et non urgentes. Votre secret sera d'élaborer une bonne planification (plans d'action, plans hebdomadaires, plans quotidiens...). Ce sera le meilleur moyen pour vous d'avoir de moins en moins d'activités importantes à traiter en catastrophe, pour mieux déléguer, pour respecter les échéances et pour rester serein même face aux décisions importantes.

La loi de Parkinson

Un gaz occupe tout le volume dont il dispose. Vidé dans un volume d'un mètre cube, le gaz concentré dans un atomiseur se dilate et occupe tout l'espace.

Il en va de même du temps nécessaire pour effectuer un travail. Il varie en fonction du temps disponible. Si vous ne vous mettez pas de limites, le travail occupera facilement tout votre temps. Si vous fixez des délais, vous pourrez concentrer votre attention et effectuer la même tâche en moins de temps !

Prenez l'habitude d'évaluer le juste niveau de qualité à atteindre pour chaque tâche. Décidez du temps raisonnable à allouer et bloquez ce temps sur votre agenda. Pour pimenter le quotidien et bousculer vos habitudes, vous pouvez également vous donner des défis et vous contraindre à vous dépasser en trouvant des manières originales d'accomplir une tâche dans un délai plus bref.

Le principe de Pareto

Le principe de Pareto est également connu sous le nom de principe des 80-20. Pareto, économiste italien, explique que 20 % produisent 80 %. Ainsi 80 % de notre rendement sont atteints dans 20 % de notre temps. Si l'essentiel (80 %) est produit par 20 % de notre temps, par déduction, nous passons 80 % de notre temps sur de l'accessoire.

Autrement dit encore, 20 % de nos clients génèrent 80 % de notre chiffre d'affaire. 20 % de nos dossiers servent à traiter 80 % de nos activités. Seulement 20 % de nos journées seraient donc particulièrement productifs.

Que faisons-nous donc des 80 % de notre temps ? Ce n'est pas forcément du temps gaspillé, mais c'est du temps mal utilisé ! Souvent il représente du temps éparpillé dans des activités parasites, dans des chemins sans issue, dans des finitions peu utiles et dévoreuses de temps, dans des contrôles improductifs, dans des réunions mornes et à faible rendement...

Je me rappelle avoir lu l'histoire suivante. Deux personnes se trouvent dans un lieu où soudain sont éparpillés 100 billets (98 billets d'un dollar et 2 billets de 100 dollars). Il est convenu que les sommes récupérées seront propriété de celui qui les ramassera. La meilleure stratégie sera sans doute de récupérer en premier les 2 billets de 100 dollars, puis de compléter avec ceux de 1 dollar. Faites la même chose avec l'usage de votre temps !

Une règle d'efficacité : identifiez rapidement où est l'essentiel de votre activité, de vos objectifs, et consacrez-y la majeure partie de votre temps !

La loi d'Illich

Au-delà d'un certain seuil, la productivité du temps investi décroît.

Vous avez sans doute remarqué des collègues qui, à partir d'un certain temps de travail, se mettent à traîner sur une tâche. Leur concentration se disperse et les erreurs sont plus nombreuses.

Vous avez pu constater qu'à partir d'une certaine limite de temps de travail, votre concentration chute et que vous avez envie de faire autre chose. C'est tout naturel, suivez votre penchant !

Certains détestent ce seuil et, quand ils le sentent arriver, ils se crispent pour tenir le coup. Cette tension peut devenir tout à fait négative pour eux-mêmes (stress, fatigue), pour leur entourage (susceptibilité, énervement, comportements inacceptables) et pour leur travail (manque de recul, erreurs, fautes, etc.).

Nous avons tous des rythmes naturels qui nous sont propres et qu'il vaut mieux identifier pour adapter notre temps de travail. Une manager d'études de marchés me parlait de la dispersion de son attention. Je lui ai demandé d'observer ses rythmes et elle a constaté qu'elle tenait parfaitement 45 minutes de concentration intense sur la rédaction d'un rapport et qu'elle avait besoin ensuite d'un temps social. Nous avons examiné son organisation. Elle a décidé de suivre son rythme naturel en adoptant des phases de concentration de 45 minutes puis de passer à des rencontres, des coups de téléphone, etc. Quelques mois plus tard, elle est toujours très heureuse de sa découverte et de son système.

Connaissez-vous votre rythme de travail, vos besoins ? Cherchez à mieux vous connaître et adaptez votre organisation à votre nature, c'est plus efficace que l'inverse !

Le principe des séquences homogènes

Le principe des séquences homogènes apporte un complément intéressant au principe d'Illich : une activité réalisée de façon discontinue prend plus de temps que si elle était faite d'une manière continue.

Il est donc préférable d'adopter des séquences homogènes qui respectent nos rythmes.

Par rapport à ce principe, nous constatons que les interruptions peuvent contrarier l'homogénéité en introduisant des cassures de rythme.

Lors de la préparation de votre agenda, pensez à regrouper des activités homogènes (téléphone, courrier, etc.) plutôt que de sauter du coq à l'âne ! Vous aurez ainsi une meilleure concentration et une meilleure maîtrise de votre travail.

La loi de Murphy

La loi de l'emmerdement max

La loi de Murphy est très pessimiste :
• si quelque chose peut aller mal, attendez-vous au pire, au plus mauvais moment !
• rien n'est aussi simple qu'il n'y paraît ;
• tout prend toujours plus de temps que prévu.
Les activités ont tendance à prendre plus de temps qu'on ne peut le prévoir au début. S'il y a une faille dans votre planification, le point faible sera là.
Vous avez sans doute vérifié que c'est quand vous êtes pressé qu'on vient vous harceler avec une autre tâche, que c'est quand vous avez besoin d'une information en urgence que la personne est injoignable, que c'est au moment où vous devez imprimer un document que votre imprimante vous lâche... La loi de Murphy semble régir la vie de certains, qui ont toutes les malchances du monde et qui paraissent même les attirer ; d'autres ont un véritable talent pour passer à travers.
Leçon à tirer : soyez prévoyant, planifiez correctement, appréciez si vous avez la compétence et l'expérience ou s'il faut vous faire aider par quelqu'un, réservez du temps pour les cas où ce ne serait pas aussi simple que vous ne l'aviez prévu, pour les cas où ce serait plus long... Et si le problème survient malgré tout, faites-en l'analyse, tirez-en des enseignements. Vous éviterez ainsi qu'il ne réapparaisse dans le futur ou bien vous mettrez au point des solutions de secours !

Le principe de Laborit

Henri Laborit explique que l'individu va spontanément vers ce qui lui fait plaisir et ce qui est facile, et qu'il a tendance à fuir ce qui risque de lui déplaire ou ce qui est difficile.

Laborit a simplement repris le principe de plaisir énoncé par Freud dans ses bases de la psychanalyse : nous avons biologiquement tendance à repousser les activités que nous n'aimons pas et à nous orienter vers celles que nous aimons.

Le grand danger pour certaines personnes est de passer trop de temps sur ce qu'elles aiment faire ou ce qui leur paraît plus simple et d'oublier de faire ce qu'elles devraient faire mais qu'elles aiment moins. Une solution est d'apprendre à aimer ce que l'on doit faire !

Des expériences ont été menées dans un atelier. Le temps d'exécution d'une tâche habituelle a été mesuré, c'était le temps de référence. L'expérience s'est faite ensuite en deux temps.

Temps 1 : le contremaître a été prié d'annoncer à son équipe la tâche qui succéderait à la tâche de référence ; l'équipe n'aimait pas l'activité annoncée, les contrôleurs ont alors constaté un allongement du temps passé sur la tâche de référence.

Temps 2 : il a été annoncé à cette même équipe que, après la tâche de référence, elle aurait à faire un travail qu'elle aimait bien ; le temps d'exécution de la tâche de référence s'est considérablement raccourci !

Conclusion : faites le pire en premier ! Vous irez plus vite et vos horizons seront plus attractifs.

La loi du moindre effort

La loi du moindre effort est connue. La tendance naturelle de l'être humain est de faire le moins d'efforts possible pour atteindre un résultat. C'est vrai dans tous les domaines. Lorsqu'il y a un frottement sur une roue de votre vélo, l'effort pour pédaler est plus important, et vous chercherez à la réparer pour vous éviter de gaspiller votre énergie. Même la foudre est paresseuse, puisqu'elle choisit le chemin le plus court entre deux polarités.

Mais la paresse est unanimement décriée. Il serait temps de la réhabiliter ! Le paresseux n'est pas forcément celui que l'on croit. Le terme de paresseux fait partie du langage scolaire, et est plutôt utilisé pour désigner un élève nonchalant qui n'a pas fait son travail. Celui que l'on considère comme paresseux va passer beaucoup plus de temps à travailler parce qu'il dilue son attention. Il lui faut passer plus de temps pour apprendre parce qu'il est distrait. Le vrai paresseux, lui, a compris que, si pendant les explications du professeur, en cours, il comprenait et intégrait le maximum, il aurait bien moins de travail par la suite et aurait donc plus de temps à sa disposition pour d'autres activités intéressantes.

La paresse intelligente est à mon sens un bon moyen d'expliquer le principe des gens qui réussissent grâce à une bonne organisation. Ils cherchent à obtenir les meilleurs résultats avec le moins d'énergie possible et dans le moins de temps possible. Ils passent donc du temps à chercher les voies les plus simples et à développer les habitudes qui leur permettent de fonctionner à l'économie. Vive la facilité !

CHAPITRE 4

COMMENT ORGANISER SON ESPACE DE TRAVAIL ? TROUVER LE BON DOCUMENT AU BON MOMENT

Une chaîne de télévision allemande a diffusé en 1998 les résultats d'une étude étonnante qui montrait que, dans les entreprises en Allemagne, une demi-heure par jour et par collaborateur était perdue à chercher des documents. Au niveau de l'économie allemande, cela représenterait un gaspillage de 50 milliards de DM. Éloquent !

Dans une enquête du même type, le *Wall Street Journal* a révélé, il y a quelques années, qu'aux États-Unis, 1 heure par jour et par collaborateur, était perdue à chercher des documents, ce qui représenterait 6 semaines par an et par personne !

Au Royaume-Uni, il a été révélé que 7 % du temps de travail d'une personne est consacré à la recherche de documents ! Représentez-vous 7 % des coûts salariaux (charges sociales incluses) et vous aurez une idée du désastre financier que cause la recherche de documents.

Et vous, combien de temps passez-vous à chercher des documents ? C'est une appréciation parfois difficile à faire tant que l'on ne s'est pas astreint à observer ses propres travers ! Notez, durant une journée ou plus, chaque fois que vous cherchez quelque chose dans vos tiroirs, vos piles, votre PC, le réseau ou même dans les bureaux de vos collègues. Vous vous surprendrez à additionner 5 minutes par ici, quelques secondes par là, et parfois une demi-heure... Soyez sans complaisance, il y a là des gisements de temps à réutiliser.

Pensez à l'état de nervosité dans lequel vous vous trouvez quand vous n'arrivez plus à trouver un document. Parfois ce n'est même pas la durée de recherche qui fait monter la tension. Imaginez... Vous cherchez un document en partant à une réunion. Le document n'est plus à l'endroit où vous l'attendiez. Et votre réunion est dans quelques instants ! Vous craignez qu'il ait disparu. Pourtant vous êtes certain qu'il était encore là ce matin ! Vous le cherchez 5 minutes. Soulagement, vous l'avez trouvé. Mais pendant ces 5 minutes, beaucoup de réactions physiologiques ont pu accompagner la crainte : agitation, transpiration, accélération des battements cardiaques, montée d'adrénaline... C'est beaucoup trop d'énergie dépensée pour compenser une organisation déficiente.

Si vous voulez travailler d'une manière plus sereine et plus efficace en investissant le maximum d'énergie et de temps sur les activités réellement productives, faites vôtre le dicton bien connu de l'artisan : « Une place pour chaque chose et chaque chose à sa place ».

Le principe de la place nette

Laissez uniquement sur votre bureau les documents sur lesquels vous travaillez maintenant. Ceux de l'activité précédente ne sont plus là. Ceux de l'activité suivante ne sont pas encore là. C'est un grand avantage de n'avoir sous les yeux que les documents nécessaires à la tâche de l'instant :
• moins de distractions en voyant des documents appartenant à d'autres préoccupations ;
• meilleure concentration sur sa tâche ;
• facilité à retrouver l'information ;

• sentiment de meilleure maîtrise ;

• temps gagné.

Les grands adversaires de la place nette sont nos propres croyances.

Au cours du PEP, les consultants d'IBT proposent aux stagiaires cette réorganisation de leur espace de travail. Il arrive que certaines personnes tentent une ultime résistance avant de retrousser leurs manches et de remettre meilleur ordre sur leur table de travail :

• mais je sais où se trouve chaque chose !

• je suis comme ça, c'est dans ma nature !

• je suis dans un job de recherche !

• j'ai besoin de tout garder devant les yeux, sinon j'oublie !

• je n'ai pas de place !

• un bureau plein de piles montre que je travaille !

• mais je fais correctement mon travail quand même !

Ce sont là des arguments qui ne tiennent pas.

Si vous devez poser un document sur le bureau « très chargé » d'un collègue absent, avez-vous confiance ?

Faire son travail sur un bureau encombré ne signifie pas que vous travaillez mal, cela signifie que vous passez du temps improductif à chercher des documents et que vous éparpillez votre attention inutilement.

Une expérience a consisté à comparer deux managers ayant des fonctions assez semblables, l'un qui travaillait avec un bureau encombré (on lui avait fourni un bureau sans tiroirs de rangement), l'autre qui travaillait avec une surface de bureau vide et des tiroirs de rangement. Celui qui avait le bureau encombré mettait beaucoup plus de temps à retrouver ses documents bien qu'ils étaient toute la journée visibles devant lui.

Les équipes de recherche croient souvent qu'il faut du désordre pour leur permettre d'être créatives. Pourtant si l'on en croit ce que disent les créatifs eux-mêmes, les idées semblent leur venir plus souvent hors de leur bureau (en dormant, en rêvant, en se promenant, en jouant avec leurs enfants, en faisant les courses…). En appliquant le PEP avec une équipe de recherche informatique, j'ai rencontré des ingénieurs qui travaillaient avec des montagnes de documents et de pièces d'ordinateurs sur leur table et sur le sol. L'analyse de leur temps leur a montré qu'ils passaient au maximum 25 % de leur temps sur leurs recherches. L'une des grandes pertes de temps était la recherche de pièces et de documents papier dans leur fouillis !

Les cas extrêmes de personnes travaillant dans un bureau très encombré restent beaucoup plus fréquents que ne le croient certains. Notre vie de consultants nous amène bien souvent à découvrir des bureaux qui semblent sortir de la préhistoire : tables couvertes de piles hautes (avec parfois des équilibres risqués), place pour écrire réduite à un mouchoir de poche – on écrit parfois sur un matelas de papier –, piles sur les chaises (pas de place disponible pour le visiteur), le déplacement à travers le bureau demande de faire attention où on met les pieds, il semble que les documents ont été chargés à la pelle dans les placards ou les tiroirs, la poussière s'accumule parce que les employés chargés du nettoyage ne peuvent pas passer ! Parfois, il vous arrive de vous croire dans une des bandes dessinées de Gaston Lagaffe ![1]

Dans certaines entreprises, la croyance est répandue qu'un bureau couvert de piles de papiers est le signe de quelqu'un de très important, ou de très occupé. Vous êtes-vous jamais demandé pourquoi celui qui avait un bureau très encombré devait travailler plus longtemps et était plus stressé ? Croyez-vous encore que l'importance de la fonction et que la charge de travail soient liées au tonnage de papier stocké sur votre table de travail ou aux alentours ?

Cette image appartient au passé. L'arrivée des NTIC (Nouvelles Technologies de l'Information et de la Communication, auxquelles nous consacrons la troisième partie de ce livre) encourage une croyance contraire dans les entreprises d'avant-garde : plus vous avez de papier sur votre table, plus vous êtes ringard et inefficace. Dur, pour certains !

---

1. Éditions Dupuis.

En adoptant le principe de la place nette, vous ferez disparaître les piles de papier, vous aurez des horizons dégagés, vous aurez de la place pour ouvrir vos dossiers, vous faciliterez le travail des gens de ménage et vous serez plus efficace.

Mais que faire de tous ces papiers ? S'ils ne peuvent plus encombrer la surface de votre bureau, il faudra bien les mettre quelque part.

La corbeille à papier

Quand on travaille avec du papier, la poubelle est un instrument central ! La règle majeure est d'éliminer systématiquement et sans état d'âme tout papier inutile, ou devenu obsolète, ou encore de faible valeur.

Vous vous débarrasserez également de tout dossier dont vous n'êtes pas responsable et sur lequel vous ne travaillez pas. Il est bien probable qu'il sera mieux rangé, plus complet et plus à jour chez son titulaire. Faites la chasse aux classements en double !

En outre, tout le matériel qui ne marche pas ou que vous n'utilisez pas doit disparaître. Pensez aussi aux petits ustensiles de bureau (les agrafeuses inutiles parce qu'elles se bloquent sont souvent légion !).

Chassez hors de votre bureau tout ce qui est inutile.

Les corbeilles de classement

À portée de main, placez 3 corbeilles de base. Elles accueilleront les documents qui circulent quotidiennement et rapidement sur votre table et qui n'auront plus droit de cité sur votre surface de travail pendant votre période de repos !

La corbeille ARRIVÉE. C'est votre boîte aux lettres. Soit votre courrier y est directement distribué, soit vous l'y mettez vous-même. Vous n'en connaissez en principe pas le contenu. Cette corbeille doit être placée de manière très commode pour les collègues susceptibles de vous apporter des documents, et elle doit être clairement étiquetée.

Ne faites pas comme ce directeur de banque au Luxembourg qui me disait s'étonner que ses collaborateurs n'utilisaient toujours pas la belle corbeille « Arrivée » qu'il avait préparée. En revenant à son bureau, invariablement, il trouvait des nouveaux documents sur son bureau ou même sur sa chaise ! Je lui ai proposé de me laisser m'asseoir à sa place, je lui ai remis quelques papiers et l'ai prié de sortir et de jouer le rôle d'un collaborateur apportant du courrier. Il a frappé à la porte, est entré, a avancé, a contourné le bureau, m'a demandé de me déplacer parce que le fauteuil bloquait le passage et le gênait pour passer, et il est allé déposer les documents dans la corbeille « Arrivée » qui était sur un meuble derrière moi. Il s'est alors rendu compte qu'il ne pouvait pas attendre de ses collaborateurs qu'ils suivent ce chemin compliqué. Respectons la loi du moindre effort également pour nos visiteurs ! Ce directeur a placé sa corbeille « Arrivée » dans l'angle de son bureau qui fait face à la porte d'entrée, avec une belle étiquette « Arrivée »… et le courrier arrivait désormais bien dans cette corbeille !

Une corbeille « Arrivée » implique que vous réserviez du temps pour traiter le courrier. Choisissez le rythme des moments, les heures, et la durée moyenne que vous consacrerez quotidiennement au traitement du courrier.

La corbeille DÉPART. Lorsque vous avez terminé votre action sur un document et qu'il doit être transmis en interne ou par la poste externe, c'est dans la corbeille « Départ » que vous le placerez. Si vous ne voulez pas trop souvent vous déplacer pour faire des classements, mettez également là les documents à classer. Quand vous aurez besoin de bouger, videz la corbeille : distribuez, classez…

La corbeille EN ATTENTE 24/48 heures. Cette corbeille va accueillir tous ces documents que vous laissez sur votre table pour quelques instants. C'est le mémo de rappel téléphonique (le poste téléphonique de votre correspondant sonne occupé, vous rappellerez quelques minutes plus tard). C'est le dossier que vous fermez pour vous occuper en urgence d'un imprévu ou pour être disponible pour le visiteur qui arrive. C'est le document que vous ne pouvez pas terminer parce que quelqu'un doit vous fournir une information nécessaire dans un moment. Les documents ne doivent pas passer plus de deux jours dans cette corbeille. S'ils ne peuvent être traités dans ce délai, ils ne sont plus à leur place dans cette corbeille.

Chaque jour, vous devez voir le fond de chacune de ces 3 corbeilles. C'est le principe qui vous sauvera du risque d'accumulation qui rendrait complètement inutiles vos belles corbeilles.

Pour être utilisées, ces corbeilles doivent aussi être adaptées à la loi du moindre effort. *Elles doivent être placées à portée de main,* de telle manière que vous puissiez prendre et déposer des documents avec un minimum d'effort pour un usage permanent. Si vous êtes obligé de vous étirer trop ou même de soulever le poids de votre corps pour attraper un document, vous utiliserez peu vos corbeilles. Changez-les de place, rapprochez-les.

Selon votre travail et les flux quotidiens de papier, vous pouvez choisir d'utiliser encore d'autres corbeilles susceptibles de vous faciliter la vie.

La plus en vogue est *la corbeille À LIRE.* Elle n'a d'intérêt que si vous consacrez vraiment du temps à la lecture. Sinon il vaut mieux y renoncer. Je me souviens d'un manager qui, deux ans après avoir suivi le PEP, me téléphonait pour me demander de m'occuper des 18 personnes de son équipe. Quand je me suis rendu dans son bureau, il avait sur le meuble derrière lui une pile gigantesque d'environ 1 mètre de haut, flanquée d'une pile plus petite d'environ 50 centimètres. Intrigué, je lui demande ce que c'est. « C'est ma corbeille à lire ! » me répond-il. Pour plaisanter par rapport à son oubli de ce principe PEP que vous connaissez maintenant, je lui ai demandé à quel moment il avait planifié de lire les milliers de pages correspondant à ces deux montagnes. Il a décidé alors de liquider toute sa pile immédiatement et, pour l'avenir, de se réserver une demi-heure de lecture chaque jour.

Le classement des dossiers

Si vous voulez garder votre bureau dégagé et si vous voulez voir le fond de vos corbeilles chaque jour, les documents qui doivent être conservés plus de 24 ou 48 heures devront bien trouver une place. À IBT, nous connaissons 3 catégories de dossiers :
• les dossiers en cours ;
• les dossiers de référence ;
• les dossiers d'archives.

Les dossiers en cours

Ils représentent habituellement un petit volume, mais ce sont les dossiers avec lesquels vous travaillez le plus souvent. Ils constituent souvent 20 % du volume de vos papiers, pour 80 % de votre travail. Vous attacherez donc un soin particulier à les organiser pour faciliter l'accès à tout document en cours en moins de 5 secondes.

Ils sont organisés en fonction de votre carte de responsabilités et selon un classement dynamique et cohérent avec vos objectifs. En d'autres termes cela signifie que votre carte de responsabilités correspond à votre plan de classement (voir p. 152).

Vous distinguerez :
• des dossiers correspondant à des *fonctions*, c'est-à-dire des dossiers permanents (budget, personnel, etc.) ;

- des dossiers correspondant à des *projets*, ayant une durée de vie très variable (de quelques jours à quelques mois), correspondant à la période de travail actif que vous lui consacrerez ;
- des dossiers correspondant aux différentes personnes avec qui vous avez des *contacts fréquents* ; vous y placerez tous les documents sur lesquels vous souhaitez discuter, que vous voulez montrer… ;
- des dossiers correspondant aux différentes *réunions régulières* auxquelles vous participez, vous y mettrez uniquement les documents de préparation à la prochaine réunion et de suivi de la dernière ;
- les *informations immédiatement disponibles* (liste de téléphones, adresses des succursales, liste de clients, liste de fournisseurs, liste de codes produits, tableaux de bord, etc.). Ces informations devraient pouvoir être accessibles les yeux fermés, sans même que vous ayez besoin de regarder pour les retrouver ;
- *l'échéancier*, qui permet de faire ressortir des documents isolés (sans dossier constitué) à une date précise. Il est ordinairement détaillé en sections mensuelles de janvier à décembre et en sections journalières (dossiers suspendus ou classeurs à soufflets). Il peut être également réduit à sa plus simple expression (cette semaine – semaine prochaine – au cours du mois).

L'endroit habituel pour placer vos dossiers en cours sera le tiroir à dossiers suspendus de votre bureau, en général le plus facile d'accès.

Chaque dossier en cours doit être étiqueté de manière très lisible et compréhensible pour vous-même et pour vos collègues. Vous pouvez même utiliser des couleurs et des pictogrammes pour mieux les distinguer.

Leur volume doit être réduit pour y faciliter la recherche. S'il y a beaucoup d'éléments, créez plusieurs sous-dossiers contigus avec le même titre suivi d'un sous-titre.

Chaque dossier est en permanence épuré et ne contient que les documents de travail sur lesquels vous êtes actif. Les documents qui le composent sont classés en catégories simples et évidentes.

Quand vous arrivez sur votre agenda à une phase réservée pour travailler sur un projet déterminé, vous sortez le dossier ou seulement les documents nécessaires. À la fin de votre séance de travail sur ce dossier, le dossier revient immédiatement à sa place.

Si vous recevez un document de travail concernant un dossier, rangez-le à la bonne place dans son dossier. Si vous devez effectuer plus tard une tâche particulière sur ce document, notez-le sur votre agenda papier ou électronique. Vous serez à la fois sûr de penser à donner suite au bon moment et sûr de trouver le document immédiatement. Le document n'aura donc aucune raison de rester sur votre table.

Pour maintenir vos dossiers en cours en état vraiment opérationnel, contrôlez-les tous au moment choisi pour faire votre plan de travail de la semaine (en fin de semaine). Ce sera le moment de clore certains dossiers dont la phase active est désormais terminée. Ils passeront en « dossiers de référence » si un suivi doit être maintenu, ou en « archives », ou directement à la corbeille à papier. Ce sera le moment d'ouvrir de nouveaux dossiers pour les activités que vous allez lancer la semaine suivante. Profitez-en aussi pour épurer ou diviser les dossiers trop volumineux…

Les dossiers en cours sont précieux. Ils constituent le cœur de votre travail. Maintenez-les en toujours en ordre pour vous faciliter la tâche et vous libérer l'esprit.

Les dossiers de référence

Les dossiers de référence constituent bien souvent la grosse masse des dossiers, ceux-ci qui sont moins utilisés que les dossiers en cours.

Pour les dossiers de référence, vous choisirez donc une place adéquate dans votre pièce de travail en fonction de la fréquence d'utilisation.

Ils seront classés en dossiers suspendus, en classeurs à anneaux… de manière adaptée à vos besoins, à vos locaux et au type d'informations.

Les dossiers de référence peuvent être les plus divers en fonction de votre activité. Eux aussi seront organisés selon votre carte de responsabilités. Ils auront donc les mêmes titres que les dossiers en cours. Ceci facilitera considérablement vos recherches.

Selon les cas, ils auront les intitulés suivants :

• clients ;
• fournisseurs ;
• produits ou services ;
• personnel ;
• financiers ;
• administratifs ;
• assurances ;
• projets à suivre ;
• projets-modèles ;
• pré-projets ;
• informations diverses ;
• réunions.

Les dossiers de référence doivent également être épurés et les doublons éliminés. Vous ne conserverez que les dossiers de référence dont vous êtes responsable ou dont vous avez besoin à une fréquence importante. Les autres seront soit détruits, soit transmis au collègue ou au département concerné.

Pour garder votre classement à jour et en ordre, faites une visite de contrôle dans vos dossiers de référence une fois par mois, à date convenue.

Les dossiers d'archives

Les salles d'archives sont parfois organisées comme un musée, comme un lieu occulte et codé, ou comme un dépotoir… Quand elles sont bien tenues, il est facile de retrouver les dossiers.

Les dossiers d'archives sont les documents qui n'ont plus d'utilité, mais qu'il faut conserver :

• documents à conserver pour des raisons légales (documents comptables, dossiers du personnel qui a quitté la société, par exemple) ;

• documents à conserver lorsque la responsabilité de l'entreprise est engagée à long terme sur des travaux, produits ou services déjà livrés (contrats, plans, etc.) ;

• dossiers de projets qui n'ont pu être mis en route, mais qui pourraient être repris plus tard ;

• documents historiques ou d'un intérêt particulier pour l'entreprise ; etc.

Dans de nombreuses entreprises, la politique d'archivage n'est pas claire. Les individus et services envoient aux archives des dossiers non épurés, mal classés, avec des abréviations, sans date de destruction, et souvent sans nécessité d'être conservés.

Lorsque la période active d'un dossier est terminée et qu'il n'a plus sa place ni dans les dossiers en cours ni dans les dossiers de référence, il faut faire le choix : détruire ou archiver.

Archiver veut dire sauvegarder des documents pour lesquels il y a une forte probabilité qu'on ne les touchera plus. Si l'on considère la vitesse de rotation habituelle du personnel dans les services, il est probable que ceux qui pourront avoir besoin de ces dossiers dans le futur seront les successeurs de ceux qui les ont créés.

Quand vous préparez un dossier pour les archives, pensez donc à la génération suivante ! Le dossier doit être allégé. Seules les pièces essentielles seront conservées. Elles seront organisées de manière à être faciles à identifier par quelqu'un qui ne connaîtrait pas le dossier. Le responsable du dossier et son service sont mentionnés de manière claire. Les sigles ou abréviations sont expliqués. Sur la boîte d'archives : un titre évocateur (pas de sigle, ou alors un sigle expliqué), une date de destruction (à 1 an, 2 ans, 5 ans, 10 ans, ou à conserver toujours). Notez également de manière plus discrète : la date d'archivage, la date du document le plus ancien et la date du document le plus récent. Le numéro de code d'archivage sera sans doute inscrit par le responsable des archives.

Conservez sur votre ordinateur ou sur le réseau un inventaire des dossiers archivés avec les mêmes mentions que celles qui figurent sur l'étiquette d'archivage. Il pourra être ainsi consulté par vous-même ou par les collègues.

Si les archives sont conservées dans votre service par vos soins, organisez-les de la même manière et rangez-les à l'extérieur du local de travail. Mieux vaut garder les espaces de proximité pour le travail actuel.

L'archivage doit être fait régulièrement. Un bon principe est de le faire en tout cas deux fois par an. Vous éviterez ainsi les accumulations inutiles et ferez de la place pour les nouveaux dossiers.

L'ergonomie de votre espace de travail

Repensez votre espace de travail de manière à ce qu'il soit le plus pratique et le plus confortable possible. Pour cela, imaginez que vous arrivez comme un nouveau collaborateur qui remet tout en question en héritant de l'organisation du prédécesseur. Soyez critique.

Utilisez la liberté que vous avez et les ressources à votre disposition, tout en sachant que parfois il faut composer avec peu de moyens, des locaux peu adéquats et du matériel ancien. Même si les contraintes sont importantes, sachez que beaucoup peut être fait avec du simple bon sens.

Les dossiers seront localisés selon le rapport *proximité/fréquence d'utilisation*. La règle est simple : *plus vous les utilisez, plus ils seront proches et moins il faudra de mouvements pour les saisir.* Pensez à un cockpit d'avion. Tout ce qui est indispensable est pensé pour être accessible depuis le siège du pilote.

Est-ce que les tiroirs de votre bureau sont occupés par des documents et du matériel utilisés à grande fréquence ? Si votre réponse est non, videz ces tiroirs, et voilà de la place disponible !
Vérifiez si le mobilier est disposé de manière pratique dans la pièce. Les déplacements doivent être logiques et vous éviter de vous faire des bleus aux jambes en butant sur les meubles.

Si vous recevez des visiteurs, mettez-vous à leur place et soyez aussi critique que possible sur le confort, l'image donnée, les indiscrétions possibles, etc.

Disposez votre bureau selon votre capacité à vous concentrer. Dans une entreprise, un collaborateur, assis à son bureau, porte ouverte, avait tout le couloir en enfilade devant lui. Tout le monde le saluait en passant ; c'était sympathique, mais que de distractions ! Nous avons parlé de ce problème, il a choisi de tourner sa table de manière à ne plus faire face au couloir, le problème était résolu. Parfois dans les bureaux partagés, il est agréable de se faire face bureau contre bureau. Cependant pour ceux qui ont de la peine à se concentrer ou qui ont beaucoup d'appels téléphoniques, cela fait trop de perturbations !

Vérifier la hauteur de votre siège par rapport à votre table et à votre écran. Vérifiez la résistance de votre dossier à la pression de votre dos. Une bonne position vous évite des maux de dos ou de nuque.

Vérifiez la disposition de votre écran. Vos yeux doivent être à la hauteur du haut de l'écran. L'écran ne doit être ni trop près ni trop loin de vos yeux (entre 60 et 80 cm). L'écran ne doit pas réfléchir la lumière d'une fenêtre ou d'un éclairage ; si c'est le cas, déplacez-le.

Le téléphone doit être à portée de main, en économie de mouvement. Si vous passez beaucoup de temps au téléphone, optez pour un téléphone mains libres (oreillette ou casque). Vous n'aurez plus besoin de chercher à coincer le combiné entre la tête et l'épaule quand vous aurez besoin de vos mains. Vous pourrez téléphoner et prendre vos notes directement sur votre ordinateur : grand confort !

Votre éclairage (fenêtres ou lampes) doit être approprié à votre table de travail en premier lieu, et aussi aux lieux de classement.

Hormis les dossiers dont nous avons déjà parlé, chaque chose a une place adaptée. Les meubles ou machines devenus inutiles quitteront la pièce pour libérer de l'espace.
Les affichages muraux sont à réactualiser de temps en temps.
Personnalisez votre bureau pour en faire un lieu agréable pour vous, vos collègues et vos visiteurs. Aménagez avec ce qui vous plaît et ce qui convient à l'image de l'entreprise et à votre fonction.

La chasse au papier, vers le « bureau sans papier »

De manière générale, faites la chasse au papier. Selon le *Financial Times Review* du 1er novembre 1995, le volume de papier utilisé dans les bureaux continue d'augmenter de 20 % par an au niveau planétaire, et le personnel passe plus de 60 % de son temps à travailler sur du papier. Les ordinateurs de cette planète consomment 115 milliards de feuilles de papier annuellement, alors que depuis longtemps on parle du « bureau sans papier » que devaient amener les nouvelles technologies de l'information et de la communication.
C'est oublier les habitudes humaines de travail ! Elles sont entretenues par une relation particulière au papier qui est devenue quelque chose de familier, d'intuitif, d'universel et qui semble également avoir plus d'impact sur le correspondant. Certains n'ont pas confiance dans les ordinateurs parce qu'ils ne peuvent pas toucher l'information. Les vieilles habitudes sont lentes à mourir. Traquez vos habitudes.
• Pourquoi imprimer vos messages électroniques ? Répondez et classez électroniquement.

- Pourquoi imprimer le document sur lequel vous travaillez ? Il peut rester classé électroniquement, pourvu que vous soyez bien organisé. Vous le retrouverez plus facilement et plus vite que dans un dossier papier.
- Pourquoi envoyer une lettre ou un fax quand vous pouvez utiliser la messagerie électronique ?
- Pourquoi imprimer un listing, tout aussi facile ou même plus facile à consulter à l'écran ?
- Pourquoi envoyer des copies papier de certains documents à vos collègues quand ces documents pourraient être mis à leur disposition sur le réseau informatique ?

Le « bureau sans papier » est encore une utopie. Il paraît que 95 % de l'information est encore conservée sur papier ! J'ai cependant déjà rencontré des personnes qui travaillaient avec un ordinateur et pratiquement jamais de papier.

Nous avons besoin d'un système efficace et intuitif qui gère la circulation et le stockage des documents électroniques. Le groupware (voir p. 223 et suivantes) sera une condition *sine qua non* pour tendre vers ce concept utopique du bureau sans papier, pour nous faire accepter d'abandonner nos chers vieux réflexes d'imprimer les documents informatiques. Gardons le papier pour l'exceptionnel.

CHAPITRE 5

MIEUX ORGANISER VOTRE ORDINATEUR

Votre ordinateur est un espace de travail en lui-même. Pour vous faciliter la vie, organisez vos classements informatiques comme vos classements papier.

En informatique traditionnelle individuelle, il y a trois grandes catégories de documents électroniques :
• les documents informatiques que vous créez ou consultez (traitement de texte, tableur, base de données, présentation, etc.) ;
• la messagerie électronique ;
• les documents fax reçus et envoyés par l'ordinateur.

Comment organiser vos documents informatiques ?

Utilisez toujours la même structure, celle de votre carte de responsabilités. Comme vous l'avez fait pour vos dossiers papier, vous utiliserez la même architecture, les mêmes titres. Organisez tout de manière symétrique, que ce soient vos documents de traitement de texte, de tableur ou d'autres, que ce soient vos messages électroniques ou encore vos fax. Vous aurez ainsi une seule logique en tête pour tout et ce sera beaucoup plus simple.

Maintenant que le Dos et Windows 3.1 sont pratiquement passés au musée de l'informatique, vous avez plus de liberté pour choisir des titres clairs aux dossiers en dépassant cette limite de 8 caractères qui a donné tant de tracas aux informaticiens comme aux utilisateurs. Cependant la nouvelle liberté d'utiliser des titres longs ne rend pas plus clair un esprit confus.

Utilisez des titres simples et brefs, déterminants et spécifiques, sans risque de confusion. Tout comme pour les dossiers papier ! Dans votre ordinateur, vous aurez des dossiers en cours, des dossiers de référence et vos archives. Si vous avez le système d'exploitation Windows, ouvrez l'Explorateur et construisez votre architecture.

Vos dossiers en cours devraient être créés en haut de la racine du disque dur que vous utilisez. Appelez-les « 0-en cours », puis les dossiers de référence « 1-références », puis les archives « 2-archives ». Les chiffres 0, 1, 2 placés en préfixes devant le nom vous permettront de placer tout en haut les dossiers selon leur fréquence d'accès. Viendront ensuite les multiples dossiers concernant l'architecture logicielle ou autres.

```
C:/ 0-en cours
    1-références
    2-archives
    etc.
```

Fig. 5 : Modèle d'organisation de vos dossiers sur votre ordinateur

Comme pour les dossiers papier, vous créerez vos répertoires et sous-répertoires en créant les mêmes catégories (voir la carte de vos responsabilités p. 47) dans chacun des 3 dossiers de base (en cours – références – archives). Peu importe que certains soient vides, ils seront ainsi déjà prêts quand vous aurez un document à classer.

Pour faciliter vos recherches, placez également dans ces dossiers des raccourcis vous permettant des accès rapides aux bases de données partagées.

Jetez tout document obsolète. Mettez chaque document à la bonne place.

En informatique traditionnelle, la tentation de dupliquer les mêmes documents dans plusieurs dossiers sur son propre disque dur ou sur les espaces disque de plusieurs collaborateurs est un facteur de chaos. Rapidement il devient difficile de savoir quelle est la copie conforme. Le désordre des tiroirs s'installe dans les disques des serveurs. La solution *Trace* sous Lotus Notes (voir p. 262 et suivantes vous fera sortir de ce cercle vicieux. Il n'y aura plus alors qu'un unique document non dupliqué et pourtant accessible et manipulable depuis plusieurs dossiers de classement et depuis plusieurs postes.

Paramétrez vos répertoires dans vos logiciels

Que vous utilisiez la suite Microsoft Office ou Lotus Smartsuite (ou encore StarOffice de Sun Microsystems ou Corel Office, ou d'autres), chacune présuppose l'utilisation du répertoire de travail choisi par l'éditeur. Ne le respectez pas. Lotus Smartsuite va vous envoyer dans les répertoires Lotsuite/travail/wordpro ou/123 ou/approach ou/flg selon le logiciel avec lequel vous travaillez. Microsoft Office va vous envoyer dans son répertoire « Mes documents ». Ainsi, quand vous faites « Fichier », puis « Ouvrir » ou « Enregistrer sous... », vous serez automatiquement aiguillé vers le répertoire choisi par l'éditeur (et non par vous !) et vous devrez faire plusieurs clics pour arriver dans les dossiers que vous venez de créer. Jouez rusé et faites l'économie de plusieurs clics de souris à chaque ouverture ou à chaque enregistrement. Vous trouverez ci-après les procédures détaillées concernant les deux suites logicielles les plus répandues. Il peut arriver que, lors des nouvelles versions de mise à jour, les procédures soient modifiées par l'éditeur. Soyez curieux, cherchez et vous trouverez. Nous partons du présupposé que vous travaillez sur le disque dur C:/ (adaptez si besoin) et que votre répertoire le plus fréquent est « 0-en cours ».

Microsoft Office 97

• *Word.* Allez dans « Outils » de la barre menu. Faites dérouler et vous trouverez en bas « Options ». Cliquez sur « Dossiers par défaut ». Sur la première ligne « Documents », double-cliquez (ou cliquez sur le bouton « Changer ») et sélectionnez le répertoire « 0-en cours ». Cliquez « OK ». Désormais toute ouverture ou tout enregistrement que vous ferez à partir de *Word* vous conduira en priorité dans le répertoire « 0-en cours ».

- *Excel.* Allez dans « Outils » de la barre menu. Faites dérouler et vous trouverez en bas « Options ». Cliquez sur « Options », puis choisissez l'onglet « Général ». Allez à l'avant-dernière ligne : « Dossiers par défaut » et tapez « C:/0-en cours ». Cliquez « OK ». Désormais toute ouverture ou tout enregistrement que vous ferez à partir de *Excel* vous conduira dans le répertoire « 0-en cours ».

- *PowerPoint.* Allez dans « Outils » de la barre menu. Faites dérouler et vous trouverez en bas « Options ». Cliquez « Options », puis cliquez sur l'onglet « Options avancées ». Allez à l'avant-dernière ligne : « Emplacement du fichier par défaut », et tapez « C:/0-en cours ». Cliquez « OK ». Désormais toute ouverture ou tout enregistrement que vous ferez à partir de *PowerPoint* vous conduira dans le répertoire « 0-en cours ».

- *Access.* Allez dans « Outils » de la barre menu. Faites dérouler et vous trouverez en bas « Options ». Cliquez sur « Options », puis cliquez sur l'onglet « Général ». Allez à la première fenêtre à droite : « Dossier de la base de données par défaut », et tapez « C:/0-en cours ». Cliquez « OK ». Désormais toute ouverture ou tout enregistrement que vous ferez à partir de *Access* vous conduira dans le répertoire « 0-en cours ».

Lotus Smartsuite version 9

- *WordPro.* Allez dans « Fichier » de la barre menu. Faites dérouler et sélectionnez en bas « Personnalisation », puis « Paramètres par défaut ». Choisissez l'onglet « Emplacements », cliquez « Parcourir » et sélectionnez « C:/0-en cours ». Cliquez « OK ». Désormais toute ouverture ou tout enregistrement que vous ferez à partir de *WordPro* vous conduira dans le répertoire « 0-en cours ».

• *123*. Même procédure que *WordPro*.

• *Freelance*. Même procédure que *WordPro*, mais dans « Paramètres par défaut » vous choisirez « Répertoires », et vous taperez « C:/0-en cours ».

• *Approach*. Même procédure que *WordPro*, mais dans « Paramètres par défaut » vous choisirez « Général », puis « Dossier par défaut » et vous taperez « C:/0-en cours ».

• *Organizer*. Même procédure que *WordPro*, mais dans « Paramètres par défaut » vous choisirez l'onglet « Dossiers », puis à la ligne « Fichiers Organizer » vous taperez « C:/0-en cours ».

Comme vous le constaterez, vous aurez ainsi réuni tous les documents concernant un même sujet, peu importe qu'ils soient créés sous *WordPro*, *123*, *Freelance* ou encore *Word*, *Excel*, *Power Point*.

Cette petite opération rend plus facile la recherche de documents. Elle est pratique quand vous partez en déplacement. Vous pouvez copier aisément tout un répertoire sans vous inquiéter de savoir dans quel format tel document a été créé et donc sans crainte d'en oublier un.

Comment retrouver rapidement un document informatique ?

Bien que vous soyez organisé, vous pouvez ne pas trouver un document particulier. Saviez-vous que Windows a dans l'« Explorateur » une fonction « Recherche » ? Pensez à l'utiliser. Tapez la partie du titre dont vous vous souvenez (un mot ou une partie de mot, peu importe), sélectionnez le répertoire concerné ou sélectionnez simplement le disque. Votre ordinateur va balayer la sélection choisie et vous lister tous les fichiers ayant ce titre.

Si vous ne vous souvenez pas du titre, choisissez dans la même fenêtre l'onglet « Avancée » et inscrivez un ou plusieurs mots du texte du document. Explorateur ira explorer pour vous tous les documents comportant les sélections choisies.

Organisez votre messagerie électronique

Organisez votre messagerie électronique à nouveau selon la même structure de classement en créant des répertoires et des sous-répertoires selon votre carte de responsabilités (voir p. 47). Toujours le même principe : une seule structure logique, quel que soit le type de documents.
Les messageries ont en général une boîte de réception et une boîte de courrier envoyé. Dès qu'un message est lu et traité, il n'a plus de raison de rester dans la boîte de réception.
Les messages que vous souhaitez conserver sont immédiatement glissés dans le dossier approprié, les autres sont supprimés.

Organisez vos documents avec le logiciel Trace

Avec *Trace*, application bureautique utilisant Notes, vous aurez la grande surprise de découvrir une logique révolutionnaire (voir p. 262). Tout ce qui vient de vous être présenté sur l'organisation informatique devient obsolète et est renvoyé à la préhistoire informatique.
Vos travaux informatiques (fiches contacts, agenda, lettres, fax, e-mails, mémos, notes diverses, fiches de travail, etc.) se trouveront réunis dans un tout homogène. Ainsi peu importe que vous adressiez un fax, une lettre, un message électronique, tout est dans le même classeur si vous le souhaitez. Un message ou une lettre peut même appartenir à plusieurs classeurs, sans faire de

copies ! Vous pouvez accéder à un document depuis plusieurs entrées selon votre choix. La notion de répertoires et sous-répertoires que nous avons abordée plus haut devient totalement inutile.

Vous pouvez également avoir des documents confidentiels facilement protégés, accessibles uniquement par vous ou par une sélection limitée de personnes.

Vous ne connaissez plus le titre du document que vous cherchez, mais vous vous rappelez quelques mots ? *Trace* vous proposera le ou les documents contenant ces mots indices, où qu'ils soient dans votre base.

Comment faire plus simple ! C'est la démarche facile tant attendue par les allergiques à l'informatique.

CHAPITRE 6

COMMENT DÉVELOPPER
DES HABITUDES DE TRAVAIL EFFICACES ?

Nos habitudes nous gouvernent-elles ?

Nous avons tous des habitudes. Ces automatismes nous permettent de faire exécuter à un niveau non-conscient des séquences de comportements. En conséquence, notre esprit reste plus disponible pour les choses plus importantes. Plus nous pouvons mettre de comportements en pilotage automatique, plus nous avons de disponibilité mentale pour avancer, réfléchir, réussir…

Les automatismes sont libérateurs, mais ils peuvent être également des facteurs de contrainte.

Les entreprises développent de plus en plus la démarche qualité, et cherchent à s'améliorer. Au niveau individuel, la remise en question permanente permet de progresser.

Votre programme du matin (réveil, toilette, habillement, repas…) est essentiellement automatisée. Vous n'avez pas besoin de réfléchir dans quel ordre vous allez faire les choses ; vous pouvez même faire tout cela en étant encore à moitié endormi !

L'efficacité d'une habitude se mesure au résultat qu'elle permet d'obtenir, à l'économie d'énergie qu'elle génère, aux conséquences secondaires qu'elle provoque sur vous et sur les autres…

Les habitudes sont bonnes dans un contexte donné et à une période donnée ; cependant régulièrement, il faut les revoir, les corriger, voire les abandonner.

J'ai eu l'occasion de travailler avec un collaborateur qui arrivait constamment en retard, ce qui a posé parfois des problèmes majeurs. J'ai fini par comprendre qu'il quittait son appartement ou son activité précédente à l'heure du rendez-vous suivant en oubliant de tenir compte du temps de déplacement. S'il avait un rendez-vous à 16 heures et 60 kilomètres de route pour me rejoindre, il partait à 16 heures de chez lui. C'était un automatisme. Suite à quelques confrontations, il a réussi à changer cette habitude qui, dans son cas, était culturelle !

Notre pilote automatique interne peut s'occuper de multiples comportements au niveau inconscient. Déléguons-lui tout ce qui peut l'être pour garder une meilleure disponibilité pour les choix qu'il importe de garder au niveau conscient.

Dans la vie professionnelle, l'une des plus mauvaises habitudes qui soient est la procrastination.

« *Faites-le tout de suite* »

> *Par la rue « Tout-à-l'heure » on arrive à la maison « Jamais ».*
> Cervantès

La procrastination est l'habitude de remettre à plus tard ce que l'on pourrait faire le jour même. Mark Twain s'en moque par cette formule : « Ne remettez pas au lendemain ce que vous pourriez faire le surlendemain ! »

Cette habitude amène à constamment reporter. C'est une véritable maladie dans le monde du travail. Tout ce qui est reporté s'accumule et devra se faire en fin de délai, sous la pression et dans de mauvaises conditions. Ne faites pas demain, faites aujourd'hui !

« On a semé le mot *demain* et il n'a pas poussé ! », dit le proverbe arabe.

Prenez le taureau par les cornes et adoptez tout de suite la règle N° 1 du PEP : Faites-le tout de suite ! C'est une formule magique. Simple à dire. Simple à mettre en exécution. Riche en retours positifs : faites tout de suite ce que vous avez à faire et vous gagnerez du temps.

Quand vous prenez un document dans votre corbeille « Arrivée », que vous le lisez et que vous le reposez sans agir, ce n'était pas la peine d'y toucher.

Lisez donc le document et faites de suite ce que vous avez à faire à son sujet. Quels seront vos choix ?

1. traiter tout de suite jusqu'au bout ;
2. planifier tout de suite dans votre agenda (si la tâche est trop longue pour l'effectuer dès maintenant ou si vous avez besoin d'autres informations pour la traiter) ;
3. déléguer tout de suite ;
4. classer tout de suite ;
5. jeter tout de suite.

Appliquez cette règle au bureau comme chez vous. Un appareil ménager est en panne ? Réparez-le ou faites-le réparer tout de suite. Pour une demande de l'un de vos enfants, occupez-vous en tout de suite ou indiquez à quel moment vous le ferez. La réponse : « Je ferai plus tard » ne vous aidera pas. Soyez plus précis : « Je le ferai ce mardi soir ». Vous avez une idée intéressante, enregistrez-la aussitôt, décidez si vous voulez y donner suite, et éventuellement planifiez-le tout de suite.

Faites de même pour les communications orales. Les communications orales présentent un risque supplémentaire, elles n'ont pas de support écrit et risquent d'être oubliées. Si l'on vous demande quelque chose par téléphone, au cours d'une réunion, ou encore dans un couloir de votre entreprise, agissez tout de suite :

1. vous traitez tout de suite jusqu'au bout ;
2. vous enregistrez tout de suite par écrit ou dans votre mémoire que vous vous en occuperez dès votre retour à votre bureau ;
3. vous planifiez tout de suite dans votre agenda (si la tâche est trop longue pour vous en occuper maintenant ou si vous avez besoin d'autres informations pour la traiter), et vous informez votre interlocuteur de votre planification ;
4. vous déléguez tout de suite ;
5. vous classez tout de suite ;

6. vous décidez de ne rien faire et en informez votre interlocuteur.

Avoir beaucoup de choses à faire tout de suite risque de morceler votre journée. Aussi prenez des décisions pour vous organiser.

Décidez quand vous allez vous occuper du courrier : tout au long de la journée quand il arrive, ou à des moments particuliers, par exemple de 8 h à 9 h et de 14 h à 14 h 30. Je vous suggère de choisir des tranches de temps précises et faciles à insérer dans une séquence de routine : en arrivant le matin, au retour de la pause déjeuner. Vous prenez le premier document et vous y donnez suite immédiatement, puis vous le classez ou le détruisez. Vous prenez le second et ainsi de suite. Vous ne lirez qu'une fois chaque document et ferez des gains de temps et d'énergie appréciables. Vous avancez méthodiquement. Peu importe que le document soit important ou non, pas de priorités. À chaque document, vous prenez la décision de la suite à donner et de l'investissement de temps que vous lui accordez. Si vous découvrez que le traitement d'un courrier reçu demande beaucoup plus de temps que vous ne pouvez vous le permettre dans votre tranche « Courrier », saisissez votre agenda et planifiez-le. Si besoin informez votre correspondant de la date à laquelle il recevra sa réponse. Classez le courrier dans le dossier correspondant ou dans votre échéancier.

Vous ne toucherez les documents qu'une fois et vous aurez agi !

Décidez à quels moments vous allez vous occuper de votre correspondance électronique. Vous la traiterez dans ces moments « Courrier » ou à d'autres moments que vous préférez.

Si vous ne travaillez pas dans une fonction d'urgence, et que vos correspondants ne voient pas d'inconvénients à attendre pour obtenir une réponse, enlevez l'alarme visuelle ou sonore de votre messagerie qui signale l'arrivée d'un nouveau message. Vous éviterez ainsi des interruptions inutiles ! Cependant, décidez de votre rythme : répondre toutes les 2 heures ? Une fois par demi-journée ? Une fois par jour ? À quelle heure ?

Décidez de moments particuliers chaque jour pour vous occuper des multiples petites sollicitations de toutes sortes : coups de téléphone, demandes orales, idées personnelles, suivis brefs à vos actions, etc. Ce seront vos moments de « Faites-le tout de suite ». Le grand intérêt de ces moments particuliers est de vous forcer à regrouper les tâches et à en réduire le morcellement, et de vous permettre d'améliorer votre concentration et votre disponibilité pour les travaux qui en requièrent plus.

Votre cahier de bord, un compagnon redoutable d'efficacité !

Le cahier de bord va vous permettre d'enregistrer soigneusement toutes les sollicitations orales que vous recevez et d'assurer systématiquement leur suivi. Plus d'oubli ou de retard. Vous ne serez plus responsable de la désorganisation de quelqu'un d'autre. Vous savez ce que vous avez fait et quand ! Finis les petites notes et les mémos qui traînent partout !

Avec le cahier de bord, vous allez faire de manière simple un pas de géant dans le professionnalisme. Il va devenir un instrument que vous aurez toujours à portée de stylo. Si vous n'êtes jamais sollicité par l'extérieur, il vous sera moins utile mais vous pourrez l'utiliser pour y consigner vos propres idées. Si vous êtes soumis à des sollicitations de toutes sortes, il va devenir extrêmement précieux. Il y a une vingtaine d'années que j'utilise le cahier de bord, je n'y renoncerai pour rien au monde tellement les services qu'il m'a rendus m'ont été et me restent précieux !

Je vous conseille le cahier à spirale. Il est en effet plus facile à manier et tient moins de place sur votre table.

Première chose : indiquer la date du jour complète (jour de la semaine, jour, mois, année), en rouge par exemple pour qu'elle soit très visible. Puis, pour chaque sollicitation (en colonnes ou non) :

- Qui ? (le solliciteur). Attention à l'usage du prénom sans le nom qui peut devenir un facteur de confusion quelques heures plus tard ! Ses coordonnées pour donner suite.
- Quoi ? (quelle est sa demande).
- Quelle suite vous avez donné (en abrégé) et comment (téléphone retourné, fax, e-mail, lettre, délégué à, etc.).
- Quand avez-vous donné suite ?

CAHIER DE BORD				
Pour consigner et être sûr de suivre toutes les sollicitations				
Qui ?	Tél./adr.	Demande	Action	Date
Lundi JJ/MM/AA				
Arthur TAK ✔*TR*	*022/999 99 99*	*Références ABC SA*	*Faxé*	*11h20*
CEA ✔*TR*	*26 Artois 75008*	*livre Kerry, 3x à envoyer*	*Envoyé*	*11h25*
Gertrude B. ✔*TR*	*01 23 45 67 89*	*Facture CG-38 à envoyer*	*E-Mail à Gilles à la compta*	*11h30*

Fig. 6 : Exemple de cahier de bord

Petites astuces pratiques pour maîtriser votre cahier de bord :
- Utilisez deux couleurs : une couleur (bleu ou noir) pour inscrire le demandeur, ses coordonnées et sa demande, et une autre couleur pour inscrire la suite que vous donnez (en rouge par exemple). Vous distinguerez plus facilement la demande et votre action.
- Rendez très évident le passage d'un demandeur à un autre : un tiret en marge chaque fois qu'il y a un nouveau demandeur, un trait de bord à bord après chaque demande, etc.
- Une même demande peut impliquer plusieurs actions brèves, par exemple demander l'information à quelqu'un d'autre, attendre une réponse, la recevoir, la retransmettre. Vous men-

tionnerez chaque étape parcourue et sa date. Quand toute la séquence est terminée et que vous avez traité complètement la sollicitation, mettez une coche de couleur (rouge par exemple) en marge, et vous saurez que la demande a été entièrement traitée.

• Utilisez des conventions personnelles inamovibles. Les couleurs que vous choisirez en sont une. Les abréviations vous faciliteront les prises de note. Elles doivent cependant être claires pour éviter toute confusion. Par exemple TD pour téléphone donné, TR pour téléphone reçu.

• Quand toutes les sollicitations de la page ont été traitées, c'est-à-dire que vous avez une coche rouge en face de chacune, vous mettez un signe OK rouge dans un coin de page (par exemple le coin extérieur en bas). Il signifiera clairement à votre attention que tout est fait. Par défaut, quand ce signe OK ne figure pas, votre attention est immédiatement attirée sur une sollicitation dont le traitement n'est pas achevé.

• Si une sollicitation demande un enchaînement de tâches complexes et longues, vous rédigez un plan d'action et ouvrez un dossier dans vos dossiers en cours. Vous indiquerez simplement sur votre cahier : « Plan d'action fait le… », « Dossier ouvert le… ». Et vous mettrez une coche rouge en marge. Le rôle de votre cahier de bord sera terminé pour cette sollicitation.

• Notez toutes les sollicitations, même d'ordre privé. Je me rappelle le reproche ancien de mes enfants qui m'a fait étendre le cahier de bord aux appels privés. Il leur arrivait de me téléphoner pendant que j'étais déjà en communication téléphonique avec un autre correspondant. Je leur répondais rapidement : « Je suis déjà en ligne. Je te rappelle dans quelques minutes. » L'autre conversation téléphonique se prolongeait, puis se terminait. Je reprenais alors mes activités et oubliais de rappeler ma fille ! Frustration de son côté, culpabilité du mien. Depuis, cela n'arrive plus. Les appels téléphoniques qui se succèdent rapidement ou même qui se télescopent et vous obligent à prendre plusieurs lignes en même temps doivent être enregistrés soigneusement pour que vous soyez sûr de donner le suivi nécessaire à chacun d'eux.

• Je trouve parfois pratique d'ajouter quelques informations complémentaires. Ainsi je mets un petit « S » en marge quand la demande a été prise par la secrétaire qui me l'a retransmise, ou un autre signe pour préciser si c'est une demande téléphonique ou une sollicitation émise au cours d'une réunion, etc. C'est un aide-mémoire si j'ai besoin de faire un retour sur l'origine de la demande. Jugez des détails qui vous sont nécessaires.

• Si vous souhaitez utiliser votre cahier de bord non seulement pour les demandes extérieures, mais aussi pour d'autres actions que vous décidez vous-même, veillez à les identifier avec un signe distinctif. En ce qui me concerne, quand je veux inscrire une tâche non demandée, au lieu du tiret de conduite en début de message, je marque un carré. Je sais alors que c'est une action de mon fait.

• Quand vous terminez de prendre un message, laissez vous suffisamment de place pour noter les suivis probables, et préparez l'accueil de la demande suivante par un trait de séparation horizontal ou par un tiret de conduite pour le prochain message. Vous éviterez ainsi d'avoir à torturer votre écriture pour noter votre suivi !

• À chacun de vos moments de « Faire tout de suite » ou « Courrier », prenez votre cahier de bord et donnez les suivis nécessaires.

• À chaque fin de journée, lorsque vous faites le bilan du jour et que vous préparez le plan de la journée suivante, vérifiez votre cahier de bord. Il est si facile d'oublier une sollicitation, surtout quand vous en avez beaucoup et que vos interlocuteurs n'étaient pas disponibles au moment où vous cherchiez à les joindre.

• À chaque fin de semaine, lorsque vous faites votre plan de semaine, prenez également l'habitude de vérifier que toutes les pages de la semaine ont obtenu leur OK de coin de page. Sinon, faites ou planifiez les suivis qui s'imposent.

• Conservez vos cahiers de bord complets (quand toutes les pages sont remplies) quelques temps en fonction de votre type d'activités et des risques de retour sur le passé.

Je me suis rendu compte que plus une sollicitation était modeste, plus elle courait le risque d'être oubliée. Il m'arrive parfois, pour des sollicitations très rapidement traitées et simples, d'y repenser un peu plus tard et de ne plus savoir si je l'ai traitée ou non. Un retour sur le cahier me fournit rapidement la réponse.

Il arrive que des personnes, de bonne foi ou non, disent qu'elles n'ont pas reçu le retour attendu suite à une demande. Le cahier de bord vous permettra de vérifier avec précision le suivi que vous avez donné et d'examiner avec l'interlocuteur si la transmission a été mauvaise (erreur de numéro de fax ou d'adresse…). Certains interlocuteurs peuvent être tellement mal organisés qu'ils perdent ce qu'ils reçoivent et ne se rappellent pas que vous leur avez répondu. Il m'est arrivé qu'un interlocuteur que je ne connaissais pas encore me demande trois fois dans le même mois le même document, sans se rappeler l'avoir reçu. Sa troisième demande était même formulée sur un ton de reproche et d'impatience. Le cahier de bord m'a été d'un grand secours pour retrouver à quelles dates je lui avais envoyé quoi et où.

Une alternative : le cahier de bord électronique

Si vous êtes un adepte du tout électronique, vous pouvez naturellement transférer votre cahier de bord sur une liste « à faire » telle qu'il en existe dans presque tous les logiciels d'organisation personnelle. Adaptez votre liste « à faire » si vous avez la possibilité de rajouter des colonnes pour en faire un outil personnel, celui qui vous rendra vraiment service.

Ceci m'amène à rappeler un principe de base. Vos outils doivent vous être simples, rapides et fiables. Leur rôle est de vous aider à atteindre mieux vos résultats. Faites le choix de ce qui vous paraît le mieux convenir à vos goûts et à vos besoins personnels, ainsi qu'à ceux des personnes concernées autour de vous. Ayez cependant bien en mémoire que tout gadget, logiciel, ou autre, n'a d'intérêt que s'il répond avec pertinence à vos besoins et vous rend les tâches plus faciles.

Si vous n'arrivez pas à ouvrir votre cahier de bord électronique immédiatement d'un clic quand vous recevez un appel téléphonique, ou si vous ne pouvez pas taper sur votre clavier parce que votre main est prise par le combiné, ou si vous devez vous coincer le cou pour bloquer le combiné sur votre épaule et vous dégager les deux mains pour taper, alors oubliez la technologie et revenez au papier, en tout cas pour cette activité ! En effet, si la prise de note est compliquée, soit vous ne noterez rien ou presque, soit vous allez revenir aux petits billets qui traînent partout sur la table en attendant le moment hypothétique où vous les traiterez.

Si vous voulez absolument de l'électronique, par principe ou pour votre image, alors faites-le jusqu'au bout : acquérez un système téléphonique mains libres, augmentez la capacité de mémoire de votre ordinateur, choisissez un logiciel simple et suffisamment complet, faites-vous des macros pour accéder d'un clic là où vous devez écrire. Entraînez-vous à taper aussi rapidement que vous écrivez. Ou faites l'acquisition d'un système vocal qui vous permette de dicter à votre ordinateur : il écrit pour vous, c'est magique ! Entraînez-vous à la technique du cahier de bord et devenez systématique.

Du bon usage du téléphone

Le téléphone sonne.

Premier accueil à soigner. Que répondre en premier, comment s'introduire ? Certains répondent comme ils ont toujours fait sans jamais penser qu'ils pourraient faire mieux ou différemment ; certains sont constamment embarrassés.

La meilleure manière de procéder est encore d'observer les pratiques de vos correspondants locaux. Observez ce que répondent les gens à qui vous téléphonez, prenez de l'inspiration et créez votre propre manière de faire.

J'assurais un PEP auprès d'un directeur général et de son secrétariat, composé de trois assistantes de direction. L'institution était constituée de 8 000 employés, donc grande. Importante remise en question : que devaient répondre les assistantes quand elles prenaient le téléphone ? Leur prénom et nom ? Leur prénom seulement ? « Bureau du directeur général, Mme Y » ? « Secrétariat de M. X, ici Mme Y » ? etc. Entre les assistantes et le directeur, il y avait unanimité sur le principe d'homogénéité et désaccord sur la formule de réponse à utiliser. Après quelques minutes de partage : « Je dois bien annoncer mon nom, sinon c'est impersonnel », « Je ne veux pas perdre ma personnalité », « Nous devons donner une image de DG », etc., – j'ai pensé qu'il leur serait bien difficile de se mettre d'accord ce jour-là. Je leur ai demandé s'ils appelaient souvent d'autres directions générales. La réponse fut « oui ». Je leur ai laissé un mois pour observer la culture locale des DG en la matière. Lors de ma visite suivante, un mois après, le choix s'est imposé sans difficulté.

Le téléphone peut être un danger si vous ne le maîtrisez pas. Vous pouvez afficher de la disponibilité et prendre tous les appels téléphoniques. Cependant veillez à ce qu'ils soient brefs. Si la question abordée au téléphone doit donner lieu à de longs échanges que vous ne souhaitez pas à ce moment-là, fixez un rendez-vous téléphonique ou physique à un moment qui vous convient (sauf urgence, naturellement). Proposez à votre correspondant un message du genre : « Je pense que ce point demande attention et j'aimerais vous offrir ma meilleure disponibilité. Quel moment vous conviendrait bien, cet après-midi entre 15 h 15 et 18 h, ou demain matin entre 10 h et midi ? ». Vous prenez rendez-vous. Vous pourrez ainsi reprendre le cours de votre activité et ne pas vous laisser trop envahir à un moment non-propice. Votre correspondant se sentira respecté car vous lui offrez de la disponibilité. Utilisez systématiquement votre cahier de bord quand vous téléphonez, il soulagera votre mémoire. Si vous ne l'avez pas sous la main, notez mentalement, et enregistrez plus tard dans votre cahier.

Pensez à terminer votre conversation téléphonique sur un résumé clair de l'accord, de l'information, du plan d'action convenu, de ce que vous êtes engagé à faire et quand, de la date, de l'heure, du lieu et de l'objet du rendez-vous, etc. Votre professionnalisme marquera quelques points de plus !

Si vous laissez un message sur un répondeur ou à un intermédiaire, pensez à dire clairement votre prénom et votre nom (attention aux risques d'homonymie), et au besoin épelez-le, rappelez vos coordonnées, l'objet de votre appel, les possibilités de vous donner réponse ou de vous rappeler.

Évitez de laisser juste un prénom, « c'est Patrick ! ». Pendant des années j'ai utilisé des répondeurs téléphoniques, combien de fois ai-je dû faire œuvre de perspicacité auditive pour deviner de quel Patrick ou de quelle Valérie il pouvait bien s'agir !

Rappelez-vous aussi que certains correspondants vous connaissent dans un contexte donné. Entendre votre nom peut ne rien évoquer pour eux tant que vous n'avez pas rafraîchi leur mémoire en leur parlant du contexte dans lequel vous êtes en relation.

Le nombre de personnes qui laissent des messages inutilisables est impressionnant, comme : « Rappeler Monsieur X à tel numéro ». Je m'en rends particulièrement compte quand je suis occupé plusieurs journées consécutives chez des clients. Je prends connaissance de mes messages en fin de journée. Je donne suite, mais souvent ce n'est plus une heure convenable pour rappeler les gens. Ceux qui me laissent un message complet trouveront leur réponse quand ils reviennent à leur bureau. Quant aux autres, j'aurais pu leur répondre par fax, sur répondeur, par e-mail ou par secrétaires interposées… si j'avais su ce qu'ils voulaient et comment les joindre autrement que par téléphone.

Préférez un autre moyen de transmission que le téléphone chaque fois que cela est possible. Pensez qu'un appel téléphonique crée systématiquement l'interruption d'une ou plusieurs personnes : la standardiste, la secrétaire, et enfin le correspondant. *Beaucoup d'appels téléphoniques pourraient être avantageusement remplacés par un e-mail, un fax, un mémo...* Le message écrit a l'avantage de forcer à être précis et concis pour vous-même et pour celui qui vous répondra. Il permet une réponse désynchronisée, c'est-à-dire à un moment adéquat pour votre interlocuteur. Il vous prend en général moins de temps qu'un appel téléphonique.

Réservez le téléphone pour l'urgence, le convivial ou l'ingérable par écrit.

Le téléphone portable peut être très pratique mais aussi devenir un instrument détestable. Il faut apprendre à vivre avec et à l'utiliser. Quelques conseils :

- Si vos rendez-vous professionnels demandent toute votre disponibilité, éteignez votre téléphone portable par politesse pour votre interlocuteur et pour travailler plus efficacement.

- Si votre activité professionnelle vous demande de la concentration, ne diffusez pas votre numéro de portable. Gardez le secret ou confiez ce numéro avec parcimonie à quelques personnes bien choisies qui peuvent avoir réellement besoin de vous contacter et apprenez-leur à ne pas abuser de ce cordon ombilical.

- Si vous utilisez votre téléphone portable dans un lieu public, soyez discret, d'une part par politesse pour les personnes autour, et d'autre part par mesure de confidentialité sur les sujets que vous abordez.

- Quand vous appelez quelqu'un sur un téléphone portable, soyez bref. Votre interlocuteur n'est peut-être pas dans un lieu adéquat pour vous parler.

- Le portable est pratique pour convenir du moment auquel on peut se parler de manière plus confortable.

Comment utiliser votre messagerie électronique ?

Peu d'entreprises s'approchent du modèle de « bureau sans papier ». Cependant la messagerie peut y contribuer grandement, si vous résistez à la tentation d'imprimer vos messages.

Imprimez vos messages seulement si vous considérez qu'un message est particulièrement important pour compléter un dossier papier, si vous devez le faire lire ou encore si vous êtes réellement un réfractaire à l'informatique qui doit faire rédiger ses réponses par sa secrétaire. Sinon traitez les messages directement depuis l'écran. Si vous avez besoin de les conserver, utilisez le système de classement que nous avons présenté plus haut.

Quand vous envoyez un message :
• N'abordez qu'un seul sujet par message.
• Définissez très explicitement l'objet de votre message dans la case prévue à cet effet. La lecture du « Sujet » devrait déjà indiquer clairement votre information ou question.
• Soyez aussi bref que possible. Donnez cependant l'information nécessaire pour que votre correspondant puisse vous donner une réponse satisfaisante.
• Les premières lignes de votre message seront le cœur de votre information (en 3-5 lignes maximum). La suite du message servira éventuellement à fournir les éléments complémentaires. Rappelez-vous que certains reçoivent chaque semaine des dizaines, voire des centaines de messages ; aidez-les à prêter attention à vos messages.
• Répondez systématiquement avec la fonction « Répondre à » qui permet de garder l'historique de l'échange électronique sur le sujet. C'est tellement plus pratique de retrouver les échanges précédents en faisant dérouler l'ascenseur du message, plutôt que d'aller retrouver le message que l'on a écrit soi-même.
• Envoyez en « destinataire » uniquement à celui qui doit traiter votre message. Les personnes à qui vous envoyez « Pour information » sont dans la sélection « En copie » (en Cc:).

• Utilisez les listes de distribution avec parcimonie. Certains font un abus manifeste de ces listes de distribution. Un clic et 100 personnes reçoivent votre message. Si vous déversez à 100 personnes votre littérature, soyez conscient que le coût pour l'entreprise est 100 fois le temps que vous mettez à lire votre propre message, augmenté de l'éventuel temps pris par chacun pour se demander ce qu'il doit faire de cette information. Ensuite décidez si l'information est si critique pour ces 100 personnes. Il y a parfois d'autres manières de faire passer l'information. Le site Intranet peut permettre de stocker de l'information que les collaborateurs prennent quand ils en ont besoin. À quoi cela sert-il d'arroser tout le siège d'une multinationale pour annoncer que les télécommunications avec l'Azerbaïdjan ou le Rwanda sont perturbées, puis une heure plus tard d'envoyer un nouveau message à tout le personnel pour informer que les télécommunications sont rétablies. Une fiche d'information sur le site Intranet suffirait pour ceux qui rencontrent des problèmes et voudraient en savoir plus. Il est contre-productif de déranger 400 personnes deux fois en une heure !

• Lorsque vous envoyez des messages accompagnés de documents attachés, uniquement pour transmettre de l'information, faites plutôt un « copier-coller » du texte lui-même. Vous copiez le texte du document que vous vouliez attacher et vous le collez dans le message électronique. Vous aiderez ainsi vos correspondants à gagner du temps : vous leur évitez de lancer une application et d'ouvrir un document. Vous aurez également plus de chance d'être lu.

Filtrez vos messages :

• Si vous recevez trop de messages qui ne vous intéressent pas, utilisez un filtre qui triera pour vous les messages que vous refusez.

• Faites vous sortir des listes de distribution qui vous déversent de l'information inutile.

• Quand vous voyagez et ne pouvez avoir vous-même l'accès à votre boîte aux lettres, confiez à votre secrétaire ou à une autre personne de confiance le soin de la passer en revue régulièrement et de donner suite.

Faites-le tout de suite

Les boîtes aux lettres se remplissent très rapidement. Si vous gardez beaucoup de messages dans votre boîte de réception, c'est comme faire une énorme pile de documents, cela devient vite ingérable. Quelques conseils encore :

• Lisez vos messages régulièrement à une fréquence appropriée, au moins une fois par jour !

• Faites taire tout de suite et définitivement le bip sonore de votre messagerie, ne vous laissez plus distraire à chaque arrivée de message. Mettez l'alarme en fonctionnement uniquement quand vous attendez un message particulièrement important et urgent.

• Quand vous lisez un message, répondez immédiatement (avant d'avoir eu la curiosité de lire le suivant !). Vous ne l'ouvrirez et ne le lirez ainsi qu'une fois et le travail sera fait.

• Classez tout de suite ou détruisez tout de suite les messages lus et traités. Ils n'ont plus de raison de rester dans votre boîte de réception.

• Utilisez aussi souvent que possible votre corbeille (poubelle).

CHAPITRE 7

COMMENT ÉVALUER SON TRAVAIL ET SE REMETTRE EN QUESTION?

N'importe quel pilote a ses instruments de navigation. Vous voulez atteindre vos objectifs, vous voulez progresser. Avec vos instruments de navigation, vous dirigerez mieux votre entreprise, votre fonction ou vos projets, vous maîtriserez mieux votre propre coût de production et l'utilisation de votre temps, vous assurerez mieux ce qui constitue les fondations de votre efficacité, tout en suivant avec enthousiasme les signes de votre évolution personnelle et de la progression vers les défis que vous avez choisi de relever.

Votre coût de production

> *Le temps, c'est de l'argent.*
> Benjamin Franklin, 1748
> *Les plus coûteuses dépenses, c'est la perte de temps.*
> Théophraste (philosophe grec du IVᵉ siècle avant JC)

Lorsque l'on veut être efficace, il est utile de connaître son propre coût de production. Il y a des professions qui connaissent ce coût dans la mesure où il s'agit de leur unité de facturation (avocats, médecins, comptables, etc.).

Le calcul de votre coût de production n'est pas toujours aisé. Voici quelques suggestions qui peuvent vous inspirer pour évaluer *votre coût approximatif horaire si vous êtes salarié :*

A. coût salarial = salaire brut annuel + charges,
B. frais induits de main-d'œuvre (management, RH, compta, etc.) : environ un tiers de A,
C. locaux, équipements, fournitures et frais généraux liés au poste : environ un tiers de B,
D. nombres de journées de travail par an,
E. nombre moyen de journées d'absence, de maladie…,
F. nombre de journées de congé,
G. nombre de jours de formation, de congrès…,
H. nombre moyen de journées de temps improductif (selon votre propre évaluation !),
I. nombre d'heures de travail par jour.

> La formule vous donnant votre coût horaire personnel approximatif de production sera :
> Coût horaire = (A + B + C) : (D − (E + F + G + H)) : I)

Si vous voulez faire une étude plus précise, confiez la tâche à votre service des Ressources Humaines, ils connaissent ce genre d'informations.

Si vous êtes *travailleur indépendant*, le calcul approximatif sera :
A. produits,
B. charges,
C. nombres de journées de travail par an,
D. nombre de journées d'absentéisme, de maladie…,
E. nombre de journées de congé,
F. nombre de journées de formation,
G. nombre moyen de journées de temps improductif,
H. nombre moyen d'heures de travail par jour.

> La formule vous donnant votre coût horaire personnel approximatif de production sera :
> Coût horaire = (A − B) : (C − (D + E + F + G)) : H)

Votre coût horaire de production vous permettra de découvrir quel est l'investissement fait quand vous consacrez votre temps à une activité donnée. Cette prise de conscience conduit parfois à bien des remises en question salutaires sur le temps passé à des activités à faible valeur ajoutée.

Ainsi considérez les exemples cités plus haut dans cette partie à propos du temps passé à chercher des documents. Mesurez le temps passé. Si c'est 3 heures par semaine passées à chercher des documents, vous multiplierez ces 3 heures par leur coût horaire.

• Combien vous coûte la recherche de documents ?
• Combien vous coûte une lettre comparée à un message électronique ?
• Combien vous coûte une activité faite par vous comparée à la même activité faite par une personne à qui vous déléguerez la tâche ?
• Combien vous coûte le temps de courrier ?
• Combien vous coûte le temps au téléphone ?
• Combien vous coûte les temps d'interruption ?
• Combien vous coûte la messagerie électronique ?
• Combien vous coûte le développement d'un projet particulier ?
• Combien économisez-vous par mois quand vous gagnez une heure par jour ?

Comment analyser l'emploi de votre temps ?

Les questions ci-dessus sur votre coût personnel de production vous ont peut-être laissé perplexe si vous êtes comme tant de gens qui, en définitive, n'ont aucune idée du temps investi sur chaque activité. En général les temps de réunions et de rendez-vous sont les plus faciles à évaluer, il suffit de prendre son agenda et de les compter. Par contre toutes les activités morcelées et en général non inscrites sur votre agenda (courrier, messagerie électronique, recherche de documents, etc.) demandent plus d'attention pour être comptabilisées.

Analyse d'une journée de travail

L'analyse de votre journée de travail peut être facilement réalisée en utilisant votre plan de journée et en le complétant au cours de la journée. Vous noterez également les activités non planifiées qui viennent s'insérer dans votre plan (vous pouvez les écrire d'une autre couleur pour mieux les distinguer).

Vous pourrez ainsi le compléter de cette manière avec des colonnes supplémentaires (à droite de votre feuille) :

colonne n° 1 : activité planifiée et exécutée ;

colonne n° 2 : activité planifiée et non exécutée ;

colonne n° 3 : activité non planifiée et non exécutée ;

colonne n° 4 : activité qui aurait pu être déléguée ;

colonne n° 5 : temps passé sur l'activité ;

colonne n° 6 : temps gagné sur cette activité par rapport à votre norme.

Une croix dans la colonne 1 ou 2 vous permettra de vous rendre compte si vous tenez votre planification ou non.

Une croix dans la colonne 3 vous permettra de vous rendre compte de l'importance des perturbations de votre planning et peut-être d'envisager une planification qui tienne plus compte des sollicitations, ou bien encore de prendre des décisions par rapport à votre disponibilité.

Une croix dans la colonne 4 vous aidera à réfléchir sur une meilleure utilisation des possibilités de délégation que vous avez ou pourriez avoir.

La colonne 5 vous aidera à mieux vous rendre compte du temps passé sur les activités.

La colonne 6 vous indiquera le temps que vous avez gagné sur cette activité par rapport à vos anciennes habitudes.

Un jour, lors d'une visite de suivi PEP, un directeur et son assistante me demandent : « Monsieur Savoyat, savez-vous ce que signifient ces signes sur l'agenda : S +5, S +10, S +7, S +30, etc. ? ». Je bredouille ma perplexité. Avec un grand sourire, ils m'expliquent le mystère : « S signifie Savoyat. » « Ah... ! » dis-je

Date :		1	2	3	4	5	6
	Description de la tâche	1	2	3	4	5	6
7:30							
7:45							
8:00							
8:15							
8:30							
8:45							
9:00							
9:30							
9:45							
10:00							
10:15							
10:30							
10:45							
11:00							
11:15							
11:30							
11:45							
12:00							
12:15							
12:30							
12:45							
13:00							
13:15							
13:30							
13:45							
14:00							
14:15							
14:30							
14:45							
15:00							
15:15							
15:30							
15:45							
16:00							
16:15							
16:30							
16:45							
17:00							
17:15							
17:30							

Fig. 7 : Fiche de planification quotidienne et d'analyse de la journée
(un modèle est à votre disposition sur Internet sur le site www.fr.ibt-pep.com/livres)

de plus en plus perplexe. « Ça veut dire : Savoyat nous a fait gagner 5, 10, 7 ou 30 minutes sur telle activité ! » Mise à part la plaisanterie qu'ils venaient de me faire, j'ai trouvé qu'il y avait une idée très stimulante dans leur démarche. Les principes PEP font gagner un temps impressionnant ; une manière de s'encourager dans de nouvelles habitudes est de noter les minutes (ou les heures) gagnées grâce à la nouvelle manière de procéder.

Un formulaire de ce type enregistre vos activités de la journée et les six colonnes vous permettent de compléter avec des critères appropriés de votre choix.

Analyse de la charge représentée par une activité

Évaluer le temps consommé par une activité est bien souvent une tâche délicate. Beaucoup ne pensent qu'au temps d'exécution. Cependant réaliser une tâche est composé de plusieurs moments :
• le temps de mise en route ;
• le temps de réflexion et d'organisation mentale ;
• le temps de préparation du matériel, de l'information, de l'ordinateur… ;
• le temps d'exécution ;
• le temps d'auto-contrôle de son travail.

Le tableau précédent vous amènera à comptabiliser toutes ces minutes et à faire une évaluation plus juste du temps qui vous est réellement nécessaire pour accomplir une tâche.

Analyse de votre charge de travail

L'analyse de votre journée de travail va vous aider à découvrir ce que vous faites de votre temps.

Sur une journée, une semaine ou plus, faites les totaux des temps passés sur chacune des responsabilités qui apparaissent dans votre carte de responsabilités. Ces totaux vont faire apparaître le budget temps accordé à chacune. Vous pourrez alors juger si cet investissement est justifié par rapport à vos objectifs, à la valeur ajoutée qu'il apporte, à vos compétences, etc. Vous déciderez à partir de là de ce que vous voulez modifier à l'avenir.

Dans la première colonne, vous inscrivez vos responsabilités. Dans la colonne « Temps actuel », inscrivez le temps que vous passez sur chaque responsabilité. Dans la troisième colonne rappelez l'objectif de temps à investir et, dans la dernière colonne, constatez le « bilan temps » à une date convenue.

Responsabilités	Temps actuel	Objectif en temps	Bilan temps
	Date	Date	Date

Fig. 8 : Tableau d'analyse de la répartition du temps en fonction des responsabilités (un modèle est à votre disposition sur le site www.fr.ibt.pep.com/livres)

Votre tableau de bord personnel

Votre tableau de bord comprendra :
* *Les indicateurs de base de votre activité.* Ils représentent vos priorités, ce sont les objectifs que vous devez atteindre. Certains sont des indicateurs déjà identifiés, d'autres sont à mettre à jour.
* *Les indicateurs correspondant à vos défis personnels.* Vous êtes quelqu'un de motivé et vous voulez faire plus que l'indispensable. Vous vous êtes donné des défis de progression pour votre productivité, la qualité de votre travail, votre satisfaction personnelle au travail.

Établissez vos tableaux d'indicateurs. Choisissez un objectif et ses indicateurs, puis créez votre propre tableau, adapté à ce que vous voulez et pouvez facilement mesurer. Par exemple :

Objectif : Répondre à toute sollicitation dans un délai de 24 heures				
Jour	*N sollici-tations*	*N rép. 24 h*	*N planifiées*	*N info*
LUNDI	35	32	3	3
MARDI	20	20	0	0
MERCREDI	39	38	1	0
JEUDI	43	37	6	5
VENDREDI	59	48	3	3

Fig. 9 : *Exemple d'un tableau d'indicateurs*

La colonne 1 indique le nombre de sollicitations par jour, la colonne 2 le nombre de sollicitations qui ont obtenu leurs réponses dans les 24 heures, la colonne 3 le nombre de sollicitations auxquelles il n'a pas pu être répondu mais dont la réponse est planifiée, la colonne 4 le nombre de sollicitations restées sans réponse parce qu'une information est attendue pour pouvoir répondre. Le tableau montre qu'un seul jour (mardi) l'objectif a été pleinement atteint, et que lundi, mercredi et jeudi, toutes les sollicitations n'ont pu être traitées mais sont sous contrôle. En revanche, vendredi un surcroît de sollicitations a montré l'insuffisance de la disponibilité et plusieurs demandes sont restées sans traitement.

Un commercial pourrait se construire le tableau suivant. En quelques semaines, il pourra se faire une bonne idée de son activité et de l'incidence de ses actions.

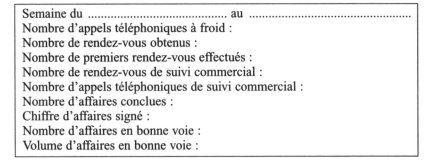

Semaine du .... au ....
Nombre d'appels téléphoniques à froid :
Nombre de rendez-vous obtenus :
Nombre de premiers rendez-vous effectués :
Nombre de rendez-vous de suivi commercial :
Nombre d'appels téléphoniques de suivi commercial :
Nombre d'affaires conclues :
Chiffre d'affaires signé :
Nombre d'affaires en bonne voie :
Volume d'affaires en bonne voie :

Fig. 10 : *Exemple de tableau de bord hebdomadaire d'un commercial*

Il n'est pas nécessaire de tout mesurer. L'expérience montre qu'il est stimulant de prendre quelques indicateurs, de s'y fixer pendant une période, puis d'en choisir d'autres. S'il est utile que certains indicateurs soient permanents pour permettre d'avoir des repères sur la durée, l'utilisation périodique de nouveaux indicateurs permet de varier les angles d'exploration de son travail.

Bien se manager personnellement c'est se respecter soi-même

Mieux s'organiser dans son travail personnel, c'est mieux se respecter soi-même, c'est faire son travail avec plus de plaisir, moins de stress, moins de fatigue. C'est avoir la satisfaction de mieux maîtriser son poste et ses responsabilités. Les heures que nous passons au travail sont plus enrichissantes personnellement quand nous améliorons notre efficacité.
Arriver plus détendu chez soi ou dans ses activités de loisir, c'est se donner les moyens de mieux en profiter et de mieux s'épanouir dans sa vie. Le cercle vertueux tourne donc dans le bon sens à la fois pour la vie professionnelle et pour la vie privée.

Résumé de la première partie

LES SECRETS DE L'EFFICACITÉ PERSONNELLE

Pour être plus efficace, intégrez rapidement quelques-unes des habitudes d'efficacité :

➤ faites tout tout de suite ;

➤ si vous ne pouvez pas faire tout de suite, planifiez tout de suite et informez-en les intéressés ;

➤ gardez sur votre table de travail uniquement ce qui vous est nécessaire à l'instant (le reste est rangé à sa place) ;

➤ quand vous recevez un document, décidez tout de suite où le ranger pour le retrouver facilement et rangez-le aussitôt ;

➤ établissez vos objectifs tout de suite ;

➤ faites vos plans d'action tout de suite ;

➤ planifiez votre semaine avant votre départ en week-end ;

➤ planifiez votre journée avant de quitter le bureau ;

➤ remettez-vous en question chaque jour jusqu'à ce que les habitudes soient intégrées.

PARTIE II

LES SECRETS DE
L'EFFICACITÉ COLLECTIVE

OBJECTIFS DE LA PARTIE
• Repérer les meilleures pratiques d'une organisation collective efficace
• Savoir garder et faire garder le cap
• Mieux planifier collectivement
• Gérer plus efficacement les systèmes d'organisation
• Améliorer les processus
• Mieux communiquer dans l'équipe
• Mieux manager une équipe
• Développer une équipe performante où il fasse bon travailler
• Gagner du temps et avoir plus de plaisir dans son travail

LA TOILE DE L'« EFFICACITÉ COLLECTIVE »

Cette toile d'araignée comporte douze fils partant du centre vers la périphérie. Chaque fil représente une des forces de l'équipe. Évaluez chacune des forces de votre équipe sur son axe. Zéro, au centre, signifie une capacité inexistante, 7 représente la note maximale. Entre les deux, vous pourrez nuancer votre appréciation.

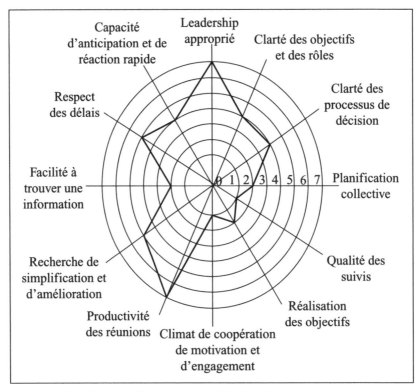

Fig. 11 : La toile d'araignée d'évaluation de votre équipe

Reliez vos différentes évaluations, et vous obtiendrez une représentation visuelle de la performance de votre équipe. Une toile d'araignée étroite montre que vous avez un gisement de forces important à développer. Une toile d'araignée large et épanouie révèle un bon niveau d'efficacité à partir duquel vous pourrez encore progresser.

Il y a bien d'autres aspects qui contribuent à l'efficacité d'une équipe. Complétez ainsi votre toile d'efficacité en ajoutant toutes les caractéristiques qui vous paraissent pertinentes pour apprécier votre équipe.

LA PUISSANCE DE L'ÉQUIPE

Vous pouvez être bien organisé et, malgré tout, peu efficace. Vous n'êtes pas seul au monde. Vous travaillez au sein d'une entreprise, d'une équipe. Votre efficacité personnelle peut bénéficier de l'effet multiplicateur d'une équipe efficace ou, au contraire, se trouver limitée si vous êtes mal entouré dans votre travail.

La notion d'équipe est désormais placée au cœur même de l'entreprise. Ce n'est plus la performance de l'individu qui est appréciée, mais celle de l'équipe. Celle-ci doit être puissante et souple pour saisir les opportunités quand elles se présentent. Tout va très vite actuellement. Les équipes efficaces savent se comprimer, s'étendre, se recomposer, se diversifier, travailler en réseau, abandonner un projet, s'atteler avec enthousiasme à un nouveau défi, apprendre ensemble, faire circuler les meilleures pratiques. Tout cela dans un environnement interne et externe mouvant et instable, qui est à la fois familier et multiculturel… Il n'y a plus un leader dominant, mais un leadership partagé.

Il est important que vous sachiez quel cap suit le navire, quelle est votre place dans l'équipage, comment les autres équipiers tiennent la leur et comment être un membre actif qui stimule l'efficacité collective.

CHAPITRE 1

COMMENT GARDER ET FAIRE GARDER LE CAP?

Quand une équipe de personnes efficaces pousse dans le même sens, c'est forcément payant.

Ayrton Senna

Le cap permet de donner la direction de l'entreprise, de ses équipes et de ses individus. On croit communément que vision et réflexion stratégiques sont réservées aux sommets hiérarchiques. En fait, garder le cap est une responsabilité qui incombe à tous les niveaux de management : à chaque équipe et à chaque individu. Avoir une vision et une ligne stratégiques est un atout indispensable pour que l'entreprise et toutes les parties qui la composent sachent où aller, où mettre leur énergie et comment s'organiser. La vision et la réflexion stratégiques doivent être simples à communiquer et à comprendre pour conduire toutes les forces de l'entreprise du présent vers le futur désigné.

Les consultants d'IBT Royaume-Uni ont développé deux modèles d'entreprises : celles dont la vision est déficiente et celles qui possèdent une réelle vision.

L'entreprise sans vision

Voyons d'abord ce qui se passe dans un trop grand nombre d'entreprises dans lesquelles le manque de vision est évident.

La figure 12 illustre ce modèle. La direction manque à tous les niveaux. La vision est absente ou pauvrement communiquée. La stratégie sera donc mal définie, voire ignorée du management. Le plan d'affaires annuel se résume à un ensemble d'objectifs purement financiers. Les projets entrent alors en collision les uns avec les autres à cause d'une coordination faible et d'une planification pauvre. Ils ajoutent chacun leur propre confusion et du travail supplémentaire. Les mini-projets quotidiens partent ensuite dans tous les sens, ou font défaut, ou sont mal définis, ou encore manquent de pertinence par rapport aux buts principaux. Ce modèle entraîne un gaspillage de ressources qui condamne l'entreprise à végéter ou à mourir, à moins qu'elle n'ait la chance d'être portée par un marché facile.

Fig. 12 : *L'entreprise sans vision suffisante ou avec une vision mal transmise.*
Tout part dans tous les sens et l'énergie se disperse au lieu de soutenir la vision. (© Ron Hopkins)

L'entreprise avec vision

Ce deuxième modèle (Figure 13) serait le modèle idéal selon la plupart des écoles de management. Une organisation possède au minimum une *vision*, de laquelle découle une *stratégie*. Celle-ci est détaillée dans un *plan d'affaires annuel* qui en déduit les éléments opérationnels et les instruments de mesure. Ce plan contient les activités majeures et les méthodes : ce sont les *projets*. Le personnel contribue directement à la réalisation de ces projets à travers la mise en œuvre de nombreux *mini-projets*.

La stratégie ne doit plus être un mystère. Plus le personnel la connaît et s'y reconnaît, plus il peut y apporter son élan et son accord, et mieux elle se développe.

Nous voyons dans cette figure 13 que toutes les forces stratégiques et opérationnelles de l'entreprise se mettent au service de la vision générale. La coordination permet un maximum d'efficacité.

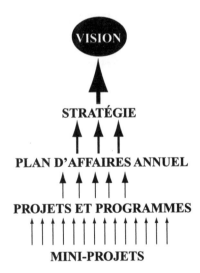

Fig. 13 : *L'entreprise avec vision. Toutes les forces vont dans la même direction.* (© Ron Hopkins)

Définir le cap

Pour maintenir une entreprise ou une équipe dans une phase de développement, il faut penser à une double évolution :
– une évolution du contenant (la stratégie, la structure de l'organisation, les systèmes de gestion, etc.),
– une évolution du contenu (les valeurs, les facteurs de motivation, l'implication du personnel, l'auto-discipline, etc.).

Trop souvent à l'heure actuelle, on s'empresse de penser en termes de marchés, d'économie de coûts, de fusion, de reengineering, etc., et on oublie que l'entreprise est faite d'un contenant et d'un contenu. Changer le contenant affectera le contenu et vice versa. Les deux doivent être pensés ensemble. La réflexion stratégique nous conduira donc à penser à la fois au contenant et au contenu.

Le tableau suivant (Figure 14) présente un modèle qui pourra vous aider à fixer et à garder le cap.

Étape 1
Définir une vision globale qui désigne un futur idéal à atteindre.
Étape 2
Faire le point sur l'état actuel de l'entreprise (en interne, ses points forts et ses points faibles ; en externe, ses chances et ses risques).
Étape 3
Définir ses racines culturelles (valeurs et mission).
Étape 4
Définir des objectifs généraux (ambitions, règles du jeu, métaphore organisatrice).
Étape 5
Formuler les objectifs STAR-PEP.
Étape 6
Étudier les différentes options stratégiques.
Étape 7
Choisir la ou les stratégies.
Étape 8
Faire les plans stratégiques.
Étape 9
Faire les plans d'action opérationnels.

Fig. 14 : Les 9 étapes pour fixer le cap

Étape 1. La vision donne du sens, inspire, motive. Elle fédère les différences. Si elle est le résultat d'un consensus et si elle est claire et visible par tous, elle augmente ses chances d'être un élément moteur. La vision est tout d'abord globale. Elle indique un *futur idéal* à atteindre. Elle peut même être un slogan. La vision va être précisée par les étapes 3 et 4.

Exemples : « De meilleurs produits pour une vie meilleure » (DuPont de Nemours), « Satisfaction totale du client », etc.

Étape 2. L'état actuel est une analyse de la situation présente *hic et nunc*. Elle permet de faire le point :

• sur la situation interne : forces et faiblesses (finances, ressources humaines, culture, compétences, motivation, marketing, structure, capacité d'innovation, capacité de production, capacité commerciale, etc.) ;

• sur la situation externe : opportunités et menaces (tendances économiques, particularités politiques, législatives ou réglementaires, tendances démographiques, changements sociaux et culturels, concurrence, sous-traitance, marchés et niches, etc.).

Étape 3. Les racines culturelles de l'entreprise font partie du contenu. Elles constituent un gisement de puissance important si elles sont saines et respectées. Il s'agit là notamment des croyances importantes telles que le respect des employés, la satisfaction du client, la qualité des produits, la contribution au développement du tissu social, le respect de l'environnement, etc. Cet aspect des valeurs est si puissant que beaucoup de grandes compagnies placent dans leur mission des mots porteurs de sens et rassembleurs comme « Servir, Respecter… ».

Étape 4. Les objectifs généraux vont être les *ambitions entraînantes* de l'entreprise : « être le leader mondial dans le domaine de… », « être parmi les trois premiers acteurs nationaux dans le secteur de… », « Créer des technologies innovantes en groupware », « Créer des voitures à commandes électroniques pilotées à la voix »…

Les règles du jeu préciseront la manière de positionner chaque acteur. Par exemple : qualité avant tout, zéro retard, diminution des coûts, décision sur le mode participatif, satisfaction du client en priorité…

La métaphore organisatrice. La vision et la stratégie n'auront d'impact puissant que si elles sont communiquées. La meilleure manière d'avoir de l'impact sur les groupes humains est d'utiliser des images fortes. Le langage véhicule nos croyances et notre vision du monde, même involontairement. Autant donc choisir les métaphores les mieux adaptées. Voyons quelques exemples de métaphores organisatrices souvent employées, sciemment ou non.

- « Le monde de l'entreprise, c'est la guerre. » Les valeurs seront d'une part le respect de la hiérarchie, l'obéissance, et d'autre part l'attaque contre tout ennemi. On ne peut faire confiance à personne.
- « L'entreprise, c'est une grande famille. » Les valeurs seront la protection des membres du personnel, la croissance. On doit tous s'aimer. Ce qui est le plus important est l'éducation et la solidarité.
- « La vie dans l'entreprise est une course. » Les valeurs seront la vitesse et l'endurance. Le but est de gagner et d'éviter de perdre. Le temps est limité.
- « L'entreprise est une école de vie ». En 1996, la DRH de la chaîne d'hôtels Novotel présentait son entreprise ainsi : « Une école de vie, l'école Novotel : tu apprends, tu évolues, tu te fais plaisir, tu t'épanouis. »

Ou encore : « L'entreprise est un équipage », « l'entreprise est un orchestre », « l'entreprise est une équipe de football »…

Étape 5. La formulation des objectifs selon la formule STAR-PEP (p. 48) permettra d'entrer dans les détails :
- S pour Spécifique,
- T pour Temps,
- A pour Ajout de valeur,
- R pour Réaliste.

La formulation en objectifs permettra de faire passer de la vision globale et motivante à des images concrètes, à des résultats mesurables à atteindre. Par exemple :

• augmenter la productivité de 10 % d'ici au 31 décembre ;
• installer un groupware dans tout le département avant le 31 décembre ;
• chaque membre du personnel aura 30 heures de formation l'an prochain ;
• pour être dans les 3 premiers acteurs nationaux à 5 ans, installer une succursale dans chacune des régions d'ici 2 ans.

Pour que les forces de l'entreprise restent groupées, il faut au maximum trois objectifs privilégiés. Ces objectifs doivent être majeurs et permettre des percées significatives. Ils doivent aussi être faciles à faire comprendre.

Étape 6. Plusieurs options stratégiques sont à développer. Elles forceront à être créatifs et permettront d'avoir des stratégies de réserve au cas où des données majeures viendraient à être modifiées. Les options stratégiques proposeront plusieurs chemins pour atteindre les objectifs. Elles tiendront compte du contenu et du contenant de l'entreprise (au sens précisé précédemment) ainsi que des éléments de l'environnement. Elles permettront de déterminer la structure adéquate de l'organisation et de communication entre les équipes. Elles seront suffisamment précises pour inspirer les plans stratégiques puis les plans opérationnels.

La stratégie est traditionnellement définie, selon la formule de Wright, comme l'ensemble des « plans des dirigeants pour obtenir des résultats cohérents avec les missions et les objectifs de l'organisation ». Selon Mintzberg, Lampel et Ahlstand, la stratégie peut se penser comme un plan d'avancement, comme un modèle donnant de la cohérence, comme un type de positionnement sur le marché, comme une perspective pour le futur définie en référence à l'esprit de l'entreprise, comme un scénario piège pour un concurrent…

Étape 7. Évaluer les options stratégiques et décider. Parmi les différentes options stratégiques qui ont pu être dégagées par les équipes ou la direction, certaines présentent plus de facilités que d'autres (analyse des avantages contre les inconvénients). Les éléments apparus dans l'étape 2 (état actuel) et dans l'étape 3 (racines culturelles) aideront à l'apprécier. En principe, les options stratégiques qui donnent le plus de garanties d'atteindre les objectifs désignés au meilleur coût et dans les temps seront les seules retenues.

Étape 8. Faire les plans stratégiques. Pour qu'une option stratégique puisse être mise en action et se traduire en résultats, son plan stratégique devra être détaillé. Il servira de document maître pour les différentes équipes concernées.

Le plan stratégique inclura des éléments financiers, du marketing, des ressources humaines, des ressources en produits ou en services, de la qualité, etc.

Étape 9. Faire les plans opérationnels est la tâche qui attend chaque équipe. Ce seront les programmes, projets et mini-projets réalisés aux différents niveaux. Chaque équipe va traduire objectifs et plans stratégiques en objectifs d'équipe et en plans opérationnels, de telle manière que les résultats soient atteints et que les différents développements de l'entreprise restent en phase les uns avec les autres.

Plus les équipes auront été impliquées en amont dans la construction de la vision, des objectifs et de la stratégie, meilleurs seront les plans opérationnels et leur réalisation.

La communication de la vision et de la stratégie est particulièrement déterminante. Il ne s'agit pas seulement de transmettre de l'information, mais bien plus de transmettre un élan et un esprit, ainsi que de faire vivre un modèle dynamisant. Au cours de mes activités dans les entreprises, trop souvent je vois les plans dormir sur une étagère ou dans un tiroir. Ils ne sont là que pour le principe, alors qu'ils pourraient être la source d'inspiration, de dynamisation et de contrôle de tous les projets et de toutes les procédures développés dans les équipes.

Pour une équipe, garder le cap

Chaque équipe détermine ses objectifs et son plan opérationnel sur la base de la vision et de la stratégie de l'entreprise. Elle apporte sa contribution, ses feed-back qui permettent à l'entreprise de garder une vision et une stratégie dynamiques tenant compte des réalités internes et externes sans cesse en mouvement.

Ainsi il y a double mouvement : chaque équipe est à la fois inspirée par l'ensemble de l'entreprise et inspiratrice de l'entreprise. L'équipe est comme la cellule d'un corps recevant des instructions et des informations et donnant de l'information pour une meilleure coordination et une meilleure adaptation aux conditions qui se présentent.

Répartition des responsabilités

Comme nous l'avons vu dans la partie précédente au sujet de l'individu, la carte des responsabilités de l'équipe s'établit en fonction de son rôle dans l'entreprise.

Chaque responsabilité va déterminer des objectifs.

Chaque responsabilité relève d'un ou de plusieurs membres de l'équipe, en fonction de ses compétences, de son expérience, des projets qui lui sont attribués. Comme dans une équipe sportive, si tout le monde est responsable de l'ensemble, chaque responsabilité s'appuie sur l'un de ses membres en particulier.

Pour assurer ses responsabilités, l'équipe devra avoir établi ses objectifs (voir p. 136), ses plans d'action (voir p. 138) ainsi que ses processus (voir p. 163). Ce sont autant de décisions à prendre.

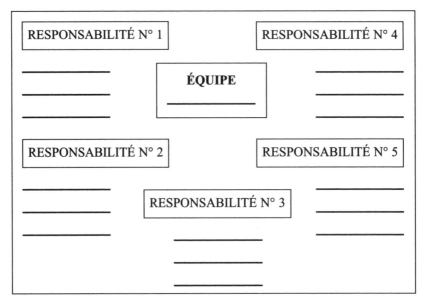

Fig. 15 : *Modèle de carte des responsabilités de l'équipe*
Complétez-la. Examinez quels sont les membres de l'équipe en
action pour chaque responsabilité, quels sont les objectifs de
chaque responsabilité et quel est le temps investi sur chacune.

Prenez les décisions tout de suite

Combien d'affaires et d'actions ralenties à cause de la procrastination ! Repousser les décisions est le fait des indécis,
c'est-à-dire de ceux qui n'ont pas une vision forte, une stratégie
claire, des objectifs précis. Parfois c'est un individu ou un manager, parfois c'est toute une équipe, voire une entreprise qui ne sait
pas décider !

Dans beaucoup d'entreprises l'incapacité à décider est une véritable maladie. En fait :

• 80 % des décisions, c'est-à-dire l'immense majorité, peuvent
être prises tout de suite. *Alors décidez tout de suite !*

- 10 % des sollicitations sont mal adressées et doivent être retournées au demandeur ou être transmises à la bonne personne. *Pas de décision !*
- 10 % des décisions sont trop importantes pour être prises immédiatement. Il leur faut un temps de maturation. Décidez alors quand vous déciderez. *Mûrissez la décision !*

Les vendeurs ont une immense expérience de l'incapacité de leurs interlocuteurs à se décider. Ils en font les frais quand ils sont mauvais vendeurs ! Mais certains savent devenir des experts de l'aide à la prise de décision !

Il ne suffit pas de prendre une décision tout de suite pour que ce soit une bonne décision. La rapidité de décision s'acquiert par l'expérience de la prise de décision. Apprenez à décider. Votre réussite dépend de votre capacité à décider seul ou en équipe.

Si votre équipe est bloquée pour prendre une décision, arrêtez de tergiverser et passez à l'action qui permettra de prendre la décision. Calculez le nombre d'heures passées à la tergiversation, multipliez par le coût horaire des collaborateurs concernés, vous connaîtrez le coût des lenteurs inutiles dans le processus décisionnel de l'équipe.

Pour mieux décider, adoptez les 3 principes suivants qui pourront vous soulager :

- Devant une sollicitation, décidez tout de suite.
- Si vous ne pouvez pas décider, identifiez les éléments qui vous manquent et agissez tout de suite ou planifiez votre action tout de suite (faites votre plan d'action si nécessaire). Planifiez surtout la date de décision (échéancier ou agenda).
- Si vous ne pouvez pas décider tout de suite, informez votre interlocuteur de la date à laquelle vous lui communiquerez votre décision et ce que vous allez faire pour la prendre. Votre interlocuteur appréciera votre clarté. Profitez de sa présence pour obtenir les informations dont vous pourriez avoir besoin.

Quelques conseils supplémentaires :

- En face d'une demande de décision, rappelez-vous que dans la plupart des cas il est souhaitable de reformuler la demande telle que vous l'avez comprise. Ceci vous permet de vous assurer que vous l'avez bien saisie et d'éviter de partir sur une piste erronée. Au cas où vous n'auriez pas compris la première formulation, la reformulation vous aidera. Parfois elle vous donnera aussi les fractions de seconde nécessaires pour réfléchir à votre réponse.

• Si la demande n'est pas claire et vous rend perplexe, demandez à votre interlocuteur de vous présenter ses besoins et de vous proposer des solutions. Ce type de questions force l'interlocuteur à préciser sa pensée et peut vous permettre d'aller plus vite.

• Si vous êtes paralysé par la peur de vous tromper, sachez que la perfection est difficile, voire inatteignable. Dans bien des situations, le plus important n'est pas ce qui a été décidé, mais bien plus l'efficacité du suivi de la décision et la capacité à s'adapter au fur et à mesure du développement. Décidez, planifiez, agissez et ajustez.

• Si vous êtes manager, pensez que votre rôle n'est pas d'être un distributeur de solutions. Votre mission est d'aider les membres de votre équipe à être plus autonomes dans la résolution de leurs problèmes. Quand un collaborateur vient avec un problème pour lequel il vous demande une décision, prenez l'habitude de l'inviter à réfléchir en lui demandant de préciser la situation et les options possibles, puis faites-lui analyser ces options et choisir la meilleure. Vous verrez que vos collaborateurs ont souvent beaucoup d'idées pertinentes parce qu'ils sont plus en prise avec le problème que vous-même. Ils régleront de mieux en mieux les problèmes qu'ils rencontrent. Bientôt vous aurez moins de demandes et vous pourrez consacrer plus de temps à d'autres sujets. Vos collaborateurs auront, grâce à vous, plus de satisfaction et de responsabilités dans leur travail.

• Prendre une décision, c'est se trouver en face de deux situations possibles et qui demandent chacune une séquence mentale différente : « la décision simple » dans laquelle l'esprit procède à une comparaison entre des caractéristiques identifiées et des critères pré-établis dans un contexte sûr ; « la décision dans l'incertain » dans laquelle l'esprit est confronté à de multiples éléments difficilement contrôlables et procède à une identification des critères d'objectifs et de risques avant de les comparer aux caractéristiques de la ou des solutions envisageables.

Pour prendre une décision, et spécialement si la décision doit être prise en groupe, rappelez-vous ces quelques questions qu'il est utile de vous poser :

1. Savez-vous de quelles informations vous avez besoin pour prendre la bonne décision ?
2. Avez-vous toute l'information nécessaire pour une bonne décision ? Et si vous ne l'avez pas, savez-vous où la trouver ?
3. Quels sont vos risques au cas où la décision s'avérerait mauvaise ?
4. Faut-il que la décision soit prise en équipe pour assurer la réussite de l'action qui la suivra ?
5. Si l'équipe doit prendre une décision, dispose-t-elle de l'information adéquate, connaît-elle les objectifs et les résultats attendus ? A-t-elle déjà pris des décisions collectives semblables qui aient été couronnées de succès ?

Si vous avez des doutes sur une décision à prendre, ou si vous voulez impliquer votre équipe dans l'argumentaire d'une décision, utilisez un forum électronique pour solliciter les avis de votre équipe. Le forum est plus adapté que la messagerie : toute la discussion est regroupée sur le sujet en question, les réponses sont mieux organisées, et l'interaction est totale, chacun pouvant réagir aux réponses des uns et des autres. Vous serez souvent étonné des avis pertinents et inattendus qui apparaissent. Votre créativité sera multipliée grâce à votre équipe, et vos décisions seront sans doute mieux étayées.

Dans certains logiciels de communication, tels Outlook ou Notes, vous trouvez également des fonctions de vote qui vous permettront de solliciter l'avis des personnes concernées.

« Un problème sans solution est un problème mal posé » disait Albert Einstein. *Pour savoir prendre ou faire prendre des décisions*, utilisez la méthode en 6 étapes préconisée par le Dr. Thomas Gordon dans son livre *Leaders efficaces*[1] :

Étape 1 : Quels sont les besoins ? Ou quel est le problème ? Pour mieux analyser le problème, utilisez la formule bien connue du QQQOCP (Qui ? Quoi ? Quand ? Où ? Comment ? Pourquoi ?). Un besoin ou un problème qui apparaît à cette étape devra être retraduit en objectifs (voir pp. 136, 137).

Étape 2 : Quelles sont les options envisageables (brainstorming sans évaluation) ?

Étape 3 : Quels sont les avantages et bénéfices, les inconvénients et risques de chaque option ?

Étape 4 : Quelle option retenir ?

Étape 5 : Comment la mettre en pratique (faire le plan d'action : QQQOCP) ?

Étape 6 : Quel niveau de satisfaction procureront cette décision et son plan d'action ?

Vous êtes maintenant prêt à prendre vos décisions de manière beaucoup plus rapide, ce qui accélérera les tâches des uns et des autres autour de vous. Et rappelez-vous bien : dans 80 % des cas, prenez vos décisions tout de suite.

Rendre votre équipe plus efficace

Faites-vous la différence entre un groupe et une équipe ? Un groupe est un ensemble d'individus. Une équipe est un ensemble d'individus ayant un but commun et des liens entre eux.

Le psychologue Kurt Lewin a mis en évidence les deux types de forces qui font la solidité d'une équipe :

• les forces de cohésion (qui sont le liant de l'équipe) ;

• les forces de progression (qui la font avancer dans une même direction).

---

1. Thomas Gordon, *Leaders efficaces*, Éditions Le Jour.

Les forces de progression sont animées par la direction qui est donnée à l'équipe. Nous l'avons vu plus haut au sujet de la relation entre mission, stratégie et objectifs.

Les forces de cohésion ont besoin de valeurs communes, de respect des individus, de reconnaissance par les autres, de bien-être au sein de l'équipe…

À partir de ces indications, vous pouvez déjà voir ce qui pourrait être amélioré dans votre équipe. Retenez que, pour bien fonctionner, toute équipe a besoin au minimum d'une adhésion à ses buts et de chaleur humaine.

Le groupware peut permettre de faire avancer le travail en équipe plus rapidement en allant droit à l'essentiel. Il constitue donc un soutien aux forces de progression.

Cependant prenons garde, les êtres humains ont aussi une dimension affective et les forces de cohésion vont s'en nourrir. Il suffit parfois de peu de choses pour satisfaire cette dimension. Quand j'ai rejoint le groupe IBT, j'ai apprécié le petit « merci » qui me revenait, écrit en marge d'un fax que j'avais envoyé ou dans la réponse à un e-mail. C'était nouveau pour moi. Mes interlocuteurs ne m'avaient jusqu'à présent pas habitué à ce petit plaisir. J'ai utilisé à mon tour ces petits « merci » et je me suis rendu compte que ce mot « magique », comme on dit aux enfants, avait toujours de grands effets sur les adultes ! Il donne la reconnaissance, l'estime dont nous avons tous besoin.

Le groupware doit également inventer des manières conviviales de remplacer les rencontres informelles autour de la machine à café, dans l'ascenseur, près de la photocopieuse…

Quel est le degré de maturité d'une équipe ?

Une équipe connaît 4 stades de développement[1] : constitution, tremblement de terre, normalisation, performance (voir figures 16 et 17).

---

1. Tuckman, B.: « Developmental sequence in small groups » *Psychological Bulletin*, n° 63.

STADE	RELATIONS DANS L'ÉQUIPE	ACTIVITÉ
1 CONSTITUTION	Anxiété et dépendance vis-à-vis du responsable.	Découverte de la situation nouvelle et orientation.
2 REMANIEMENT	Frustration et conflit.	Organisation, contestation des règles et orientation sur ce qui ne va pas.
3 NORMALISATION	Recherche de cohésion et de satisfaction des membres, sentiment d'appartenance.	Ouverture et échanges. Recherche de consensus sur les objectifs, de définition de rôles et de processus.
4 PRODUCTION	Maturité et interdépendance.	Orientation sur les solutions, le groupe devient réellement productif en tant que groupe.

Fig. 16 : Les 4 stades de développement d'une équipe.
À quel stade en est votre équipe ?

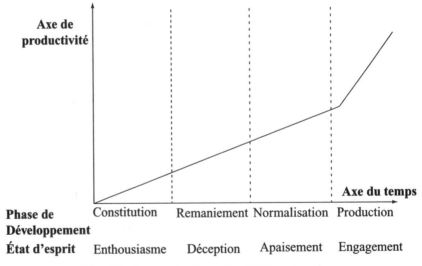

**Fig. 17 : La courbe de productivité en fonction
des stades de développement d'une équipe**

Quelle est la meilleure structure pour une équipe ?

Les structures d'une équipe de travail ont une influence importante sur son niveau de performance et sur le degré de satisfaction de ses membres. Des recherches importantes [1] ont été faites sur l'impact de la structure sur des groupes différents qui travaillaient à des tâches semblables. Plusieurs groupes devaient réaliser le même travail, mais avec des organisations différentes.

Structure en étoile. Elle est centralisée. Tout passe à travers une personne centrale. La structure est efficace quant au temps nécessaire pour résoudre les problèmes. Cependant elle génère des erreurs. L'apprentissage et l'autocorrection y sont faibles. La personne centrale est très active et éprouve un sentiment de satisfaction. Elle se sent importante. Les personnes périphériques sont moins impliquées et moins satisfaites. C'est sans doute le modèle le plus courant au sein des équipes de travail.

En général les choses se compliquent un peu quand les personnes périphériques servent elles-mêmes de relais avec d'autres personnes plus périphériques encore. Elles ajoutent alors des transformations de messages, des erreurs et des oublis. Nous sommes là en face du modèle le plus répandu dans les entreprises. La plupart du temps l'étoile aura pris la forme d'une pyramide hiérarchique.

Structure en cercle. Il n'y a pas de personnage pivot au centre. Chaque membre du groupe est dans une position égale. Ce modèle nécessite un plus grand nombre de transmissions de messages et produit une plus grande quantité d'erreurs. Il est moins performant. C'est une structure peu utilisée.

Structure sans structure. La communication part dans tous les sens. Elle en est ralentie. Cependant le système est plus sûr car il

---

1. Bavelas, A. : « Communication Patterns in Task-Oriented Groups », *Journal of Acoustical Social America* ; Leavitt, H. : « Some Effects of Certain Communication Patterns on Group Performance », *Journal of Abnornal and Social Psychology*.

génère sa propre auto-régulation. Tout le monde participe activement. La satisfaction est plus grande bien que la structure donne
parfois une impression de désordre.

Cette structure sans structure peut déboucher sur le fonctionnement en réseau. On voit dans la vie courante que ce modèle est
intéressant pour les seules petites unités. Si l'unité grandit, elle
devient vite ingérable.

L'irruption du groupware donne cependant une réponse très pertinente à la structure non organisée : l'information est visible par
tout le monde, tout le monde peut réagir aux messages de tout le
monde et peut même réagir aux réactions des uns et des autres. La
communication devient particulièrement ouverte et rapide. Le
groupware, en accélérant et en organisant la circulation des informations, va permettre à ce modèle de réseau de faire preuve d'une
grande efficacité. L'apprentissage, l'auto-correction, le sentiment
de satisfaction se développent. La performance augmente.

CHAPITRE 2

COMMENT GÉRER L'INFORMATION EFFICACEMENT EN ÉQUIPE ?

Partagez vos carnets d'adresses

Ils doivent être rares ceux qui travaillent absolument seuls : sans relation avec des collègues, sans clients, sans fournisseurs, sans réseau... À la base de tout projet d'amélioration de son efficacité, un élément vital et simple : le carnet d'adresses, l'instrument de lien avec notre réseau professionnel. Électronique, c'est un instrument vivant et économe, sur support papier, il s'avère coûteux et rapidement obsolète.

Les agendas électroniques les plus simples contiennent en général un carnet d'adresses. Quand les carnets électroniques d'adresses professionnelles sont partageables, ils sont plus complets, plus rapidement mis à jour, complétés avec les informations collectées par chacun. Vous disposez donc de données plus actualisées.

La solution *Trace* (voir p. 262) vous offre un carnet d'adresses collectif ou individuel très performant. Il sera votre référence pour tout. Il transmettra les adresses directement dans les champs prévus de votre fax, de votre messagerie électronique, ou encore de votre lettre sans que vous ayez besoin de les ressaisir ou de les inscrire dans vos fichiers. Vous gagnez en temps et en facilité.

Vous pouvez avoir un carnet d'adresses collectif ou des carnets individuels ouverts à la consultation par d'autres.

Rappelez-vous que ces carnets électroniques vous laissent toujours la possibilité de vous faire un carnet personnel ou de garder des zones privées.

Le classement des dossiers collectifs

Partez du principe que plus les dossiers sont utilisés par certains membres de l'équipe, plus ces dossiers devront être rangés près d'eux.

Si un dossier est utilisé par plusieurs personnes, il doit idéalement être placé en un lieu facile d'accès pour ces personnes.

Soyez créatifs pour vous faciliter la vie. Bernard Ohl, consultant et manager à IBT France, découvrit que deux personnes d'un service du personnel, qui travaillaient dans un même espace, mais séparées par un placard, avaient un problème pour accéder à leurs dossiers. Elles utilisaient les mêmes dossiers et devaient souvent se déranger mutuellement. Créatif, il a imaginé de modifier un meuble à dossiers suspendus pour qu'il ait une double ouverture (devant et derrière) et des étiquettes-cavaliers ont été placées des deux côtés de chaque dossier suspendu. Le tour était joué. Ces deux personnes ont désormais accès aux mêmes dossiers, ils sont à portée de main de chacune d'elles.

Dans une entreprise, il n'y a pas de dossier qui ne concerne pas les responsabilités de l'entreprise. Par conséquent les dossiers doivent être organisés et classés en fonction de l'équipe de travail plus que de l'individu. Il en résulte que chacun doit tenir les dossiers qu'il a en charge de manière à ce qu'un collègue puisse facilement y retrouver les informations nécessaires. Parfois certains considèrent les dossiers sur lesquels ils travaillent comme s'il s'agissait de leurs documents privés ; d'expérience, ce sentiment de propriété est rarement justifié. Dans la grande majorité des cas, la confidentialité est partagée au sein de l'équipe. Classer les dossiers pour l'équipe, plutôt que pour des individus, érige le travail d'équipe comme norme. Autre avantage : en cas d'absence du titulaire d'un dossier, le suivi peut être assuré plus aisément par un collègue.

Pour les classements collectifs, utilisez la même logique qu'au niveau individuel :

- dossiers en cours, accessibles immédiatement par les acteurs principaux ;
- dossiers de référence, accessibles par les personnes concernées ;
- dossiers d'archives, à l'extérieur des bureaux.

Une équipe spécialisée dans un domaine aura la responsabilité de la conservation des documents le concernant. Ainsi si l'on cherche des documents concernant le marketing, c'est le service marketing qui doit pouvoir les fournir. Inutile donc pour une autre équipe de doubler les classements de l'équipe marketing, à moins d'avoir une excellente raison pour le faire. Au niveau de votre équipe, vérifiez si vous avez pris les dispositions indispensables pour être au service de l'entreprise et pour fournir les informations et les documents qui relèvent des responsabilités de votre équipe.

Lorsque les membres d'un groupe travaillent ensemble, les individualités ont envie de s'exprimer. En matière de classement, préférez une certaine rigueur aux fantaisies ou aux nonchalances individuelles. Adoptez quelques règles de bonne conduite en équipe :

- Tout dossier emprunté doit pouvoir être localisé immédiatement. Si toute l'équipe travaille dans la même pièce, il est en principe facile de retrouver les choses. Si les locaux sont vastes, invitez les emprunteurs à mettre une fiche avec leur nom et la date d'emprunt à la place du dossier emprunté.
- Tout dossier emprunté est remis à sa place au plus vite. Ce sera du temps gagné pour les collègues.
- Le plan de classement est accessible facilement par tous (il est disponible sur le serveur ou dans le groupware).
- Adoptez une convention pour faciliter la recherche, avec des grands classements par clients, fournisseurs, etc. Vous pouvez retenir les normes éditées par l'AFNOR : le classement se fait selon le mot directeur, et ce mot est indiscutablement identifiable par toutes les personnes qui utilisent ces normes. Voici comment faire :

1. On ne prend en compte ni article, ni adjectif.
2. Le premier nom propre de l'appellation est le mot directeur.

3. À défaut de nom propre, on choisit le premier nom commun. Cependant on ne prend pas en compte les noms communs non spécifiques comme « société » et « compagnie ». Vous auriez en effet trop de dossiers avec les mêmes débuts de titre.
4. Pour les appellations étrangères, le premier mot détermine la place alphabétique (même si c'est un article).
5. Les étiquettes des dossiers désignent très clairement leurs contenus.
6. Les classeurs à anneaux ont, sur la tranche extérieure, une désignation claire de leur contenu et, à l'intérieur, en première page, un inventaire des sections et de leur contenu.
7. Tout dossier ouvert sera remis à jour (documents obsolètes jetés, restructuration si nécessaire…).
8. Des dates sont convenues à périodicité régulière pour vérifier l'état des classements (jeter les dossiers devenus inutiles, en faire passer certains aux archives, diviser des dossiers qui deviennent trop volumineux, remettre de l'ordre, etc.).
9. Des responsables des classements sont désignés.

Un document « plan de classement » pourrait se présenter ainsi :

Quoi ?	Qui ?	Où ?	Comment ?	Quel contenant ?	Pendant combien de temps ?
Document classé par responsabilité.	Responsable ou service.	Lieu de rangement, adresse.	Méthode de classement (selon carte des responsabilités, alphabétique, chronologique, thématique, numérique, etc.).	Mode de rangement (dossiers suspendus, classeurs, boîtes, etc.).	Durée de conservation du type de document.

Fig. 18 : Modèle de plan de classement

Faites le ménage dans vos classements collectifs. Jetez sans état d'âme tout document inutile. Traquez les doublons : il est par exemple fréquent que plusieurs personnes appartenant à une même équipe classent chacune les documents des réunions auxquelles elles participent ensemble ; un seul classement collectif bien fait suffit, chacun pouvant conserver une copie du document particulier sur lequel il travaille.

De plus en plus, les entreprises développent la *conservation électronique des documents*. Dans ce domaine, adoptez les mêmes principes de désignation et les mêmes principes de classement. La logique Notes-*Trace* vous permettra d'intégrer à la fois des documents extérieurs (de tout format électronique) et toute la gestion quotidienne. Ce sera ainsi plus facile pour tous de retrouver n'importe quel document, car une même logique sera utilisée par tous.

Avoir des documents utiles et pertinents

Votre équipe s'est débarrassée des documents inutiles ou de peu d'intérêt. Les dossiers ont été épurés et sont classés de manière à être retrouvés facilement. Vous avez plus de place.

Il est temps pour toute l'équipe de réfléchir à toutes les informations dont elle a besoin pour être plus efficace. Lancez une action de recherche pour identifier quelles sont les informations pertinentes pour votre service, où elles sont disponibles, de quelle manière vous les utiliserez…

Vous pourrez distinguer deux catégories d'information importantes pour améliorer votre efficacité :

- les informations opérationnelles : ce sont toutes les informations touchant les activités dont vous avez la responsabilité. La plupart du temps, ce sont des informations venant de l'équipe, de l'entreprise, des fournisseurs, de la clientèle, etc.
- Les informations stratégiques : elles sont liées à votre secteur d'activité économique, à votre environnement socio-écono-

mico-politique, à votre fonction, etc., et peuvent avoir une influence sur votre activité. Elles peuvent être également une source d'inspiration, de comparaison, de vision stratégique…
Chaque fois que vous le pourrez, préférez le support électronique au support papier. La circulation de l'information entre les membres de l'équipe en sera facilitée.

Lisez. Vous voulez vous tenir au courant de l'actualité dans les domaines qui vous intéressent, vous aurez donc à lire.
Conseil n° 1 : Prévoyez du temps pour lire. Peu importe que ce soit 10 minutes ou 30 minutes par jour, gardez un moment de lecture pour vous informer et prendre du recul. Incitez vos collègues à faire de même.
Conseil n° 2 : Installez-vous une corbeille « à lire », où vous mettrez ce qui arrive et que vous ne pouvez pas lire tout de suite. Mais si vous n'avez pas réservé de temps pour lire, cette corbeille ne servira à rien, car l'information va s'entasser et vous serez vite découragé.
Conseil n° 3 : Chaque fois que vous lisez, donnez-vous un objectif de lecture et demandez-vous comment vous allez utiliser au moins un des éléments que vous aurez lus. Votre lecture sera beaucoup plus dynamique et plus profitable.
Conseil n° 4 : Apprenez à faire de la lecture rapide et à survoler un texte, et sachez quand il vaut la peine d'en faire une lecture approfondie. Vous gagnerez du temps.

Écoutez. Vous voulez être tenu au courant, vous n'avez pas seulement à lire, vous devez également écouter. Écouter est l'une des meilleures sources d'information. Vous devez identifier qui écouter, où, quand et pourquoi. Écouter peut aussi être délégué ou être partagé partiellement.
Un manager expatrié s'était rendu compte que beaucoup d'informations précieuses ne lui parvenaient plus du fait de son éloignement. L'un de ses assistants avait été expatrié avec lui. Il décida alors de le renvoyer de manière définitive au siège, et lui demanda de décaler ses horaires de travail pour commencer plus tard le matin afin d'être présent dans l'entreprise aux alentours de

la machine à boissons entre 18 et 20 heures. C'est là qu'habituellement de nombreux collaborateurs se retrouvaient pour des échanges informels en fin de journée ! Et chaque jour son assistant lui faisait le rapport téléphonique des nouvelles intéressantes sur les projets en préparation, l'évolution de l'entreprise…

Sachez créer et entretenir votre réseau de relations pour avoir les informations de valeur à temps. Au sein de l'équipe, partagez-vous les contacts à entretenir.

Capitalisez collectivement la connaissance

Une entreprise ou une équipe vit sur une ligne de temps qui va du passé vers le futur.

Expérience	Action	Vision
PASSÉ	PRÉSENT	FUTUR

Fig. 19 : La capitalisation des connaissances est à concevoir en tenant compte de la ligne de temps

Pour faire face à l'accélération considérable du renouvellement de la connaissance, une équipe doit maintenant s'intégrer dans une entreprise apprenante où l'acquis est provisoire.

• L'équipe profite des expériences faites et des connaissances accumulées par elle-même, par les personnels qui l'ont précédée, par les collègues qui appartiennent à d'autres secteurs de l'entreprise, par les autres entreprises (fournisseurs, clients, concurrents…), par la société en général, etc.

• Elle s'approprie et réutilise cette richesse d'expérience pour conduire ses actions au quotidien et générer à son tour de nouvelles connaissances.

• Elle rassemble, stocke, organise des savoirs qui sont réutilisables en fonction de sa vision du futur et des différents chemins qui lui permettront d'avancer vers cette vision.

Il est donc primordial que tout groupe de travail qui veut progresser organise la recherche des connaissances qui lui sont utiles, la recherche des savoir-faire qu'il développe et l'accès aux connaissances extérieures. Puis le groupe doit structurer ces connaissances et l'accès à ces connaissances.

L'une des forces du manager maintenant n'est plus d'avoir accès à de grands volumes d'informations, mais sa capacité à trouver très rapidement l'information pertinente dans une masse vertigineuse d'informations non pertinentes.

Quelques conseils pour cette organisation :

• Toutes les connaissances seront organisées comme nous l'avons vu pour les dossiers de référence. Veillez à ce que les informations soient organisées non pas uniquement pour une personne, mais pour une ou plusieurs équipes. En effet si cette personne quittait l'équipe, il y aurait alors le risque que ses documents ne puissent plus être utilisés.

• Conservez des procédures ou des informations qui, même obsolètes, peuvent encore être précieuses dans certaines situations. Un important fabricant de matériel informatique médical renouvelait rapidement ses gammes de produits en raison des avancées technologiques des hôpitaux. En mettant en place un Programme d'Efficacité Personnalisé auprès de son service après-vente international basé à Genève, j'ai rencontré un ingénieur qui avait derrière lui une longue carrière chez ce fabricant. Il avait conservé de nombreux manuels et toutes sortes de documentations techniques et de logiciels pour des machines que son entreprise ne fabriquait plus depuis bien longtemps. Dans ce cas particulier, c'était une grande chance pour nombre de ses clients. En effet si les hôpitaux des pays d'Europe occidentale renouvellent très rapidement leur matériel, ce n'est pas le cas dans les pays moins développés où la longévité d'une machine sera poussée au maximum. Grâce à ses archives, de nombreuses solutions pouvaient encore être proposées à ces clients moins privilégiés.

- Les savoir-faire particuliers développés par une équipe ou par l'un de ses membres sont à inventorier et à documenter de telle manière qu'ils puissent à nouveau être utilisés par une autre personne. Prenez le temps d'observer ce qui est particulièrement bien fait dans une situation exceptionnelle ou ordinaire et rendez-le reproductible par d'autres personnes. Collectez et documentez ces savoir-faire que l'on appelle «les meilleures pratiques» et maintenez-les à jour (voir les possibilités du groupware avec *Idea Central*, p. 270). Dans une entreprise de fabrication de papier, une machine ne produisait plus le papier selon les critères de qualité attendus. Les techniciens cherchèrent à la régler, le service de maintenance fut appelé à la rescousse, le fabricant également ; rien n'y faisait, le problème demeurait. C'est alors qu'un ouvrier travaillant sur une machine voisine expliqua que ce genre de problème était déjà survenu et que l'un de ses collègues, maintenant à la retraite, savait le résoudre. Le patron téléphona à son ancien employé qui accepta de venir. Le retraité ouvrit la machine, mit la tête à l'intérieur et la régla... à l'oreille. La machine se remit à fonctionner correctement. Ce genre de savoir-faire est précieux. Il ne se trouve pas dans les manuels et, dans le cas de cette entreprise, il était parti à la retraite avec l'ouvrier ! Dommage qu'il n'y ait pas eu d'apprentissage par d'autres employés ! De la même manière, dans un bureau, certaines personnes développent des astuces pour pouvoir travailler plus efficacement. Partagez ces astuces, modelez-vous sur les systèmes d'excellence des autres et améliorez-les, puis partagez-les à nouveau... C'est la boucle de l'excellence !
- Organisez au maximum votre information sur votre site Intranet. Stimulez vos collaborateurs à enrichir la base d'information, avec des références ou des liens vers d'autres sites web qui contiennent des connaissances intéressantes.
- Organisez l'accès à Internet, à ses annuaires et à ses moteurs de recherche, grâce auxquels vous pouvez, par quelques clics de souris, accéder à une quantité phénoménale de connaissances. Les meilleurs moteurs de recherche sont faciles à trouver.

Cependant je me suis aperçu que bien des personnes ne connaissaient pas les règles élémentaires de la recherche (consultez les instructions de vos moteurs de recherche préférés). Les stocks d'informations sont si gigantesques qu'une recherche peut ramener dans ses filets des milliers de prises dont une grande partie n'a rien à voir avec ce que vous attendiez.

Voici les données générales à connaître pour une recherche sur un moteur :
- Vous cherchez à partir d'un seul mot : c'est simple, écrivez ce mot.
- Vous voulez être plus précis avec une expression composée de plusieurs mots : tapez votre expression en la mettant entre guillemets ou en mettant un trait d'union entre chaque mot.
- Si vous voulez affiner en demandant la recherche de documents qui seront identifiés par plusieurs mots-clés : rajoutez un signe « + » (plus) collé avant chaque mot-clé.
- Si vous voulez éliminer les documents comprenant un mot-clé : utilisez le signe « – » (moins) collé au mot à supprimer de la recherche.
- Si votre recherche est orientée sur un mot qui pourrait se présenter avec des variantes finales (tels que pluriel, adjectif, adverbe, verbe conjugué), utilisez l'astérisque collé à la fin du radical du mot. Cet astérisque sera votre carte «joker» pour les 5 caractères suivants en fin de mot, il ira vous chercher tous les textes correspondant à ce radical.
- Si vous voulez chercher deux mots ou expressions qui devraient être dans une même phrase : utilisez le signe « ; » (point virgule) entre les deux.
- Encouragez vos collaborateurs et collègues à entrer dans différents réseaux d'information. Branchez les différents secteurs et niveaux de l'entreprise sur des sources variées d'information (réseaux informels, réseaux établis, revues, news…). Ces sources d'information encourageront l'accès à des informations non conventionnelles. Une meilleure connaissance des dernières tendances vous aidera à vous positionner et à être à la pointe de votre domaine d'activité.

Toutes les sources de connaissances sont des vecteurs de vitalisation de l'entreprise.

Rechercher la connaissance, créez-la, organisez-la, rendez-la facilement accessible.

Triez l'information

L'information, pertinente ou non, continuera à arriver : la Poste continuera à livrer du courrier, le fax à imprimer du papier, la messagerie électronique à devenir de plus en plus abondante. L'utile et l'inutile sont mélangés.

Il y quatre principaux modes de tri de l'information :

1. Le premier consiste à regarder et à empiler sans rien faire. En fait l'intéressé retient uniquement ce qui lui paraît intéressant et néglige le reste. C'est une façon particulièrement inefficace de travailler. Les piles augmentent, les retards s'accumulent et peu à peu il devient difficile de s'orienter dans les masses de documents non traités.

2. La seconde est beaucoup plus efficace. Vous faites tout de suite et complètement ce que vous pouvez faire. Vous prenez le premier document : vous le traitez ou le mettez à la poubelle, vous le classez ou le transmettez... Puis vous continuez avec le suivant. Il n'y a aucune accumulation.

3. La troisième consiste à se répartir le tri au sein de l'équipe pour se décharger. Par exemple, une équipe pourrait répartir entre ses membres la lecture de certains magazines ou rapports, chacun ayant la responsabilité de repérer ce qui peut intéresser les autres ; ainsi un plus grand nombre d'informations pertinentes pourra être rapidement accessible à chacun. Autre exemple : entre le manager et son assistant, il pourrait y avoir un tri fait par l'assistant pour qu'il s'occupe d'emblée de ce qui est de son domaine et qu'il ne transmette à son manager que ce qui lui revient. Il y a ainsi gain de temps pour les deux.

4. Dans le courrier qui vous arrive, vous trouvez de nombreux documents de toutes sortes parfaitement inutiles pour vos responsabilités et vos objectifs. Vous pouvez les jeter immédiatement ; mais vous pouvez faire mieux. Invitez l'expéditeur à ne plus vous adresser ce type d'informations, ou à les adresser à une autre personne plus concernée, ou encore à vous radier d'une liste de distribution. Les mailings pleuvent venant de l'extérieur de l'entreprise tout comme de l'intérieur. Certains collaborateurs n'ont aucune règle de savoir-vivre quant à leur messagerie électronique et abusent volontiers des listes de destinataires. Chaque fois que vous vous faites radier d'une liste de distribution, vous gagnez un temps précieux.

La rapidité de la circulation des informations, le volume d'informations et l'accès aux informations sont essentiels et permettent d'améliorer la productivité.

Cependant restons vigilants. Si plus d'information a un impact réel sur la progression de la productivité, il existe un seuil où la courbe de productivité s'inverse. L'accroissement de l'information tend à noyer l'information pertinente, la quantité va nuire à la qualité d'utilisation.

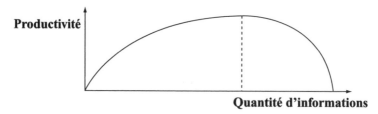

Fig. 20 : Le seuil de saturation en information
à partir duquel la productivité baisse

La messagerie électronique peut devenir un réel problème quand les individus n'arrivent plus à gérer le volume d'informations qui leur parvient. La messagerie électronique est un système « push » dans lequel l'information est poussée vers le destinataire qui est donc contraint d'en faire quelque chose (traiter, classer, détruire).

Pour remédier au volume accru d'informations, certaines d'entre elles seront mises en « pull » : c'est-à-dire qu'elles sont classées et l'intéressé va les chercher quand il en a besoin.

Les flux de documents

Les documents ont des parcours à suivre pour faire circuler l'information ou pour être traités. Parmi tous les documents qui circulent, la plupart ont des routes tracées d'avance.

Lorsque aucune réflexion systématique n'est menée sur le flux des documents, on trouve des incohérences surprenantes. Certains documents font des parcours inutiles. Certains font des aller-retour en raison d'erreurs de parcours. Certains se perdent. Certains font des circuits en boucles. Certains jouent au ping-pong quand personne ne veut s'en occuper…

En général on peut distinguer quatre catégories de flux de documents :
- flux productif dans lequel le document est central (dossier client, dossier du personnel, traitement des commandes, traitement des achats, formulaires divers…) ;
- flux administratif (demandes d'autorisation, de congés, demandes de remboursement de frais de déplacements…) ;
- flux correspondant à la gestion d'un projet (documents de référence, de planification, de gestion des ressources…) ;
- flux correspondant au travail créatif en équipe ou en réseau (documents de références et documents correspondant aux échanges formels ou informels d'une équipe cherchant des solutions…).

Dès que l'on parle flux de documents, le système Windows et les suites bureautiques se montrent insuffisants. Les divers workflows spécialisés, ainsi que Lotus Notes, ont une logique de flux construite à partir de besoins réels.

Les flux de documents sont étroitement associés aux flux de travail (workflows). La logique du flux de travail permettra de déterminer la logique de circulation des documents.

CHAPITRE 3

COMMENT GÉRER EFFICACEMENT LES FLUX DE TRAVAIL, LES PROCESSUS ET LA QUALITÉ ?

J'ai six fidèles serviteurs qui dirigent toute ma vie, ils s'appellent : Quoi ? Comment ? Quand ? Pourquoi ? Où ? Qui ?

Rudyard Kipling

Pour définir un flux de travail, nous pouvons nous arrêter aux six composantes du QQQOCP :

Pourquoi : l'objectif, c'est-à-dire satisfaire les besoins du client (interne ou externe).

Quoi : les tâches ou activités.

Qui : les rôles (et les acteurs chargés des rôles ; l'acteur peut être une personne ou un ordinateur).

Comment : les règles de fonctionnement, d'information, de coordination, de validation, de décision…

Quand : la séquence, c'est-à-dire l'ordonnancement des tâches, leur durée et leur délai de réalisation, et également le routage des documents.

Où : les lieux où sont exécutées les tâches et la nature du support des documents (électronique, papier…).

Comme nous l'avons vu pour les flux de documents, les flux de travail peuvent être centrés sur la production, le traitement administratif, la gestion des projets et le travail coopératif.

Mettez de la valeur ajoutée dans vos processus

Les flux de travail peuvent correspondre à des processus. Chacun se doit d'apporter une valeur ajoutée en lien avec les objectifs de l'équipe et de l'entreprise. Ils doivent être créés, simplifiés, optimisés pour produire le meilleur résultat quantitatif et qualitatif au moindre coût et dans le moins de temps possible.

À notre époque de certification ISO et de Management par la Qualité Totale, il devient indispensable de documenter les processus, non seulement pour se conformer à des normes, mais aussi pour réfléchir à ces processus et pour les améliorer. Une représentation graphique et une bonne documentation permettront aux différents acteurs de bien comprendre le sens de leur contribution, même si elle est parcellaire, et d'avoir ainsi une perception plus globale, donc plus motivante.

L'analyse de la performance d'un processus et l'identification rapide des dysfonctionnements éventuels, sont les moyens d'éviter le piège redoutable de la bureaucratie, par laquelle un processus tend à vivre pour lui-même et non plus pour contribuer à atteindre des objectifs. Nous découvrons souvent des processus complètement obsolètes ou qui ont un effet contraire à leur raison d'être initiale.

Le tableau suivant vous montre un modèle d'analyse de la performance d'un processus et de repérage de ses dérives. Il vous aide à établir des indicateurs et à savoir ce qui est améliorable.

	ACTIONS INTERNES (indicateurs correspondant à ce qui est fait)	**RÉSULTATS EXTERNES** (indicateurs correspondant au service rendu par rapport aux besoins des clients)
VOLUME		
QUALITÉ		
TEMPS (durée/délai)		
NORMES (sécurité, respect des règlements et des lois…)		
COÛT		

Fig. 21 : Analyse de performance d'un processus

Grâce à ce tableau vous pourrez par exemple vous rendre compte que votre équipe fait de gros efforts pour respecter certains niveaux de qualité qui s'avèrent fort coûteux en temps alors que le client est plus soucieux des délais. Respecter le délai avec un niveau de qualité moindre procurerait dans ce cas plus de satisfaction au client.

Autre exemple. À partir de ce tableau, vous pourrez également vous rendre compte d'un écart sensible entre les volumes traités et les volumes attendus par le client. Vous pourrez alors vous demander comment produire plus en réduisant le processus, et en en retirant toutes les tâches inutiles ou à faible valeur ajoutée, ou en y apportant des modifications. Et si c'est nécessaire, vous pourrez ajouter du personnel (détachement d'un équipier à certains moments pour aider, engagement d'un employé supplémentaire…) à ce processus.

Mon expérience me montre que, pour beaucoup d'équipes, la seule réflexion sur ce tableau conduit à bien des remises en question et que de nombreuses améliorations sont possibles par l'application de simples règles de bon sens. La réflexion sur l'amélioration en équipe permet de plus une appropriation des processus. Il ne s'agit donc plus d'appliquer un processus étranger, mais de mettre en œuvre sa propre création collective !

Simplifiez, simplifiez, simplifiez

Comme vous l'aurez compris, toute la démarche du Programme d'Efficacité Personnalisé (PEP) vise à tout simplifier en rendant chaque action plus efficace.

Tout système tend à se complexifier et à atteindre un seuil de paralysie, puis de mort. Il pourra survivre s'il simplifie ses processus et s'il les revitalise par une remise en question périodique. IBT France collabore avec l'Institut de Simplification (IdS) pour mieux remplir sa mission d'amélioration de l'efficacité dans les administrations et les entreprises. La méthode Simon promue par l'IdS est simple.

À partir d'un fonctionnement quelconque, la méthode utilise trois outils pour le simplifier :

– une liste des symptômes usuels de complication,
– une liste des règles de simplification,
– une technique de croisement entre symptômes et règles.

Les complications prolifèrent sans peine dans n'importe quel système. Une structure d'entreprise peut devenir très compliquée. Le mode d'emploi d'un appareil peut être complexe. Une procédure peut suivre de nombreuses étapes sans intérêt. Un formulaire peut être difficile à remplir. Un flux de travail peut s'embourber dans des cycles superflus, des contrôles de contrôles…

Repérez dans votre équipe tout ce qui vous paraît compliqué et ouvrez la trousse de secours de la simplification.

Les trois grands principes de traitement d'une complication vous permettront déjà d'obtenir par vous-même quelques résultats encourageants :

1 – remplacer des éléments par d'autres dont le poids total (en temps, nombre d'actes, coût, etc.) reste inférieur ;

2 – éliminer les éléments superflus ou inutiles ;
3 – regrouper certains éléments.
La simplification a pour but « de réduire les éléments inutiles pour un ensemble plus efficace ». La simplification détecte les complications inutiles et propose les raccourcis pertinents. Simplifiez et soyez plus efficace !

La gestion électronique des flux

L'informatique est un outil merveilleux pour ordonnancer les flux et assurer leur routage vers les bons acteurs au bon moment.
Lorsqu'il s'agit de flux productifs ou administratifs, les flux sont relativement simples, stables et automatisés. Le document reste relativement central. Le respect de règles et de processus est important.
Lorsqu'il s'agit de la gestion d'un projet ou de la gestion du travail coopératif, les flux sont plus variables, plus inattendus, plus centrés sur les individualités de l'équipe, car ils répondent la plupart du temps à une démarche innovante. Le groupware saura fournir la fluidité, la flexibilité et la circulation de l'information nécessaires à l'amélioration des flux.

L'enrichissement d'un document électronique par l'équipe

Même si vous ne disposez pas d'un groupware très élaboré, vous avez sans doute bien des possibilités de réaliser un travail coopératif en utilisant l'électronique plutôt que le papier. Voyons à travers un exemple comment se passe l'amélioration d'un document.
Quand une équipe travaille sur un même document, que ce soit du traitement de texte ou un tableur, il y a des risques de confusion. Si vous êtes connecté au réseau de l'entreprise, les choses deviennent plus faciles. Les différents membres du groupe de travail

pourront consulter le document que vous leur demandez de réviser et y apporter leurs modifications. Elles apparaîtront avec des codes de couleur qui vous permettront de les distinguer du texte de référence. Vous pouvez alors consulter ces propositions de modification, les accepter ou les rejeter.

Pour faciliter le travail d'équipe, utilisez les possibilités offertes par l'ajout de commentaires. Les traitements de texte proposent maintenant un espace « commentaire » spécialement conçu à cet effet. Vous pouvez l'utiliser pour poser une question à votre équipe, faire part de variantes entre lesquelles vous hésitez, expliquer un point ou vous créer un aide-mémoire. Ces commentaires apparaissent à l'emplacement du texte que vous leur affectez, ils n'apparaîtront pas en clair dans le texte lui-même. Vous-même ou vos collègues pourrez activer cette partie commentaire par un simple clic sur son symbole.

Vous pouvez faire circuler un document de deux façons. La première : votre document est sur un serveur partagé et les différentes personnes vont le consulter pour faire leurs modifications. La seconde est un routage : votre document est acheminé selon une liste de circulation. Dans l'Explorateur de Windows par exemple, choisissez « Fichier/envoyer vers/destinataire du message ».

CHAPITRE 4

COMMENT PLANIFIER
EFFICACEMENT EN ÉQUIPE ?

À Paris, j'ai organisé un PEP pour tout le personnel du siège d'une société appartenant à un grand groupe international. L'état des lieux était effroyable : c'était une course folle, les frustrations se multipliaient ainsi que le stress, les erreurs étaient nombreuses, les horaires débordaient sur la vie privée de manière totalement indécente (réunions décidées en catastrophe pour 21h, et même le samedi ou le dimanche !). Les délais finaux étaient presque toujours respectés (en général avec un peu de retard), ce qui donnait l'illusion d'avoir une bonne planification. Cependant le coût en était immense : les actions se mettaient en œuvre à l'approche de l'échéance finale, lorsque c'était déjà trop tard. Il fallait soudain arrêter tous les autres travaux, bousculer les collègues ou les programmes des équipes, pour que les éléments nécessaires soient réunis…

Je me souviens des équipes marketing qui devaient fournir des rapports et qui les portaient l'après-midi au secrétariat sans avoir prévenu personne, pour les faire taper, mettre en page et photocopier, afin d'en disposer le lendemain matin pour une réunion. Les secrétaires devaient donc rester tard le soir et le technicien du service des photocopies devait travailler de nuit pour dupliquer et relier ces rapports ! Imaginez les frustrations, les colères, les répercussions sur la vie des familles…

Autre exemple dans cette même entreprise, dans le service de la comptabilité fournisseurs. En faisant le PEP nous avons constaté qu'une grande partie du temps de cette équipe était consacrée à recevoir des appels téléphoniques des fournisseurs qui se plaignaient de ne pas être payés ! À chaque appel téléphonique, il fallait chercher dans des piles invraisemblables, traquer la facture disparue au cours de flux incompréhensibles, expliquer que l'on ne la trouvait pas, demander une nouvelle copie. Conformément aux principes du PEP nous faisons ranger les bureaux et réviser les classements, le personnel découvrit alors des montagnes de factures impayées et trouva même une pile de factures impayées antérieures d'une année ! La société fonctionnait bien financièrement et n'avait pas de stratégie concertée pour payer tardivement ses fournisseurs. C'était de la pure désorganisation !

La planification collective était en effet pratiquement inconnue. Il y avait bien des réunions incessantes pour coordonner le travail, mais elles étaient utilisées à réparer les drames créés par le manque de planification, par les changements incessants et imprévus d'objectifs... L'entreprise semblait naviguer comme un bateau ivre sans visibilité, sans instrument et sans plan de route.

En ce qui concerne l'équipe marketing, dans un premier temps, un minimum d'organisation et de correction aurait été d'avertir quelques jours plus tôt les secrétaires et le technicien du moment où le travail arriverait, de son volume et des délais ! Il leur aurait alors été possible d'organiser un peu mieux leurs activités professionnelles et les répercussions sur leur vie privée et familiale auraient été moindres.

Nous avons donc travaillé avec la direction à mettre en place des objectifs clairs, à demander des plans d'action aux équipes et à les coordonner avec les programmes de l'ensemble de l'entreprise. La visibilité est devenue immédiatement meilleure. La quantité de travail a diminué parce qu'un grand nombre de tâches inutiles et décidées dans le stress avait disparu. Les erreurs ont diminué. L'apaisement est venu remplacer l'agitation. Le sentiment de mieux maîtriser son travail a remplacé la panique. Un meilleur niveau de satisfaction des collaborateurs a remplacé une bonne partie du stress et a mis fin à un grand nombre de frustrations et de rages...

Partagez vos plans d'action

Une grande amélioration peut être apportée au fonctionnement d'une équipe par la diffusion des plans d'action collectifs. Chacun peut alors voir apparaître les tâches qui l'attendent et prévoir le temps nécessaire. Il peut les surligner en couleur sur le papier pour les rendre plus apparentes. Chacun acquiert une meilleure conscience collective et comprend immédiatement qu'il lui est important de remplir sa tâche au bon moment pour que son collègue puisse lui-même exécuter la sienne à temps.

Il arrive que les plans d'action soient mis à jour et adaptés en fonction des circonstances durant leur exécution. Pensez alors à indiquer la date d'édition de la nouvelle version et à la distribuer auprès des différents acteurs pour qu'ils en soient informés.

Si vous avez choisi de placer vos plans d'action sur support électronique, les choses seront plus faciles. Chacun peut en effet indiquer au fur et à mesure les dates d'exécution de ses tâches. Vous pouvez placer vos plans d'action sur un tableur en dossier partagé, ou sur un agenda électronique partagé ou encore mieux : les intégrer à votre solution groupware.

Répartissez les charges de travail

Pour mieux planifier en équipe, il vous sera utile d'avoir une bonne perception de la charge de travail collective.

1. Faites l'inventaire des tâches périodiques et du temps à investir pour chacune, puis répartissez-les au mieux :
• tâches quotidiennes ;
• tâches hebdomadaires ;
• tâches mensuelles ;
• tâches trimestrielles ;
• tâches annuelles.

2. Faites l'inventaire des activités ponctuelles prévues, comme les projets, les événements, etc.

Prévoyez l'imprévisible

Soyons réalistes, même avec une bonne planification d'équipe, il y a toujours de l'imprévisible ! Prévoir de la place pour l'imprévu vous donnera une élasticité appréciable le moment venu.

Dans vos planifications, il y a trois types d'activités :
- des activités fixes (réunions, rendez-vous, etc.) ;
- des activités flottantes (travail sur un dossier ; vous lui consacrerez par exemple 1 heure, peu importe si c'est lundi, mardi ou mercredi) ;
- des activités imprévues demandant une réserve de temps collectif (évaluez la réserve de temps à prévoir).

Si la charge de travail (planification fixe et flottante) pour la semaine est pleine à 100 %, vous saurez qu'il faut réviser votre planification en raison des inévitables imprévus qui viendront se rajouter.

En fonction des responsabilités de l'équipe, il est prudent de veiller à préserver des réserves individuelles et collectives de temps pour les imprévus.

Prévoyez du temps pour les rencontres

Travailler en équipe, c'est inévitablement avoir des interactions de toutes sortes. Vous avez besoin de coordonner vos tâches, de solliciter les avis de vos collègues... vous risquez de créer de multiples interruptions à des moments inopportuns. Prenez l'initiative d'instituer des réunions régulières avec les personnes que vous devez voir le plus. Convenez d'un rythme et d'une durée de rencontre adaptés. Vous aurez un dossier au nom de l'interlocuteur avec lequel vous avez ces rencontres périodiques, et vous y mettrez tout document, toute question, toute information à lui transmettre, les suivis à donner... Lorsque vous vous rencontrez au moment convenu, chacun vient avec son dossier, et il est facile de faire le tour exhaustif des points à traiter ensemble. Et si jamais il n'y avait pas matière à rencontre, annulez-la.

Vous accepterez les interruptions pour les sujets qui ne peuvent pas attendre la prochaine réunion, et si elles sont trop fréquentes il vous faudra revoir le rythme de vos rencontres. Mieux vaut prévoir de se voir deux fois par jour cinq minutes à des moments convenus que de s'interrompre mutuellement de nombreuses fois.

Dans une équipe, j'ai rencontré deux personnes qui estimaient s'interrompre mutuellement une quarantaine de fois par jour. Elles ne partageaient pas le même bureau, mais travaillaient au même étage. Nous avons discuté de ce problème et elles ont convenu de quatre rendez-vous par jour. Le délai entre deux rencontres étant d'environ deux heures, elles ont estimé qu'elles n'auraient plus besoin de s'interrompre. Quelques semaines après elles m'ont fait part de leur grande satisfaction suite à cette amélioration.

L'étude déjà citée du Pr. de Woot sur les cadres supérieurs américains a mis en évidence qu'un cadre était interrompu toutes les 8 minutes en moyenne, que chaque interruption durait 3 minutes en moyenne, et qu'il fallait environ 2 minutes pour retrouver sa concentration sur son activité. Nous pouvons en conclure qu'un cadre supérieur est interrompu 5 minutes toutes les 13 minutes, ce qui représente environ 40% de son temps ! Sans évoquer la rentabilité de l'interruption elle-même, considérons que les 2 minutes de retour au niveau de concentration représentent du temps perdu à chaque interruption. Par le seul fait de diminuer ses interruptions, il devient possible de faire des gains de productivité impressionnants.

Tenez un journal exhaustif de vos interruptions sur une période donnée pour vous les rendre plus visibles. Invitez votre équipe à faire de même. Organisez ce journal avec des colonnes : Quand (date et heure) ? Qui ? Comment (visite, téléphone…) ? Pourquoi (but de l'interruption) ? Durée de l'interruption ? Votre évaluation sur la pertinence de l'interruption (interruption positive, interruption négative…). Après avoir recueilli ces informations, analysez, prenez des décisions dans votre équipe pour les faire diminuer (rencontres bilatérales par exemple), prévoyez d'autres possibilités pour satisfaire d'une manière nouvelle les besoins que les interruptions cherchaient à satisfaire et… gagnez du temps et de la concentration.

Prévoyez collectivement des temps réservés

Dans une équipe de travail ou une entreprise, vous pouvez améliorer la structure en lui donnant un rythme. Vous pouvez décider que certains jours précis seront des journées dans l'entreprise, et que d'autres seront réservés aux activités extérieures… Vous pouvez décider que tout un groupe conservera une même demi-journée de disponibilité, c'est-à-dire qu'on ne planifiera pas d'activités telles que des réunions, des rendez-vous… Cette demi-journée facilitera la coordination des activités s'il y a des besoins imprévus.

À titre d'exemple, pensez aussi à la possibilité de convenir du «zéro-téléphone» pendant certaines tranches horaires pour faciliter des tâches de concentration.

Une jeune femme, manager, a ainsi établi un code avec ses collègues. Quand elle portait sa casquette rouge, cela signifiait : activité protégée, que personne ne la dérange ! Pas de casquette rouge : les interruptions sont les bienvenues ! Soyez créatifs vous aussi pour protéger vos moments de concentration.

Utilisez l'agenda partagé

Vous travaillez en équipe, vous êtes relié en réseau informatique : l'agenda partagé s'impose. Il va faciliter l'organisation des réunions, la recherche des personnes, l'information de l'équipe sur certaines échéances concernant les projets développés en commun, etc.

Les agendas électroniques permettent de garder confidentielles certaines informations. La difficulté la plus fréquente est d'ordre psychologique. Mettre en commun son agenda, c'est jouer la transparence, c'est accepter l'irruption de l'autre dans son organisation, c'est s'obliger à être clair et à savoir dire oui ou non. Pour qu'une équipe tienne son agenda ensemble, il faut que tous les membres en jouent le jeu. Lorsque les membres de l'équipe sont des professionnels, ils comprennent en général rapidement le progrès qu'il y a en termes d'efficacité et de temps gagné, à rendre accessibles les données de l'agenda par tous les membres de l'équipe.

L'un des avantages de l'agenda partagé est d'obliger chacun à planifier beaucoup plus soigneusement que lorsqu'il fait de la « planification artistique » individuelle. Comme nous l'avons vu précédemment, l'agenda est souvent sous-utilisé ; il ne sert que de rappel pour les réunions, les rendez-vous, les séminaires, les voyages, les vacances ! Imaginez que vous vous en teniez à ces quelques informations rudimentaires dans un agenda partagé. Cela voudrait-il dire que vous êtes complètement disponible dans les périodes où rien n'est indiqué ? Probablement non. Vous noterez donc les activités que vous avez à votre bureau sous peine de vous faire assaillir et de devoir rester tard le soir pour traiter les dossiers qui ont attendu. Réservez une séance de travail seul sur un dossier, notez votre moment de courrier, prévoyez votre temps de préparation d'une réunion…

Rappelez-vous que les agendas électroniques respectent vos secrets. Vous pouvez également y enregistrer des activités cachées. La tranche de temps apparaîtra bloquée, mais son contenu ne sera pas révélé aux autres membres de votre équipe de travail.

Pour organiser une réunion, rien n'est plus facile. L'agenda va vous proposer la liste des membres de votre équipe ou de votre entreprise (selon vos autorisations d'accès). Vous sélectionnerez les noms des personnes que vous voulez inviter. Les agendas de ces personnes vous sont ouverts et vous pouvez consulter les plages de disponibilités communes. Trouver de cette manière un horaire commun vous évitera donc bien des communications téléphoniques. Lorsque vous avez trouvé le meilleur moment pour votre réunion, vous adressez, depuis votre agenda électronique, une invitation à chaque participant ; chacun pourra alors vous répondre par une acceptation ou un refus, toujours via l'agenda électronique.

Plusieurs logiciels « agenda » permettent de partager les agendas en équipe et apportent leurs propres particularités.

Établissez les suppléances

Planifier, c'est prévoir. Prévoir c'est aussi jouer le rôle du pessimiste et penser au pire. Pour assurer la continuité d'une responsabilité, même en cas d'absence ou de surcharge ponctuelle d'un membre d'une équipe, la suppléance doit être prévue à l'avance.

Le suppléant doit pouvoir assurer le remplacement immédiat du titulaire sur ses responsabilités essentielles. Pour qu'une suppléance se déroule bien :

• le suppléant doit être initié par le titulaire à la façon d'accomplir certaines tâches déterminées ;

- le suppléant doit savoir où trouver le classeur (papier ou électronique) des procédures à suivre (le suppléant n'est peut-être pas très familier avec les tâches et aura éventuellement besoin d'être rassuré sur la manière de procéder au moment où il sera seul) ;
- le suppléant doit savoir où trouver les documents dans les dossiers ;
- le titulaire doit avoir pris soin d'organiser ses classements et ses dossiers de telle manière que l'accès soit simple pour le suppléant (désignation claire des contenus sur les étiquettes de dossiers ; en début de dossier figurent les données de références comme les contacts, les adresses, le journal, le plan d'action, etc.) ;
- le plan de semaine et le plan de journée doivent être dans un endroit connu du suppléant ;
- en cas d'absence inopinée du titulaire (sans rapport de transmission au suppléant), le suppléant consultera chez le titulaire le plan de journée, le plan hebdomadaire, les plans d'action, les corbeilles « Arrivée », « En attente » et « Départ » ; il saura où trouver les mots de passe nécessaires ;
- le groupware devra faciliter l'accès (avec autorisation d'accès) aux données dont peut avoir besoin le suppléant lorsqu'il doit reprendre une affaire ou assurer le quotidien. Dans le logiciel *Trace*, il est facile de retrouver l'historique et les différents éléments des affaires en cours.

CHAPITRE 5

COMMENT DÉVELOPPER DES HABITUDES EFFICACES DE TRAVAIL EN ÉQUIPE ?

Adoptez en équipe le principe de l'action immédiate

Maintenant que le cap de l'équipe est fixé, que les documents sont classés et accessibles, que les flux de travail ont été lissés, que les processus ont été améliorés, que les planifications sont faites en tenant compte des aspects collectifs, tout devient plus simple. Pour que tout fonctionne au mieux, veillez maintenant à ce que le principe Numéro 1 de l'efficacité « Faire tout de suite » soit appliqué par chacun et de manière systématique.

Il y a quelques années, Kerry Gleeson[1] et moi-même faisions une opération PEP importante sur la moitié du personnel d'une banque au Luxembourg. Après quelques semaines, l'un des managers me fit part de sa surprise quant à l'impact du « Faire tout de suite » appliqué par une équipe. Il m'apprit qu'auparavant les clients étaient habitués à avoir une réponse dans un délai d'une semaine, ce qu'il considérait comme correct. Il me raconta que plusieurs clients lui avaient déjà dit leur satisfaction de recevoir désormais les réponses à leurs dossiers le jour même de la demande ou le lendemain. Quand toute une équipe a compris et applique le principe « Faire tout de suite », les changements deviennent puissants et produisent une accélération sensible de tous les flux, en même temps que des économies importantes de

---

1. Auteur de *Mieux s'organiser pour gagner du temps*, Maxima Laurent du Mesnil éditeur.

temps. Et dans le cas de cette banque, ce fut non seulement une satisfaction pour le personnel et la clientèle, mais aussi une amélioration nette de son image.

Rendez vos réunions efficaces

La vie d'un groupe de travail et d'une entreprise semble difficilement imaginable sans réunion. Certains managers arrivent à y passer plus de la moitié de leur temps. La « réunionnite » est une maladie qui touche bien des organisations. Ses symptômes sont l'importance du temps passé en réunions qui n'aboutissent à rien, la lassitude et le manque d'intérêt des participants… Certaines réunions oublient que leur mission est de « contribuer à satisfaire le client » et n'ont plus en réalité comme clients que les participants eux-mêmes !

Et pourtant… une réunion peut être efficace ! Une réunion peut être une activité à forte valeur ajoutée ! Chaque réunion devrait être au service de la mission de l'entreprise.

Si les réunions sont inévitables, le temps qu'elles consomment pourrait être moindre pour une meilleure rentabilité.

Pensez aux réunions auxquelles vous participez : faites une liste de toutes les réunions périodiques ainsi que des réunions ponctuelles de ces six derniers mois. Estimez le temps perdu parce que les réunions n'ont pas commencé à l'heure prévue, le temps passé au-delà de l'heure finale prévue (ce qui souvent perturbe la planification des activités suivantes), le temps passé en réunions planifiées plus d'une semaine à l'avance, le temps passé en réunions improvisées ou planifiées tardivement, le temps passé en réunions sur des sujets qui ne vous concernaient pas directement, et… le temps passé en réunions que vous jugez avoir été rentables par rapport à vos objectifs. Mesurez et appréciez l'efficacité de ces réunions.

Si vous avez beaucoup de réunions, il est probable que vous apprécierez d'y passer moins de temps. Le groupware vous propose une solution adéquate. Les réunions peuvent être moins fréquentes et moins longues si une partie des échanges est faite d'une autre manière.

• Beaucoup de réunions d'information n'ont plus de raison d'être. En effet les collaborateurs peuvent consulter une information à jour sur le site Intranet. Les réunions d'information peuvent être conservées lorsque l'information est particulièrement importante, c'est-à-dire qu'elle mérite d'être présentée soigneusement et qu'il est nécessaire de pouvoir gérer les réactions, ou encore qu'elles ont une valeur symbolique méritant d'être célébrées en équipe…

• Beaucoup de réunions d'échanges peuvent être supprimées. En effet les échanges d'idées peuvent avoir lieu à travers un forum électronique. Chacun réagit quand sa disponibilité est la meilleure et depuis l'endroit où il se trouve. Ceci devient alors une sorte de réunion virtuelle permanente, chacun pouvant réagir aux réactions de tous. Quand vous pensez au temps pris par une réunion physique (en incluant les temps de déplacement et même les frais de voyage), vous en comprenez immédiatement l'intérêt.

• Beaucoup de réunions pourraient être mieux préparées. En effet les préalables sont discutés à travers un forum électronique, les documents de référence sont disponibles sur le réseau… La réunion physique elle-même sera donc plus courte et plus profitable.

Nous l'avons dit, les réunions sont importantes et bénéfiques si elles sont efficaces. Le groupware vous permet de faire des économies sur le temps de réunion. Mais voyons comment aller encore plus loin.

Distinguons d'abord les différents catégories de réunions les plus habituelles :

• la réunion d'information ;

• la réunion d'analyse de problème ou d'établissement d'objectifs ;

• la réunion de recherche de solutions ;

• la réunion d'évaluation d'options ;
• la réunion de prise de décision ;
• la réunion de planification ;
• la réunion d'évaluation finale.

Une même réunion peut passer successivement d'un type à l'autre. Cependant gardez à l'esprit qu'une réunion peut être spécialisée et avoir une finalité précise. Vous pourrez conduire une réunion réservée à « l'analyse du problème » avec certains participants directement concernés. À la réunion de « recherche de solutions », certains participants de la réunion « analyse de problème » ainsi que certains experts pourraient être invités. La réunion « d'évaluation » pourrait se faire en plus petit comité, etc. Ce ne sont pas forcément les mêmes personnes ni les mêmes fonctions qui sont nécessaires à chaque étape.

Pour vous donner les meilleures chances d'être efficace, puisez dans cette liste d'idées et mettez-les en pratique.

Si vous êtes le leader de la réunion.
Que faire avant la réunion ?

• N'invitez que les personnes directement concernées et les personnes nécessaires à la réalisation des objectifs de la réunion.

• Ne faites venir les participants que pour la partie qui les concerne, avec une heure de début et une heure de fin (ceci vous créera une contrainte salutaire pour respecter l'horaire des points qui sont à l'ordre du jour). Vous gagnerez beaucoup de temps durant la séance en évitant que des personnes non concernées vous ralentissent ou déclenchent des phénomènes de groupe indésirables. Les personnes vous sauront gré de valoriser leur participation et de préserver leur temps.

• Faites en sorte que les participants connaissent clairement les objectifs et ce qui est attendu d'eux dans les différents points de l'ordre du jour (échange d'opinions, analyse d'un problème, prise de décision, etc.), ils viendront mieux préparés. Ainsi si vous annonciez simplement : « Point n° 1 : bilan de situation », beaucoup seraient peu préparés. Si vous annoncez : « Point n° 1 : chaque participant expliquera, en trois minutes, une action significative qu'il a réalisée durant cette semaine pour traduire dans les faits la vision de l'entreprise », non seulement les participants seront mieux préparés, mais l'important aura été rappelé, ce qui stimulera chacun à apporter sa contribution constructive.

• Utilisez par exemple les possibilités de l'application *Trace* pour réaliser les échanges préalables qui permettront d'orienter la réunion uniquement sur les éléments importants. Et si, par bonheur (pourquoi pas ?), tout peut être transmis et décidé à travers *Trace*, vous pourrez soit supprimer la réunion, soit la maintenir comme un instrument de socialisation de l'équipe (ce qui est important, notamment pour les équipes dispersées).

• Veillez à ce que les participants reçoivent suffisamment tôt les informations concernant le lieu précis, les horaires, l'ordre du jour, ainsi que les documents de préparation...

• Réservez une salle adéquate et préparez-la.

• Préparez vos aides visuelles si elles vous permettent de gagner du temps, d'être plus précis et de mieux conduire la réunion.

Que faire lors de la réunion ?

• Ayez pour règle de commencer à l'heure prévue. La première fois, c'est frustrant en raison des retardataires. Mais rapidement les participants apprécieront et seront à l'heure.

• Pensez à choisir un secrétaire de séance qui, muni d'un ordinateur portable, notera le procès-verbal de la réunion.

• Expliquez en introduction les objectifs de la séance et la répartition du temps en fonction des différents points de l'ordre du jour. Vous pouvez les laisser affichés sur un tableau, ce qui incitera le groupe à vous aider à mieux tenir le plan de déroulement de la séance.

• Pour chaque point, précisez ce qui est attendu (décision, échanges libres, demande de feed-back, information simple, information à retransmettre aux collaborateurs, etc.), vous aiderez ainsi chaque participant à être un acteur efficace.

• Sachez rester maître du temps et des objectifs de la séance, ce qui est parfois délicat face à certaines personnalités. Cependant, si vous êtes clair sur votre rôle et sur le coût que représente pour l'entreprise la mobilisation de tous ces participants, cela vous aidera à maintenir le cap.

- À la fin de chaque point à l'ordre du jour, faites une synthèse. C'est un moyen de structurer la réunion tout en aidant les participants à avoir une perception globale de ce qui vient de se dérouler. Si vous avez l'habitude de faire approuver le Procès-Verbal de séance par les participants, vous pouvez inviter le secrétaire de séance à lire à haute voix ses notes et les participants à faire connaître immédiatement leurs réactions.

- Pour chaque décision prise, veillez à faire établir un plan d'action. Si le plan d'action n'a pas à être élaboré durant la réunion, faites préciser qui va s'en charger et à quelle échéance.

- Gardez du temps en fin de séance pour résumer la réunion et notamment pour rappeler les engagements des uns et des autres. Donnez aussi les éléments de préparation de l'éventuelle prochaine séance.

- Une évaluation rapide de la séance en groupe peut être la bienvenue. C'est une manière d'amener chacun à juger la réunion et sa propre contribution en termes d'efficacité.

Que faire après la réunion ?

- Si le Procès-Verbal de séance a été pris sur un ordinateur portable, veillez à ce qu'il soit mis à disposition sur le groupware à la place appropriée.

- S'il y a un Procès-Verbal de séance, faites-le ou faites le faire au plus tôt, précis et concis. Il est plus facile de rédiger un Procès-Verbal quand les idées sont encore chaudes. En outre les participants pourront s'y référer immédiatement pour leurs engagements.

- Faites le suivi des engagements pris durant la séance.

- Classez le Procès-Verbal de séance, en le rendant accessible aux participants quand il s'agit d'une réunion périodique pour une équipe travaillant sur un même site. Avec *Trace* par exemple, les participants pourront avoir aussitôt leur Procès-

Verbal de séance à disposition, classé dans la base de données dans le dossier correspondant et consultable chaque fois que cela sera nécessaire.

Si vous êtes l'un des participants à la réunion.

- Préparez votre participation : étudiez les sujets qui seront abordés, demandez l'information nécessaire, consultez vos collègues si nécessaire, préparez vos interventions, réunissez le matériel nécessaire.
- Pour chaque catégorie de réunion, créez dans vos « dossiers en cours » un dossier contenant le Procès-Verbal et vos notes de la dernière réunion, l'ordre du jour de la séance à venir, vos notes et documents de préparation, les suivis que vous avez donnés à vos engagements de la séance précédente. Les anciens Procès-Verbaux et vos notes pourront être jetées si un classement accessible est organisé par le responsable de la réunion périodique.
- Prenez vos dispositions pour le téléphone : veillez à ne pas être dérangé pendant la séance. Si vous avez un téléphone portable, déconnectez-le ou confiez-le au secrétariat.
- Venez à la réunion avec votre agenda.
- Arrivez à l'heure.
- Soyez un participant constructif. Demandez la parole quand vous avez une communication à faire concernant un point à l'ordre du jour. Soyez concis, clair et précis. Si l'intervention que vous pensez faire n'est pas constructive, abstenez-vous.
- Si l'un des participants s'exprime de manière peu claire, demandez-lui de préciser le lien qu'il fait entre l'objectif à atteindre et son propos.
- Notez les engagements que vous prenez.
- Soutenez l'animateur de séance pour faire respecter horaires et objectifs.
- Après la séance, rangez immédiatement vos documents dans le dossier prévu à cet effet, jetez les documents devenus inutiles. Planifiez dans votre agenda ou sur vos plans les engagements que vous avez pris pour vous en rappeler au moment où vous devrez mettre en route les actions qui s'y rattachent.

Si vous choisissez la visioconférence pour votre réunion, veillez à :

- respecter les règles de réussite d'une réunion telles que nous venons de les parcourir ;
- mentionner, dans votre invitation à la réunion, les heures locales de la visioconférence pour les différents participants (et non seulement l'heure qui convient le mieux à l'organisateur !) ;
- faire en sorte que les horaires défavorables ne soient pas toujours pour les mêmes (quand vous avez une équipe dispersée sur 10 000 kilomètres ; il y aura nécessairement des personnes qui devront venir à la visioconférence à 6 heures du matin ou à 10h ou à midi ou à 20h ou à 23 heures…) et organiser le tour des heures de réunion, non seulement avec équité, mais également pour permettre à chacun de contribuer à son tour à ses heures les meilleures ;
- proscrire les vêtements à rayures ou brillants qui gênent les transmissions ;
- préparer à l'avance et essayer le matériel de présentation, et vérifier qu'il convient pour les transmissions ;
- placer la caméra de telle manière qu'elle capte tous les participants, et inviter chacun, lorsqu'il veut s'exprimer, à regarder la caméra et à parler en direction du micro, même s'il a d'autres collègues autour de lui ;
- nommer un responsable technique en charge du bon fonctionnement technologique dès la première minute de la réunion (avec une installation vérifiée auparavant).

Utilisez la délégation plus efficacement

Trop de managers ont peur de déléguer. Ils craignent de partager un pouvoir ou une compétence, ne le font pas suffisamment et, par voie de conséquence, se surchargent, laissent traîner des activités pourtant importantes et déçoivent leurs collaborateurs. Connaissez-vous cette plaisanterie classique ? Un manager débordé rencontre son patron et se plaint en lui disant : « Ici je fais le travail de 3, ça ne va vraiment plus, il faut que ça change ! ». Et le patron de répliquer : « Dites-moi tout de suite qui sont ces deux qui ne font pas leur travail, je les licencie sur le champ ! ». Quand vous ne déléguez pas, de qui faites-vous le travail ?

La difficulté à déléguer tient d'une part aux cultures centralisatrices et d'autre part au manque de compétences des collaborateurs. Imaginons un manager. Il arrive à gérer sa charge de travail mais, un certain jour, il est débordé, une activité importante survient et requiert tout son temps et toute son attention. Il pense alors à déléguer. Il n'est malheureusement pas dans les meilleures conditions pour le faire. Le collaborateur ressent peut-être très mal cette délégation hâtive. Il risque de réagir de manière désagréable ou de ne pas exécuter correctement la tâche. Après quelques expériences de ce genre, notre manager cherchera à éviter de déléguer et ne le refera que sous la pression de la surcharge.

Certains managers ont également constaté les dégâts de la mode de « l'empowerment ». Quand, dans la fin des années 80, la tendance à déléguer les responsabilités a été le *nec plus ultra*, certains cadres surchargés en ont profité pour se décharger sur les niveaux hiérarchiques inférieurs. Ne sachant pas accompagner leurs collaborateurs dans leurs nouvelles responsabilités, il y a eu beaucoup d'échecs. Ces délégations étaient en fait des abandons de responsabilité.

La délégation est tout un art. Elle ne doit pas être envisagée aux seuls moments de surcharge. Elle est un outil de management qui présente de nombreux intérêts et fait évoluer professionnellement les collaborateurs. Elle est en outre un outil de formation et de coaching et responsabilise les collaborateurs. Elle permet également de fournir une plus grande satisfaction et une meilleure reconnaissance de leurs capacités des collaborateurs et permet également d'éviter que des zones de compétences aient un acteur unique, qui deviendrait le maillon faible de l'équipe. Elle répartit enfin mieux les responsabilités, enrichit la compétence de l'équipe et permet au manager de se concentrer sur des activités dont le rendement est meilleur et qui correspondent à ses véritables responsabilités.

Il peut y avoir des délégations prévisibles et répétitives, voire permanentes, qui finissent par entrer dans la carte de responsabilités d'un collaborateur. Il peut y avoir également des délégations ponctuelles.

La délégation peut s'envisager de manière évolutive. Dans la figure 22, l'axe des abscisses représente l'axe de compétence et d'expérience dans le domaine concerné. L'axe des ordonnées représente l'axe de décision.

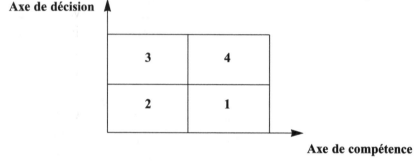

Axe de décision

Axe de compétence

Fig. 22 : Comment déléguer en fonction du profil du délégataire

Dans la case 1, nous trouvons l'employé à forte compétence et qui n'aime pas décider ou qui ne sait pas décider, ou encore qui n'est pas investi de l'autorité de décision. Il sait exactement ce qu'il faut faire dans une situation particulière. Il convient alors de lui donner un objectif et de lui demander de préparer le plan d'action pour l'atteindre, puis de prendre la décision soi-même en lui disant d'exécuter le plan d'action qu'il a préparé. Il se sentira ainsi soulagé, car il agit sous une autorité et ne se sent pas responsable. Le manager doit aider ce collaborateur à développer sa capacité de décision.

Dans la case 3, nous trouvons un personnage qui n'est pas encore arrivé à maturité dans le domaine d'activité concerné. Cependant il aime s'affirmer et décider, et parfois n'envisage pas que quelqu'un d'autre que lui puisse décider, et ne reconnaît pas lui-même ses incompétences. Le personnage peut être difficile à gérer, voire dangereux, s'il vient à prendre des décisions pour lesquelles il n'a pas la compétence nécessaire. Il arrive aussi que cet employé soit réellement investi de l'autorité de décision dans le domaine en question sans en avoir encore toute la compétence. S'il ne veut pas courir le risque d'un choc frontal, son responsable hiérarchique devra être diplomate tout en étant clair sur les objectifs, en cherchant à l'influencer par des conseils et à baliser le terrain pour éviter les erreurs prévisibles. Puis il l'invitera à lui présenter son plan d'action. À ce moment-là, il pourra lui confirmer qu'il prend la bonne direction ou il cherchera avec doigté à le corriger ! Un contrôle discret et subtil sera nécessaire pour être sûr que l'activité avance correctement en évitant de blesser la sensibilité de l'intéressé. Le manager devra aider ce collaborateur à acquérir les compétences.

Abordons maintenant la case 2. Dans ce cas-là, nous avons un collaborateur qui n'a d'une part pas la compétence et n'a d'autre part ni l'autorité ni l'envie de décider. C'est le cas normal du débutant. Il est possible de le faire réfléchir pour trouver les chemins les plus logiques pour réaliser la tâche demandée. Il est aussi envisageable de lui établir un plan d'action détaillé incluant des étapes d'évaluation. Dans tous les cas, une supervision étroite sera utile pour le maintenir sur la bonne voie, lui éviter des erreurs et lui permettre de rester confiant.

La case 4 correspond au collaborateur idéal. Il connaît son métier. Il est à l'aise pour prendre les décisions qui s'imposent. Il lui suffit de connaître l'objectif et les quelques informations nécessaires. Vous pourrez lui faire confiance. Il est même possible qu'il fasse cette tâche mieux que vous ! Vous pouvez éventuellement lui demander de vous faire une copie de son plan d'action pour votre propre information, et non plus pour le contrôler.

L'évolution normale d'un collaborateur est de commencer en case 2 comme débutant et de progresser peu à peu en diagonale vers la case 4 puis vers une pleine maîtrise de l'activité. C'est là le signe d'un développement harmonieux de quelqu'un qui sait être à sa place. Nous sommes tous en permanence pour certaines activités en case 2 ou en case 4, si nous envisageons notre chemin professionnel comme un chemin d'apprentissage.

Vous savez maintenant mieux comment déléguer en fonction des étapes de développement d'un collaborateur ou en fonction de sa personnalité. Quelques autres principes s'avéreront pertinents pour vous aider à réussir vos délégations.

- Déléguez tout de suite, n'attendez pas. Quand vous recevez une nouvelle mission, examinez tout de suite si quelqu'un dans l'équipe peut s'en occuper et transmettez-lui. L'erreur fréquente du manager consiste à d'abord penser qu'il fera la tâche lui-même, puis à se rendre compte, mais un peu tard, qu'il est trop chargé et enfin à la transmettre à un collaborateur qui s'en trouvera bousculé.

- Déléguez à un collaborateur une tâche qu'il pourra mener à bien, avec tout le concours et le temps que vous aurez la possibilité de lui offrir.

- Motivez-le pour cette responsabilité que vous lui confiez. S'il n'est pas intéressé, peut-être aurez-vous autre chose à lui proposer ou, mieux, cherchez à comprendre ce qui l'intéresse.

- Partez du principe que votre collaborateur a besoin de prendre confiance en ses propres capacités et de se mettre en valeur. Mettez-le en situation de réussir.

- Pour réussir, communiquez des objectifs clairs et veillez à ce qu'ils aient été bien compris. Demandez au collaborateur de vous dire ce qu'il a compris de votre demande et invitez-le à vous expliquer comment il va s'y prendre. Vous pourrez ainsi rectifier si besoin. En effet beaucoup de délégations échouent faute de clarté au départ. Le collaborateur en a fait trop ou pas assez, il était complètement ou partiellement hors sujet, ou encore il avait des ressources inadéquates…

- Si le collaborateur n'est pas encore familier avec ce genre d'activité, faites-lui préparer un plan d'action ou concevez-le avec lui. Dans tous les cas, vous contrôlerez le plan d'action avant son exécution. Vous pourrez ainsi éviter la plupart des risques d'erreur. Vous êtes dans un moment de formation.

- Convenez de moments où le collaborateur pourra vous rencontrer pour vous rendre compte du déroulement de sa délégation, pour vous demander les informations qui lui manquent et pour continuer son apprentissage.

- Dans le cas d'un collaborateur en case 4, vous pouvez aussi, pour une activité complexe, convenir d'un contrat explicite de délégation permanente, qui précisera l'objectif, les ressources, les moyens à mettre en œuvre, les délais des principales étapes, le système de relations…

- Après une délégation, pensez à évaluer les résultats obtenus, à inviter votre délégataire à s'exprimer sur son action, et à envisager les futures délégations possibles…

- Si la délégation réussit, le mérite en sera attribué au délégataire, même si vous l'avez aidé. S'il y a échec, vous en assumerez l'entière responsabilité.

- Évitez le piège de croire que vous êtes indispensable. Vous devez pouvoir vous faire remplacer, ne serait-ce que pour prendre vos congés ! Un bon manager se reconnaît à sa capacité à être entouré de personnes qui peuvent assumer ses responsabilités même en son absence !

- Reprenez votre carte de responsabilités et préparez un plan d'évolution pour les délégations. Listez en colonne toutes les activités que vous faites. Notez sur la colonne suivante le temps que chacune vous prend. Puis, notez sur une troisième colonne les noms des membres de votre équipe, candidats potentiels à une délégation de cette activité. Notez sur une quatrième colonne le temps que vous devriez investir pour les former, les accompagner et les encourager dans cette nouvelle activité. Décidez maintenant de vos investissements en temps. Vous constaterez que déléguer certaines activités vous fera gagner beaucoup de temps, et que ce gain vous permettra de préparer de nouvelles délégations.

- Faites maintenant la planification de votre plan de route pour déléguer vos activités. Choisissez de préférence les périodes moins chargées pour votre collaborateur et pour vous. La transmission se fera ainsi dans de meilleures conditions.
- Si, par la suite, vous souhaitez que l'un de vos collaborateurs vous décharge régulièrement d'une activité particulière, examinez avec lui comment sa charge de travail peut être réduite par une simplification, une amélioration, une autre délégation…
- Soyez conscient que chaque fois que vous faites progresser un collaborateur en compétence et en responsabilité, vous-même pouvez également évoluer car vous vous dégagez du temps pour vous occuper mieux de la partie essentielle de vos responsabilités et pour mieux entourer votre équipe.
- Vous devez vous méfier d'un type « particulier » de délégation, remontant vers vous depuis vos collaborateurs. Blanchard, Oncken et Burrows ont proposé la métaphore du singe désormais bien connue : un collaborateur rencontre un problème (le singe). Il vous en parle, et sans que vous vous en soyez rendu compte, le singe a sauté sur votre épaule. Vous repartez avec le singe. Votre collaborateur s'en est déchargé ! Votre rôle de manager est aussi d'apprendre à vos collaborateurs à régler les difficultés qu'ils rencontrent, plutôt que vous ne les traitiez à leur place (voir la méthode en 6 étapes exposée p. 144).

Que peut-on déléguer ?

- la gestion d'un projet (de la préparation d'un dossier jusqu'à sa gestion complète) ;
- la réalisation d'une activité (remplacement partiel ou complet pour une durée donnée, préparation de décisions, etc.) ;

- une tâche (courrier, téléphone, participation à une réunion, animation de réunion, contrôles, information, réception de visiteurs, etc.) ;
- une procédure (son exécution, sa création, son amélioration, sa mise en place, etc.) ;
- une signature pour certaines situations ;
- l'organisation du travail ;
- le contrôle du travail ;
- le soutien, la formation, le management de collaborateurs ;
- une décision sans avoir besoin d'en référer ;
- l'utilisation de certaines ressources (financières, matérielles, humaines…) d'un montant donné.

Quels sont les rôles en jeu dans la délégation ?

Il arrive qu'une délégation soit la délégation complète d'un projet. Néanmoins, dans bien des cas, les points de référence ci-après s'avéreront utiles pour y voir plus clair.

Il y a sept rôles à choisir pour une délégation, ces rôles peuvent se cumuler :

- **Proposition :** le collaborateur est invité à faire des propositions (solutions, améliorations…).
- **Exécution :** le délégant a défini le plan d'action ou la procédure. Le délégataire exécute ce qui lui est demandé dans les formes demandées.
- **Décision :** c'est la décision elle-même qui est déléguée. Ses extensions et limites doivent être précisées avec rigueur.
- **Contrôle :** contrôler l'exécution de certaines activités réalisées par lui-même ou par d'autres.
- **Coordination :** le délégataire a pour rôle de préparer, de faire réaliser, de contrôler une opération réalisée par une équipe.
- **Conseiller :** le délégataire est mis à disposition d'autres collègues pour certaines opérations, afin de partager son expérience, de soutenir, de former…

- **Renforcer :** le délégataire vient jouer le rôle de renfort à certaines périodes, lors de surcharges ou d'absences…

En vous familiarisant avec chacun de ces rôles précis, vous pourrez être de plus en plus performant pour vos délégations futures.

Quand vous recevez une délégation :
- Vérifiez que vous avez compris ce qui vous est demandé en reformulant la demande du délégant.
- Demandez-vous si vous comprenez les limites et extensions de votre rôle et de l'activité. Si besoin, demandez.
- Demandez systématiquement une date limite. Vous éviterez deux risques : l'un est de surestimer l'urgence et d'accorder la priorité à une tâche au risque de mettre en péril d'autres échéances, le second est de sous-estimer l'urgence et de vous trouver sous pression au dernier moment. Si la date n'est pas importante pour votre interlocuteur, fixez-vous personnellement une échéance réaliste qui vous stimulera.
- Profitez du moment où la tâche vous est transmise pour obtenir les informations nécessaires à votre mission.
- Pensez le déroulement du plan d'action et évaluez le temps et les délais nécessaires. Vous pourrez ainsi vous faire préciser certains points.
- Si vous considérez que cette délégation risque de mettre en péril d'autres de vos responsabilités, cherchez des solutions et, si besoin, parlez-en au délégant.
- Préparez votre plan d'action et un « dossier en cours » pour cette nouvelle activité. Transmettez le plan d'action à votre délégataire pour le tenir informé.
- Dans l'exécution et le contrôle, respectez les modalités, les formes et les délais qui vous sont donnés.

La délégation est également un moyen de contribuer progressivement à ce que l'on appelle « la recharge de fonction ». La recharge horizontale permet de développer plus de polyvalence dans une équipe ou de regrouper des tâches qui vont ensemble sur une même fonction. La recharge verticale intègre dans une fonction certaines activités exercées auparavant au niveau hiérarchique supérieur. La recharge verticale en amont consiste à intégrer des fonctions de prévision et de planification. La recharge verticale en aval intégrera des tâches de décision et de contrôle.

Que les managers qui ont de la peine à déléguer se rappellent qu'un chef d'orchestre peut n'avoir jamais joué de violon, de piano ou d'un autre instrument. Son succès dépend beaucoup de la qualité des musiciens et de leur envie de contribuer au succès de l'orchestre. Le chef n'a pas besoin de faire le travail de ses collaborateurs.

La délégation est réellement un facteur de développement pour le collaborateur et pour l'équipe. Elle a un effet démultiplicateur, en permettant que plus de travail soit réalisé par autant de personnes. Quant au responsable, elle lui permet de se recentrer sur le cœur de ses responsabilités et de diriger une équipe dont l'autonomie et la capacité augmentent.

CHAPITRE 6

COMMENT GÉRER EFFICACEMENT LE TRAVAIL À DISTANCE ?

Le travail et le management à distance sont de nouveaux concepts qui s'imposent très rapidement et remettent en question beaucoup d'habitudes de travail et de communication. Notre expérience d'accompagnement des équipes, dans le cadre du PEP, nous a conduit à considérer deux cas particuliers : celui des équipes dispersées sur plusieurs sites et celui du télétravail.

Comment vit une équipe dispersée ?

À l'heure de la globalisation, des délocalisations, de la tendance à placer du personnel proche des clients, la notion d'équipe est malmenée.

Il fut un temps où une équipe était un groupe de travail rassemblé dans un même lieu autour de son chef. Chacun avait son bureau dans un espace proche des autres membres de l'équipe. Et s'il avait à travailler hors des locaux, sitôt son action terminée, il regagnait sa base.

Il est de plus en plus fréquent qu'une même équipe soit dispersée sur plusieurs sites et que certains collaborateurs travaillent depuis leur domicile. Ceci force à modifier les règles du jeu. Le management de proximité cède la place au management à distance. Les rapports doivent être encore plus établis sur la confiance. L'autonomie des membres de l'équipe augmente.

L'interlocuteur du collaborateur n'est donc plus une personne qu'il peut rencontrer fréquemment. Les informations et les documents seront partagés d'une nouvelle manière. Les procédures, les objectifs, les plans d'action devront être clairement établis et mis à disposition de tous les intéressés. Le système de transmission et de relations va être formalisé de manière à mettre à la disposition de chacun (responsable et collaborateur) les données dont il a besoin. Le manager a besoin d'une grande capacité de communication pour se mettre à l'écoute des besoins de ses collaborateurs et pour leur apporter l'assistance nécessaire à leurs missions.

Un défi important pour le manager à distance est de maintenir ou de créer un esprit d'équipe malgré la dispersion géographique. Si un collaborateur est sur un autre site, il va tisser son réseau avec ceux qui sont proches de lui, ce qui est naturel. Pour ne pas se dissoudre avec la distance, l'équipe doit donc devenir une source de richesses, de développement, de renforcement… C'est l'un des principaux défis du management à distance.

Schématiquement, il y a trois moyens de garder le contact : le téléphone, le groupware et les rencontres.

Un appel téléphonique hebdomadaire avec ses collaborateurs éloignés est une règle que devrait se donner tout manager à distance. Les actions peuvent être ainsi passées en revue. Et s'il n'y a rien d'opérationnel à traiter, rappelez-vous qu'un collaborateur éloigné reste un être humain avec des sentiments, des émotions, des idées, des besoins d'appartenance, de valorisation et de partage, et peut-être avec un sentiment d'isolement. Je pense que manager à distance peut épurer le rôle du management pour le faire revenir à l'essentiel. Un rodage de part et d'autre est néanmoins nécessaire.

Quant à moi, managé à distance et manager à distance, j'apprécie beaucoup le fait de recevoir chaque semaine un coup de téléphone de Kerry Gleeson, le président d'IBT International. Je me sens soutenu et encouragé dans mes activités. Nous avons l'habitude de faire le point des actions en cours. Nous parlons des activités majeures, des questions qui se posent à l'un et à l'autre et parfois, tout simplement, nous nous faisons part de nos états d'âme ou de nouvelles privées et familiales.

La possibilité de la visioconférence permet à chacun de voir son correspondant tout en parlant grâce à une simple caméra placée au-dessus de l'ordinateur. Pour certaines personnes, et notamment pour les visuels, ce peut être une aide appréciable, sur le plan humain, de voir leur interlocuteur. Sur le plan technique, la visioconférence permet de montrer des documents.

Le groupware est un élément clé pour la réussite du management à distance. Nous l'avons vu et le verrons encore au sujet du bureau virtuel.

Les rencontres entre le manager et ses collaborateurs, les réunions entre des entités dispersées sont également des moments de partage importants. Il est donc préférable que la plupart des décisions simples, des échanges d'information, des rapports d'activités… passent par le groupware. Le temps de la rencontre sera ainsi réservé à des échanges plus profitables qui pourront répondre aux doutes ou aux besoins d'approfondissement, de soutien et de célébration des réussites… Le temps de parole sera réservé plus particulièrement pour ce que le groupware peut difficilement remplacer. Les besoins varient grandement selon les individus. Le manager veillera à comprendre le soutien que demandent ses différents collaborateurs distants, la fréquence des contacts dont ils ont besoin, le degré d'autonomie…

Je me souviens d'un membre de mon équipe qui avait besoin de plusieurs contacts téléphoniques par jour avec moi et de rencontres fréquentes. S'il n'avait pas ce support, il devenait peu efficace ou ne faisait rien. À la longue un tel besoin me prenait trop de temps. Il était devenu ingérable pour moi, et nous avons fait le choix d'arrêter notre collaboration. J'avais fait une erreur de recrutement. Certaines personnes peuvent vivre relativement bien le management à distance en raison de leur autonomie, de leur organisation, de leur auto-discipline… D'autres ont un long chemin à parcourir pour atteindre le même niveau.

Pour pouvoir réguler correctement cette situation nouvelle du management à distance, que vous soyez le manager ou le collaborateur éloigné, aidez-vous en établissant un tableau à double entrée selon les indications suivantes :

- Sur la colonne verticale, vous noterez en premier lieu tous les besoins du manager (besoins opérationnels, hiérarchiques, humains…) vis-à-vis du collaborateur éloigné, et en second lieu tous les besoins du collaborateur éloigné (pour mener à bien ses missions, pour survivre, pour garder son lien d'appartenance à son équipe…).
- Sur la ligne horizontale, vous noterez les moyens (groupware, téléphone, réunion…) et les acteurs (manager, secrétaire, autre personnel du site éloigné, autres ressources locales…) qui peuvent permettre la satisfaction de ces besoins.

Le tableau que vous obtenez vous aidera à être plus clair sur les attentes du manager et sur celles du collaborateur éloigné et ainsi de vérifier comment vous les satisfaites. Un tel tableau ne peut être exhaustif et doit forcément évoluer ; révisez-le de temps à autre. Si le collaborateur et son manager discutent entre eux de leur tableau, il est probable que les deux en retireront plus de satisfaction dans leur gestion de cette situation.

Un ou plusieurs collaborateurs hébergés sur un autre site deviennent de fait une entité semi-autonome. Leur manager devra leur permettre de s'organiser assez librement. Ce sera la responsabilité du manager et du collaborateur ou de l'entité de maintenir un contrat réaliste pour préciser les objectifs en quantité, qualité, délai…, ainsi que les règles du jeu. Des évaluations devront être faites régulièrement. Le rôle du manager sera d'aider le collaborateur ou la sous-équipe à fournir la prestation attendue dans le respect du contrat.

Cette expérience d'éloignement est un instrument merveilleux pour développer l'autonomie, la responsabilisation et l'engagement des collaborateurs.

Mais le manager devra être attentif à traiter son collaborateur éloigné comme il traite son meilleur client.

Et le bureau virtuel ?

Le « bureau virtuel » change profondément non seulement le lieu de travail mais bien plus la manière de travailler. Le bureau traditionnel cède du terrain. Les bureaux partagés se développent. Le télétravail se met en place. La révolution architecturale, technologique et comportementale qui gagne beaucoup d'entreprises a été possible en raison de la conjonction de plusieurs éléments, dont :
• la nécessité de limiter les coûts (particulièrement les coûts immobiliers élevés) pour faire face aux nécessités du marché ;
• le constat du grand nombre de bureaux vides pendant les heures ouvrables (le taux de présence réel des cols blancs à leur bureau varie entre 28 et 81 %[1]) ;
• la capacité des NTIC (Nouvelles Technologies de l'Information et de la Communication) ;
• les durées de déplacement du personnel ;
• le besoin d'employer des personnels éloignés qu'il est difficile de faire déménager ;
• le besoin de proximité avec le client.

Bureau partagé et télétravail

Les employés et les entreprises évoluent tantôt vers le bureau partagé tantôt vers le télétravail selon les situations et les besoins.
Qu'est-ce que le bureau traditionnel ? C'est le concept ancien dans lequel un bureau et tout son équipement sont attribués personnellement à quelqu'un, même si son occupant est souvent hors de l'entreprise ou en réunions internes.
Qu'est-ce que le bureau partagé ? Vous connaissez le jeu des chaises musicales (il y a moins de chaises que de joueurs !). Le

---

1. Eurotechnopolis Institut, *Le bureau du futur*, Dunod.

bureau partagé applique le même principe à l'entreprise : il y a moins de places de travail que d'employés. Certains professionnels (commerciaux, voyageurs, consultants, etc.) passent naturellement plus de temps chez leurs clients ou sur la route qu'assis à leur bureau. Le concept de bureau partagé offre aux collaborateurs un environnement de travail comprenant : des espaces de travail équipés (station de travail avec téléphone, ordinateur, caisson à roulettes pour le stockage des affaires personnelles), des bureaux fermés (pour les petites réunions ou pour s'isoler), des salles de conférences (pour les grandes réunions), un espace détente (pour consulter des informations, échanger, prendre une boisson, etc.). Le collaborateur réserve ces espaces à l'avance selon ses besoins.

Qu'est-ce que le télétravail ? Télétravailler consiste à travailler hors de l'entreprise (chez soi, chez le client, dans un centre administratif, dans les moyens de transport…) en utilisant les nouvelles technologies d'information et de communication. L'équipement de base du télétravailleur nomade est un ordinateur portable, un modem, une imprimante portable, un téléphone portable. L'équipement de base du télétravailleur sédentaire (travaillant chez lui) est un ordinateur équipé d'un modem, une imprimante, un scanner, une ligne téléphonique (ISDN habituellement), un répondeur téléphonique, un fax.

La Société DEC (Digital Equipment Corp.) à Genève a mené une expérience pilote avec l'une de ses équipes. Le bilan une année plus tard a montré que bureaux partagés et télétravail ont permis d'améliorer la productivité de 25 % en moyenne par collaborateur, de faire une économie de déplacement de 190 km par semaine et une économie de temps de transport de 4,7 heures par semaine par collaborateur, de passer plus de temps chez les clients (une demie heure par semaine) ; le tout pour un coût téléphonique supplémentaire de 45,60 francs suisses (environ 147 FF) par semaine et un investissement en équipement amortissable sur 3 ans à hauteur de 60 francs suisses (environ 246 FF) par semaine et par collaborateur.

Il est donc prouvé que ce type nouveau de collaboration permet des économies substantielles (économies de surfaces de travail, de transports, de temps et d'énergie), une amélioration de la productivité, une plus grande satisfaction et une plus grande souplesse pour le collaborateur qui a ainsi plus de liberté pour s'organiser.

Cependant, pour que le télétravail réussisse, plusieurs questions doivent être abordées :

• Le domicile de l'employé permet-il de travailler ? Sa famille jouera-t-elle le jeu ?

• Le collaborateur qui a été habitué à un environnement professionnel qui l'encadrait et le stimulait parviendra-t-il à adopter une discipline suffisante pour s'organiser seul ?

• Comment le collaborateur va-t-il vivre son isolement par rapport à ses collègues et à son entreprise ?

• L'encadrement saura-t-il s'adapter au management à distance ?

• Le groupware est-il suffisamment développé pour que la majeure partie du travail soit faite sur documents électroniques ?

Différentes formes de télétravail voient ainsi le jour :

– le sédentaire, appelé aussi SOHO pour « Small Office, Home Office », qui travaille chez lui, et parfois chez le client ;

– le pendulaire, qui travaille tantôt chez lui, tantôt dans l'entreprise ;

– le nomade, qui est toujours en déplacement et travaille où qu'il soit (chez le client, en voiture, en avion, en hôtel, et de temps en temps chez lui ou dans l'entreprise). Il transporte son bureau avec lui ;

– le satellisé : l'entreprise met à sa disposition pour travailler un local équipé proche de chez lui ;

– une autre variante du satellisé : il travaille à proximité de chez lui dans un centre administratif ou un bureau de voisinage. Ces solutions offrent aux petites structures toutes les facilités administratives importantes (réception, salles, équipements, cafétéria, autres services communs, domiciliation, permanence téléphonique, boîte aux lettres, parking, etc.).

Comment faire pour que le travail à distance soit un succès ?

Le type de management change beaucoup quand on passe d'un management de proximité à un management à distance. Il doit alors s'adapter à la nouvelle situation.

Pour que le concept de bureau virtuel donne satisfaction, il est de première importance que la carte des responsabilités du collaborateur soit bien définie, que les objectifs et les règles du jeu soient clairement établis et compris, et que les performances puissent être facilement mesurées.

Le collaborateur sera présent dans l'entreprise régulièrement ou selon les besoins. Cependant une présence minimale doit être convenue pour faciliter les liens humains.

Lorsqu'il y aura besoin d'organiser une rencontre entre le manager et le collaborateur ou entre deux collaborateurs, le déplacement sera planifié et l'ordre du jour sera préparé des deux côtés. Les deux seront donc mieux préparés ; la réunion sera plus efficace. Il y a là un gisement d'efficacité et de temps gagné. En effet dans le bureau traditionnel, en raison de la proximité, il est trop facile de s'interrompre mutuellement pour des raisons peu importantes ou pour des questions qui pourraient se résoudre autrement.

Lorsque le collaborateur vient dans l'entreprise, des réunions doivent être prévues. Les changements de planification en dernière minute doivent être évités. Ils risquent de désorganiser la journée entière du collaborateur qui s'est déplacé spécialement.

Le lien avec l'entreprise va être matérialisé différemment pour beaucoup de personnes. Il ne sera plus associé au lieu, mais à une entité (avec une mission, une vie, des acteurs, etc.).

L'équipe devra maintenir son caractère d'équipe, sa culture, sa motivation... bien que les rencontres soient moins fréquentes.

Le fait que les membres de l'équipe ne soient plus présents physiquement dans l'entreprise oblige à passer au concept de bureau presque sans papier. Pratiquement aucun document papier ne devrait être transmis (en raison des délais postaux). Le courrier va être scanné et transmis électroniquement au télétravailleur. Si besoin, le télétravailleur enverra son courrier à son manager pour visa et signature à travers le groupware ; et c'est seulement au moment de la signature qu'il sera imprimé sur papier pour être envoyé. Les informations doivent être bien organisées et suffisamment complètes sur les serveurs pour que chacun puisse en disposer. Les recherches de documents électroniques doivent être rendues les plus intuitives possible… Les appels téléphoniques vont être retransmis vers le télétravailleur (la technologie permet que le correspondant ne se rende pas compte que la communication téléphonique a été transférée vers le domicile de la personne qu'il demande) ou alors le message sera pris de manière complète et transmis à son destinataire par messagerie électronique.

Les éléments de base du bureau virtuel devront être intégrés par chacun :

- Comment et où réserver sa place de travail ?
- Comment transférer son téléphone ?
- Comment accéder sur les serveurs aux différentes bases de données de travail ?
- Où trouver les procédures de travail ?
- Comment utiliser sa messagerie et le groupware ?
- Quelles sont les solutions de « survie » en cas de problème informatique ?
- Comment utiliser son répondeur ?
- Comment, quand et où joindre les autres membres de l'équipe ?

Travailler depuis son domicile implique de parvenir à distinguer vie privée et travail et à gérer efficacement et harmonieusement les deux. Il y a en effet un risque de débordement dans les deux sens : risque que la vie privée interfère trop sur le travail, risque que le travail prenne trop de place sur le privé.

Les nouveaux télétravailleurs, peu habitués à cette nouvelle vie, doivent éviter de sous-estimer la difficulté que cela peut représenter de réorganiser sa vie en travaillant chez soi. C'est un nouveau rythme, une discipline nouvelle, des habitudes anciennes à perdre et de nouvelles à créer, un bouleversement de la vie familiale...

Quelques idées pour vous organiser :

• s'entendre avec les autres membres de la famille pour protéger les temps de travail du télétravailleur ;

• organiser les horaires de travail et le plan de semaine avec la famille pour donner des repères suffisamment clairs aux enfants et au conjoint et satisfaire les besoins des uns et des autres sans abuser de la flexibilité du télétravailleur à domicile ;

• profiter de l'autonomie que permet le télétravail pour arranger ses horaires et faciliter la vie familiale (accompagner un enfant à son match ou à sa leçon de musique), tout en prenant note de ses heures de travail pour pouvoir garder une perception distincte du temps privé et du temps familial ;

• donner des heures suffisamment précises au conjoint ou aux enfants qui voudraient emprunter votre ordinateur pour leurs propres besoins ;

• avoir une pièce indépendante pour le télétravail à domicile ;

• apprendre aux enfants et au conjoint à respecter le temps de travail, le lieu de travail, le matériel et les documents professionnels ; leur apprendre que, si une interruption paraît justifiée, elle est toujours possible à la condition d'entrer de manière discrète pour respecter une éventuelle conversation téléphonique professionnelle ;

• s'aider de petits rituels : dire « au-revoir » avant de partir dans sa pièce de travail, établir une structure de journée de travail avec des routines, avoir des pauses à des heures à peu près régulières hors de sa pièce de travail, faire sa planification quotidienne le soir, ranger sa table de travail avant de finir sa journée, embrasser les membres de sa famille en les retrouvant, etc. ;

• distinguer clairement heures privées et heures de travail ; penser à passer ses appels téléphoniques privés depuis une autre ligne et une autre pièce, pour marquer la ligne de démarcation ;

- téléphoner régulièrement à des moments convenus à des collègues télétravailleurs ou travaillant dans l'entreprise pour échanger des nouvelles (même quand il n'y a rien de sérieux à se dire !) ;
- organiser une téléconférence de l'équipe de travail ou d'un groupe de télétravailleurs ;
- organiser un moment de rencontre des télétravailleurs, par exemple un déjeuner hebdomadaire ;
- se fixer un nombre d'heures de travail productives et le respecter (penser à analyser la notion d'heures productives par rapport à la carte de responsabilités et aux objectifs, voir pp. 46-52).

L'équipe virtuelle éclatée et multiculturelle

La globalisation nous amène dans un nouveau monde où, non seulement il faut travailler au sein d'équipes dispersées sur plusieurs sites, mais en plus multiculturelles. Ces équipes, disséminées sur la planète et ne travaillant pas aux mêmes heures, sont composées de personnes de culture différente, parlant des langues différentes, essayant de se faire comprendre dans une langue commune souvent mal maîtrisée… Le bon manager d'une équipe rassemblée ne sera pas nécessairement un bon manager pour une équipe virtuelle multiculturelle. Travailler ou manager à distance est une nouvelle manière de travailler ou de manager, dont les références sont très différentes. Les distances ne sont pas que géographiques.

Quand un collaborateur dit « oui » à l'autre bout de la planète, cela correspond-il à ce que l'européen comprend à travers un « oui » qui signifie pour lui une claire adhésion et éventuellement un engagement à se mettre à l'action ?

Dans les échanges internationaux, chacun abandonne sa langue d'origine (sauf, bien souvent, les anglophones) et cherche à s'exprimer en anglais pour exprimer l'essentiel de son message.

Passer de la charpente à l'édifice complet, ou d'une communication minimum à un discours nuancé, n'est accessible qu'aux anglicistes confirmés. L'anglais implose en s'exposant aux autres langues. Il se métisse au contact des autres langues qu'il rencontre. Chacun, dans ses échanges avec l'international, va compléter ses lacunes avec les mots et expressions de sa langue maternelle ou d'autres langues. Il adopte naturellement la langue que l'on appelle aujourd'hui « l'europanto ». L'europanto est construit sur la syntaxe et le vocabulaire de base de l'anglais (d'un anglais simplifié), mais il se parle avec des mots, des expressions, des tournures empruntés aux langues d'origine des interlocuteurs, qui compensent ainsi leurs lacunes en anglais. L'anglais est ainsi mâtiné de toutes sortes de particularités et d'accents, et devient presque un dialecte mondial aux variantes infinies. Les linguistes pensent que c'est ainsi que va se bâtir la langue vivante mondiale, parce qu'elle se reconstruit spontanément et est en constante évolution.

Diego Marani, précurseur dans le déchiffrage de ce langage naturel composé d'un patchwork de langues européennes, définit avec humour l'europanto comme « le jazz des langues» ou encore : «Europanto ist 42% English, 38% French, 15% le rest van de UE tonguen und 5% mixed fantasia mots out from Latin, unlikely old-Greek et mucho rude Italian jurones ! »[1]. L'europanto est donc une langue qui s'invente chaque fois que deux européens de langue différente se rencontrent.

La communication internationale oblige à soigner la parole et l'écoute. Il est déjà parfois difficile de se comprendre quand on parle la même langue, que l'on appartient à la même région ou à la même profession ! La communication internationale est encore plus délicate et c'est là sa chance. Rien n'est évident lorsque l'on parle avec un interlocuteur d'une autre langue que la sienne. Par conséquent et prudemment on ne part pas du principe que ce que

---

1. Si vous souhaitez en savoir plus sur l'europanto, vous trouverez sur www.fr.ibt-pep.com/livres quelques liens vers d'autres sites qui traitent du sujet.

l'on comprend est ce qu'a voulu dire l'autre. ce que comprend mon interlocuteur n'est pas nécessairement ce que j'ai voulu dire. Il peut y avoir un sérieux décalage, voire un contresens. Le mot que j'emprunte à ma langue pour compenser une lacune en anglais ne sera peut-être pas clair pour mon interlocuteur.

Rappelez-vous que l'intention louable de vouloir nuancer son discours sera mise à mal parce que l'interlocuteur va se focaliser uniquement sur le message central. Pensez donc clairement et exprimez-vous clairement.

Pour communiquer efficacement dans votre propre europanto, exprimez-vous de manière articulée, avec un vocabulaire simple et à un rythme raisonnable, puis laissez l'autre vous répondre et reformulez ce que vous comprenez de son message. Vous aurez ainsi plus de chance de vous comprendre mutuellement. Il sera également essentiel que tous les points importants soient écrits noir sur blanc pour permettre à chacun de vérifier sa compréhension.

Dans certaines cultures, on n'ose pas parler de ses faiblesses. Dans d'autres on ne parle que de ses rêves sans les distinguer de la réalité. Dans d'autres encore on ne parle pas de ce que l'on fait. Dans certaines cultures, on juge très vite autrui ; dans d'autres, on laisse le temps à chacun de faire ses preuves…

Un manager à distance a besoin de beaucoup de tact pour s'y retrouver et être à la hauteur. Il lui faut créer un climat de confiance, de tolérance au sein de l'équipe pour faire accepter les écarts et les manières variées d'opérer, de penser et de se comporter dans les mêmes situations. La manager à distance a un triple rôle : leader, coordinateur et coach. Il porte le fanion de ralliement et le traduit pour chaque culture de telle manière que chacun sache où va l'équipe et comment. Il coordonne pour s'assurer que les informations et les meilleures pratiques circulent correctement, que les plans sont suivis et adaptés dans les délais (tout en étant attentif aux écarts d'interprétation sur la notion de temps à travers les cultures). Il sait prendre la température de ses différents équipiers et des différents sites malgré la distance et l'impossibilité de se rencontrer physiquement. Il procure les ressources à ceux qui en ont besoin. Enfin il est suffisamment à l'écoute de chacun pour lui donner le soutien nécessaire à l'accomplissement de sa mission. Grâce à ces nouveaux managers à distance, une équipe virtuelle peut devenir performante.

Pour bien comprendre la culture qui se développe actuellement, le manager à distance aura aussi à l'esprit qu'il a de plus en plus à faire à une culture de « e-lance ». Les « e-lances », en référence aux « free-lances », sont des collaborateurs distants, connectés électroniquement, et se considérant plutôt comme des indépendants et des intrapreneurs. Ils s'impliquent de plus en plus dans des réseaux de communication et de ressources, à la fois temporaires et flexibles.

Nous assistons dans ce domaine à une double évolution qui a ses paradoxes. D'un côté les collaborateurs cherchant à se mettre à leur compte sont de plus en plus nombreux. De l'autre côté, sous le jeu des alliances, des fusions ou des acquisitions, les entreprises globales deviennent géantes et ne tiennent plus compte des frontières. Elles semblent déjà tentées d'organiser l'humanité et d'amener une partie de la population à se sentir plus citoyens de leur entreprise que de leur propre pays. Dans les grandes entreprises, les niveaux de décision sont en train de descendre de plus en plus vers les bases. En effet identifier les nouveaux besoins des clients et trouver les moyens d'y répondre rapidement est la performance la plus valorisée actuellement. Cette connaissance est plus le fait de ceux qui ont le contact avec le client. Les entreprises géantes se découpent volontairement en plus petites unités et développent massivement l'outsourcing. De petites sociétés peuvent facilement paraître grandes et internationales. Enfin les entreprises de travail temporaire sont florissantes.

La prise de décision centralisée et la structure bureaucratique s'estompent. Le self-management s'impose et devient un phénomène culturel. Pour illustrer cette tendance, examinons ce qui se passe avec Internet. Internet est un fabuleux outil qui s'est mis en place au cours des dernières années. Sa capacité n'arrête pas de grandir de manière exponentielle alors que l'on prédisait sa saturation et son incapacité à absorber l'augmentation des connections, des flux et des volumes de données. Personne n'est propriétaire d'Internet, personne ne dirige Internet, personne ne décide des stratégies d'Internet, personne ne contrôle Internet. Internet est un exemple de self-management. Pour que ce fonctionnement puisse être opérationnel, il nécessite des individus engagés, des règles du jeu claires, des systèmes de décision décentralisés, des systèmes de résolution des conflits, des standards respectés... Ce nouveau paradigme semble désigner à l'avenir les self-managers qui appartiennent à une communauté en réseau qu'ils ne contrôlent pas et que personne ne contrôle. L'avenir nous le dira. Des comportements inédits sont en train de se tester de manière spontanée. Internet est encore un grand laboratoire économique.

Les ornithologues expliquent que, dans un vol en groupe, les oiseaux adoptent des comportements standardisés, ce qui donne une structure organisée. Tout le groupe d'oiseaux peut subitement changer de direction. Les bancs de poissons semblent se comporter de la même manière. Quand nous observons un vol d'oiseaux migrateurs organisé selon la célèbre formation en V, nous pouvons penser qu'il y a un leader, celui qui est en avant. En fait, il n'est pas plus important qu'aucun des autres oiseaux de la formation. Chacun fait partie du modèle qu'ensemble ils forment, chacun est créateur de la formation et lui est nécessaire. Toutes proportions gardées, il semble que notre futur va dans cette direction. Si cela est vrai, la capacité d'organisation personnelle des individus va devenir encore plus nécessaire pour pouvoir rester en phase avec les réseaux. Chacun aura de moins en moins derrière lui un chef qui le poussera, qui lui dira ce qu'il faut faire, qui le contrôlera... Le bonheur ! penseront certains... Mais aussi la responsabilité et l'engagement personnel... face à l'autonomie.

Une équipe virtuelle multiculturelle efficace est une valeur ajoutée considérable pour une entreprise qui opère sur les marchés internationaux. Les clients sont mieux compris, quelles que soient leurs cultures. L'innovation s'enrichit de références et de manières de penser différentes … Les collaborateurs vivent de plus en plus en autonomie. Le réseau croît de manière spontanée… L'interface universelle est construite.

CHAPITRE 7

COMMENT ÉVALUER
LE TRAVAIL COLLECTIF ?

L'évaluation et la transparence du travail collectif permettent à l'équipe de renforcer sa solidarité et à chacun de trouver sa place. Elles renforcent la communication des objectifs et des moyens pour les atteindre.

Renouvelez les systèmes d'évaluation habituels ! S'ils ne sont conçus que pour amener de l'information à la hiérarchie, ils seront malheureusement limités. Introduisez des ruptures dans la tradition de l'évaluation ou des tableaux de bord et faites-en enfin un outil moderne et performant. L'évaluation faite par l'équipe elle-même lui permettra de se donner les moyens de progresser de manière participative et de devenir une équipe apprenante.

Les formes du travail changent rapidement. Lieu, temps, équipe, manager, sécurité de l'emploi... ne sont plus des éléments immuables. De nouveaux repères sont à trouver et l'évaluation en est un. Nous avons vu des possibilités d'évaluation individuelle dans la partie précédente. Évaluer le travail de l'équipe en est une autre.

Le tableau de bord de l'équipe

Kaplan et Norton[1] expliquent de façon implacable dans un article sur les tableaux de bord : « si vous ne pouvez pas le mesurer, vous

---

1. R. S. Kaplan et D. P. Norton, *The Balanced Scorecard : Translating Strategy into Action,* Havard Business School Press.

ne pouvez pas le gérer». Selon les valeurs de l'entreprise ou de l'équipe, selon la pertinence des critères d'évaluation, établissez votre grille d'évaluation. Faites-la simple, originale, parlante. Faites en sorte que les données qui l'alimentent soient faciles à obtenir.

Pour vous inspirer et créer le système le mieux adapté à votre situation particulière, le tableau de bord de votre équipe ou de votre entreprise peut contenir trois éléments :

1. Les fondements stables

Trouvez les indicateurs adéquats pour mesurer les performances passées, présentes et futures. L'évaluation financière est souvent le seul instrument de mesure sur les tableaux de bord et, malheureusement, si elle reste incontournable, elle a tendance à être centrée sur le passé et à ne pas suffisamment rendre compte des performances actuelles et futures qui se concrétiseront financièrement plus tard. Repérez donc des indicateurs qui fourniront une base plus large, plus dynamique et plus stimulante pour toute l'équipe.

- Les performances du passé :
  - évaluation financière habituelle,
  - évaluation des outils de production, etc.,
- Les performances du présent :
  - évaluation de la clientèle : volume, augmentation, degré de satisfaction, etc.
  - évaluation du personnel : courtoisie et capacité à inspirer confiance aux clients, degré d'écoute du client, capital intellectuel, degré de satisfaction, etc.,
  - évaluation des processus et de la production : quantité, qualité, respect des délais, etc.
- Les performances du futur :
  - évaluation du renouvellement et du développement, de l'innovation et de l'apprentissage : formation ;
  - transfert de connaissances ;
  - comparaison des pourcentages de suggestion de la clientèle et du personnel, du pourcentage de nouveaux

services ou produits, de la vitesse de développement de ces nouveaux produits ou services, du pourcentage d'amélioration de processus ;
– état des planifications ;
– degré d'anticipation…

2. Les défis

Votre équipe s'est donnée des défis particuliers, mesurez votre avancée par rapport à ces défis. Votre équipe veut donner un coup de projecteur ponctuel sur un aspect non analysé de vos activités, trouvez des indicateurs adéquats. Vous pourrez ainsi mieux connaître ce que vous faites et vous pourrez éventuellement décider de nouveaux défis sur d'autres zones de vos activités.

3. L'évolution

Comment vous positionnez-vous par rapport aux autres dans les secteurs semblables ou voisins ? Comment vous positionnez-vous sur les carrefours des choix qui seront à faire dans le futur ?

• Faites un état des lieux en mesurant ce qui est mesurable et en appréciant qualitativement ce qui est difficile à quantifier. Les objectifs donnés à votre équipe dans le cadre de la marche de l'entreprise devront être pris en compte et d'autres éléments peuvent être rajoutés. Restez sur des choses simples à comprendre et simples à mesurer.

• Stimulez l'équipe pour qu'elle mette au point des ratios non financiers afin de sortir des routines des tableaux de bord.

• Déterminez de manière participative les zones rouges (résultats très insuffisants), oranges (résultats limites) ou vertes (bons résultats) de votre tableau de bord en fonction des différents paramètres. Vous aurez ainsi des objectifs collectifs qui vous aideront à suivre la marche de votre équipe.

L'analyse périodique de votre tableau de bord vous permettra de voir les dysfonctionnements et d'y remédier dès qu'ils surviendront. Leur traitement sera plus facile si vous intervenez très tôt. Vous gagnerez ainsi encore en temps, en énergie et en plaisir.

En outre, cette analyse se fera de manière à repérer les meilleures pratiques, à les traduire en modèles et à les reproduire.

Ce tableau de bord, un peu spécial, taillé sur mesure, devra mettre en évidence la capacité de votre équipe à être performante maintenant ou à court terme. Bien plus encore, il révélera également la capacité de votre équipe à être flexible et à s'adapter aux changements prévus ou imprévus auxquels elle peut être amenée à faire face à moyen et long terme (augmentation de volume, nouveaux critères de qualité, nouvelles orientations stratégiques, etc.). Une solution groupware comme *Focal Point* pourra vous aider (voir p. 276).

Bien se manager en équipe, c'est respecter les autres

Mieux s'organiser en équipe permet d'étendre son efficacité personnelle à un nouveau cercle, celui de l'équipe. Développer l'efficacité au niveau de l'équipe, c'est mieux respecter les autres.

Chacun travaille pour des raisons économiques mais aussi pour sa satisfaction et son épanouissement personnels. Or, une équipe mieux organisée, efficace, qui progresse et se préoccupe du bien-être et de la satisfaction de ses membres, c'est une équipe dans laquelle il est agréable de travailler, qui apporte une forte valeur ajoutée à ses clients, à ses membres, aux actionnaires de l'entreprise. Grâce à elle, le cercle vertueux se renforce et s'élargit.

Résumé de la deuxième partie

LES SECRETS DE L'EFFICACITÉ COLLECTIVE

Pour être plus efficace en équipe, intégrez rapidement les leviers de l'efficacité collective :

➤ gardez le cap fixé ;

➤ gérez l'information et la connaissance efficacement en les rendant facilement accessibles par chacun ;

➤ améliorez les processus et les flux de travail en rendant plus simple tout ce que vous pouvez simplifier ;

➤ donnez les moyens à votre équipe de faire tout, tout de suite ;

➤ planifiez le travail en équipe ;

➤ rendez vos réunions efficaces ;

➤ rendez vos délégations efficaces ;

➤ établissez sur votre groupware un forum d'échange sur l'amélioration de l'efficacité de l'équipe. Prenez un bref moment à chacune de vos réunions périodiques pour améliorer constamment votre efficacité collective, en vous rappelant que l'efficacité se décline sur trois registres interdépendants : la productivité, la qualité et la satisfaction de l'équipe.

LES SECRETS DE L'EFFICACITÉ AVEC LES NOUVELLES TECHNOLOGIES DE L'INFORMATION ET DE LA COMMUNICATION (NTIC)

OBJECTIFS DE LA PARTIE
• Comprendre ce que sont les NTIC
• Comprendre le groupware
• Comprendre en quoi le groupware révolutionne le travail d'équipe
• Réussir l'arrivée du groupware dans son équipe
• Être un utilisateur efficace du groupware

LES NOUVELLES TECHNOLOGIES DE L'INFORMATION ET DE LA COMMUNICATION

On parlait auparavant des NTI pour les Nouvelles Technologies de l'Information. Depuis quelques années, on a dû rajouter un C et passer ainsi aux NTIC, sigle qui signifie Nouvelles Technologies de l'Information et de la Communication.

Avec les NTIC, c'est une ère nouvelle qui s'ouvre. Ce n'est pas seulement un ensemble de technologies qui changent, ce sont les mentalités qui évoluent, les comportements qui s'adaptent, les modes de vie qui changent…

Alors que l'électrification a pris un demi-siècle pour se mettre en place et modifier profondément nos modes de vie ainsi que nos paysages, il a suffi de quelques années pour que les NTIC envahissent notre société, nos bureaux et maintenant nos domiciles…

Les changements de société sont profonds, ils touchent le monde économique, nos rapports à l'argent, notre conception du travail, notre manière même d'être rémunéré, notre gestion du temps et de la distance…

Pour nous laisser impressionner par la rapidité des évolutions, rappelez-vous que la puissance des ordinateurs a augmenté à un rythme constant au cours des 30 dernières années. La loi de Moore (Gordon Moore, cofondateur d'Intel) a depuis 1965 permis de prédire le doublement tous les 18 mois du nombre des transistors dans un circuit intégré. Et Andrew Grove, ex P.-D.G. d'Intel, annonçait dès 1996 la commercialisation en 2011 d'un processeur capable de réaliser 100 milliards d'opérations par seconde (1 milliard de transistors fonctionnant à 10 GHz, avec une technologie de gravure 0,07 micron).

Les NTIC entraînent des bouleversements à tous les niveaux de l'entreprise par :

- la mise à disposition de l'information à un large du public grâce aux réseaux Internet ;
- l'amélioration de la coopération dans les équipes et de la capacité à répondre rapidement et mieux aux demandes des clients grâce à Internet et au développement des réseaux Intranet et du groupware ;
- l'augmentation des possibilités de travail à distance et des capacités de communication ;
- la possibilité de réaliser des liaisons informatisées avec les fournisseurs et les clients, ce que l'on appelle en général Extranet ;
- la capacité d'automatisation de plus en plus grande ;
- la gestion d'immenses bases de données ;
- l'essor d'une économie basée sur le management de la connaissance et sur le développement des valeurs ajoutées immatérielles ;
- le renforcement des aides technologiques à la prise de décision ;
- l'apparition du commerce on-line (e-commerce), du marketing on-line (e-marketing) et le développement des possibilités de vente directe ;
- l'explosion des centres d'appels téléphoniques : télémarketing, télévente, service client, d'aide après-vente… ;
- la transformation des métiers par le développement du multi-média.

CHAPITRE 2

QU'EST-CE QU'UN GROUPWARE ?

Avec le groupware, vous allez pouvoir donner une nouvelle dimension au travail d'équipe, une dimension beaucoup plus étendue, plus facile, plus performante. Collaboration, Coopération, Communication sont enfin facilitées par cette technologie qui vous permet d'être là quand vous êtes absent, de voyager sans vous déplacer, d'avoir sous la main les données nécessaires n'importe quand et n'importe où, de savoir ce que les autres veulent communiquer et de leur répondre immédiatement. Les technologies nouvelles vous permettent de travailler depuis votre domicile, depuis chez un client, depuis le bureau, depuis votre voiture, dans un avion ou un train, depuis l'autre bout du monde... Le groupware transforme complètement la manière de travailler avec les autres.

D'Internet au groupware, il y a un grand pas

Sur internet, vous communiquez avec qui vous voulez à travers une messagerie. Vous pouvez également faire usage des gigantesques bases de données et de documents du Web, vous avez la possibilité de participer à des « newsgroups » (en mode asynchrone) ou encore à des « chats » (que l'on pourrait traduire par « papotages », en mode synchrone). Vous êtes connecté à la grande communauté des « internautes ».
Le groupware est encore actuellement plus discret et moins connu. Il se prête particulièrement bien aux besoins en commu-

nication électronique de groupes constitués (une entreprise, une équipe de travail, un ensemble de personnes réunies autour d'un projet ou d'un centre d'intérêt). Il structure les échanges, les flux de travail, les flux de documents, le stockage des informations. Il est universel et accepte des documents issus de logiciels différents. Vous pouvez aussi y travailler en étant déconnecté.

La messagerie électronique n'est qu'un des outils utilisés, mais ne constitue pas un groupware en soi. Les entreprises qui n'utilisent que la messagerie électronique ne travaillent pas en groupware. Le partage de bases de données, de tableurs ou de fichiers n'est pas non plus le groupware. Toutes ces formes de travail électronique en commun peuvent cependant constituer une étape de cheminement vers le groupware.

Groupware – intranet – extranet – internet ?

Différentes formes de communication électronique sont inclues dans ces quatre termes.

Internet. L'internet est un réseau public de systèmes informatiques reliés entre eux utilisant les systèmes de télécommunication publics et est accessible à quiconque. Il est organisé autour d'un protocole TCP/IP (pour Transmission Control Protocol/Internet Protocol). Ses débuts ont une trentaine d'années. Les « internautes » connaissent internet principalement par certaines de ses fonctions : la messagerie électronique, les « chats » (pour des conversations écrites en direct), la téléphonie par internet et surtout le « World Wide Web » (le « Web » ou la « Toile » avec son langage hypertext qui permet de consulter aisément et rapidement de grands volumes d'informations).

Extranet. Un extranet est un réseau réservé à une « communauté » et qui utilise également le Protocole Internet et les réseaux de télécommunication publics. Il permet de partager de l'information d'une manière sécurisée. Pour le décrire rapidement, disons que c'est comme Internet, mais il faut une identification et un mot de passe pour pouvoir accéder et partager l'information avec un groupe privé. Une entreprise peut ainsi échanger des informations avec ses partenaires (conception d'un nouveau projet par exemple), ses fournisseurs (échange de données, état des stocks, etc.), ses clients (services ajoutés, informations complémentaires sur les produits acquis, mises à jour, etc.), ses distributeurs (partage des catalogues de produits et services, des mises à jour des tarifs, des particularités de développement, des feed-back provenant du contact avec la clientèle, etc.). Une communauté d'intérêt peut partager grâce à un extranet de l'information (un groupe santé, une université, un club de sports, une famille, etc.).

Intranet. Un intranet est un réseau propre à une entreprise qui utilise habituellement les protocoles Internet. Il est l'outil électronique de lien entre les collaborateurs « connectés » d'une même entreprise qui peuvent ainsi avoir accès à un ensemble d'informations. Le plus usuellement les intranets offrent une présentation de l'entreprise, de ses différents départements, de ses produits/services, et généralement la liste du personnel avec fonctions et numéros de téléphone (ou annuaires), la réservation de salles de réunion, les informations concernant les Ressources Humaines ou autres, les événements de l'entreprise, les menus de la cafétéria, etc. Les passerelles vers internet posent cependant des problèmes de sécurité en raison des risques d'intrusion de l'extérieur via la passerelle.

Groupware. Le Groupware est un ensemble de technologies logicielles qui facilitent le travail de coopération en équipe d'une manière complète et unifiée, en mode synchrone ou asynchrone, quelle que soit la localisation du collaborateur, en permettant à la fois :

    – de *coordonner* les processus, les flux de documents, les formulaires électroniques, les agendas et les plannings ;

– de *collaborer* en partageant les informations grâce à des bases de références et à des forums de discussion ;
– de *communiquer* par la messagerie ou autre avec collègues, clients, fournisseurs… de manière organisée et souple.

Le groupware, cerveau collectif de l'entreprise

Grâce au groupware, c'est l'entreprise toute entière qui se transforme en un fabuleux cerveau collectif, géant, unifié et enrichi de la diversité de tous. C'est la grande mutation.

Le mot « groupware » semble être apparu la première fois en 1981 dans un article de Trudy et Peter Johnson-Lenz. Ils ont défini le « groupware » comme un ensemble de procédés et procédures d'un groupe de travail pour réaliser des objectifs spécifiques, et qui intègre des outils logiciels conçus spécialement pour assister et faciliter le travail de groupe.

Depuis cette époque les choses ont bien évolué, et c'est seulement dans les années 90 que l'on commença à parler sérieusement de « groupware ». Actuellement le terme groupware est parfois remplacé par le sigle ICE pour « Network/Web Integrated Collaborative Environment software ».

Si l'on se réfère au fameux principe du théâtre classique (unité d'action, de temps et de lieu), nous pouvons considérer que, dans une entreprise ou dans une équipe, il y a unité d'action. Le groupware va cependant relativiser les notions d'unité de lieu et de temps. Pour le comprendre, il est intéressant de se reporter au diagramme de Johansen qui permet de mieux cerner les interactions rendues possibles par le groupware. Idéalement le groupware devrait permettre de travailler en équipe « n'importe où et n'importe quand », c'est-à-dire dans les quatre cas du diagramme suivant :

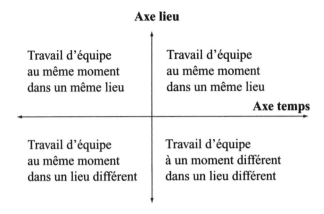

Fig. 23 : Concepts de lieu et de temps dans le groupware

Le groupware permet également de mieux gérer les différents types d'interactions au sein d'une équipe, et ainsi de mieux respecter les différents besoins de communiquer l'information et de la mettre à disposition de la bonne personne. Le diagramme ci-dessous met en évidence les différentes formes de communication auxquelles répond le groupware.

Communication d'individu à individu	Communication d'un individu vers plusieurs
Communication de plusieurs vers un individu	Communication de plusieurs vers plusieurs

Fig. 24 : Groupware et formes de communication

Ce tableau montre immédiatement comment la messagerie électronique serait incomplète sans le groupware. Dans le cas de la communication de plusieurs vers plusieurs (situation avec le plus d'acteurs), si vous utilisiez la messagerie, vous créeriez un encombrement monumental et un dérangement inutile des collègues en raison d'un nombre de messages individuels très importants. Le groupware répond de manière simple à ce besoin et permet un saut qualitatif et quantitatif, l'évolution est majeure.

Nous verrons plus loin en détails comment s'appliquent ces notions.

Cette capacité technologique du groupware d'être le centre potentiel des actions et des interactions, en tout lieu et en tout temps, en fait une sorte de cerveau collectif recevant les ordres, traitant, transmettant, coordonnant…

Les apports du groupware

1. Le premier grand intérêt du groupware est incontestablement d'offrir l'espace électronique qui permet de travailler ensemble en des lieux différents et à des moments différents, ou selon la formule consacrée, « travailler ensemble quand on n'est pas ensemble ». L'asynchronicité remplace la synchronicité. Chacun contribue depuis là où il est, quand il veut et à son rythme. En découvrant l'univers du groupware, vous désintégrez les lois de l'espace et du temps, et vous rentrez dans un nouveau monde.

2. Les technologies du groupware permettent de faire des économies. On peut estimer que l'envoi d'un message électronique coûte 20 fois moins cher que l'envoi d'un fax, le traitement informatique d'une commande coûte 10 fois moins cher qu'un traitement papier… Le groupware peut éviter des voyages, diminuer les temps de réunion, accélérer et optimiser les décisions, limiter ou faire disparaître les copies papier… Ces avantages financiers sont multiples et s'appliquent à tous les domaines.

3. Dans certains cas, pour des entreprises installées dans plusieurs pays, le groupware peut permettre le travail sans interruption (24 heures sur 24 et toute la semaine) sur certains projets. IBM a pu ainsi révolutionner la gestion de projet en mettant au point une nouvelle conception de travail en équipe à travers le groupware. Pour qu'un projet puisse se développer

rapidement, IBM crée une équipe projet disséminée le long des fuseaux horaires, de telle manière que lorsqu'une équipe quitte ses bureaux, une autre équipe dans un autre pays a pris le relais. Le projet se développe sans interruption, de relais en relais. Les délais de développement se réduisent considérablement. Avec une idée proche, une entreprise néerlandaise, dont le patron ne voulait pas que son personnel travaille le dimanche, ni la nuit (en raison de ses convictions religieuses et humaines), a organisé ses équipes sur différents pays de telle manière que n'importe quel jour de la semaine et à toute heure, de jour comme de nuit, une personne compétente puisse répondre téléphoniquement à tout client où qu'il soit. Un système astucieux de renvoi des communications téléphoniques selon les heures, associé à un groupware efficace, permet une telle organisation brillante.

4. Le groupware a les moyens de faire avancer une équipe vers le « bureau sans papier ». Cependant il devra être accompagné d'une révision courageuse des habitudes de travail. Les fournisseurs de papier prétendent que leurs meilleurs clients sont les entreprises les plus informatisées !

5. Le groupware va encore plus loin que le « bureau sans papier », il pousse au « bureau sans bureau » ! L'espace traditionnel de travail est remis en question ; de nombreux professionnels deviennent équipés électroniquement pour travailler n'importe où.

6. Le groupware fournit le support idéal pour que la circulation et le partage d'informations dans l'entreprise s'effectuent de façon flexible, légère, rapide et transversale. Il est l'instrument idéal pour le management de la connaissance, devenue la matière première la plus précieuse.

7. Le groupware renforce le passage de la productivité individuelle à la productivité collective.

8. Le groupware est un véritable outil coopératif. Il répond de manière puissante au changement de paradigme qui se produit dans le monde du travail. Par exemple, la connaissance

ne réside pas seulement dans le partage d'informations sur des bases de données, mais aussi dans une possibilité infinie d'apprendre et d'échanger à travers les réseaux de relations personnelles que génère le groupware. La notion de réseau prend alors toute sa dimension.

9. Le groupware est beaucoup plus un lieu de partage de production (donc actif) qu'un lieu de partage d'informations (qui serait relativement passif). Auparavant la logique des banques de données informatives impliquait une structure contraignante. À la vitesse où les choses se développent actuellement, ces structures contraignantes devenant trop lourdes, le groupware introduit une logique de la relation comme centre de l'entreprise (sans oublier naturellement les partages d'informations). Il amène la souplesse et développe une culture du partage. C'est pour cette raison que son arrivée dans une entreprise représente un choix stratégique important, c'est beaucoup plus que le simple choix d'un outil informatique.

10. Le groupware apporte avec lui un nouveau style de management. Ce que des générations de managers humanistes ont eu de la peine à faire passer dans de nombreux pays, la technologie du groupware est en passe de le réaliser : il s'agit de la révolution culturelle du management. Les enquêtes montrent que les sociétés mettant en place un groupware accélèrent leur passage d'un management de hiérarchie verticale affirmée vers un style de management plus transparent, ouvert, horizontal et participatif. La mentalité classiquement « insulaire » en matière de management qui consistait à asseoir son pouvoir sur l'information détenue est amenée à évoluer vers une philosophie du partage de l'information. La nécessité pour les entreprises d'être compétitives et de partager les informations pour des prises de décision efficaces et rapides peut maintenant s'appuyer sur l'outil technologique pour accélérer les mutations.

L'explosion du groupware

L'IDC (International Data Corporation) rapporte qu'à fin 1998 les solutions groupware avaient 84 millions d'utilisateurs au niveau mondial. L'IDC a observé que, durant le seul premier semestre 1999, ce total a été augmenté de 21 millions de nouveaux utilisateurs. À l'inverse, est constatée une tendance à la diminution des solutions de messagerie électronique seule pour entreprises (au profit des solutions groupware). Le marché français est l'un des plus dynamiques qui soient en Europe, les ventes de groupware ont augmenté en France de plus de 100 % entre 1997 et 1998 alors que ce n'était encore que 16 % des « professionnels de la connaissance » (les « Knowledge Workers ») qui utilisaient le groupware à fin 1998. L'IDC prévoit en outre un taux annuel de croissance du groupware de l'ordre de 21 % sur l'Europe jusqu'en 2003. C'est l'explosion du groupware !

Pour le marché français, l'IDC annonce des prévisions de taux de croissance étonnants : le nombre de professionnels reliés à internet se multiplierait par 3,5 entre 1998 et 2002 et passerait donc de 1,3 million à 4,6 millions d'utilisateurs professionnels. Le même institut d'analyse de marché prévoit que la pénétration de l'intranet dans les entreprises françaises sera multipliée par 3 dans les entreprises de plus de 1000 employés, par 5 dans les entreprises de 200 à 999 collaborateurs et par plus de 6 dans les PME de 20 à 199 salariés.

L'ensemble de ces données exprime à quel point le groupware devient aujourd'hui un choix stratégique capital pour les entreprises qui veulent être efficaces et compétitives. Certaines ont déjà pris une avance significative.

Les groupwares proposés sur le marché

Selon IDC, le peloton largement en tête des solutions groupware les plus utilisées au niveau mondial est tenu par Lotus Domino/Notes, Microsoft Exchange et Novell Groupwise. D'autres acteurs divers se partagent actuellement la très faible part de marché restante ; il s'agit de Netscape Communications, Open Text, SoftArc, TeamWare, FirstClass, SuiteSpot ICE, Interoffice, etc.

Parmi toutes ces solutions, il n'y a pas de solution parfaite en soi. Il y a simplement une solution qui convient mieux à certains besoins. Chacune a ses forces et ses faiblesses, ce qui est fabuleux pour une entreprise peut être cauchemardesque pour une autre.

Le marché européen est largement dominé par Lotus Domino/Notes. Sur le marché français en 1998, Lotus réalise 61,8 % des ventes, Microsoft 30,8 %, Netscape 3,6 %, Novel 2,7 %.

Lotus est le réel innovateur, fer de lance et leader dans le groupware. Sa configuration Lotus Domino/Notes permet de l'utiliser à la fois pour le groupware, l'intranet, l'extranet et l'internet, en assurant une solution globale et homogène. Son avance technologique et sa pénétration dominante dans les entreprises nous a amené à faire le choix de présenter plus en détail le groupware à travers cette solution.

L'architecture des « 3 C » : Communication, Collaboration, Coordination

Lotus Domino/Notes nous semble le meilleur outil technologique pour vivre le changement de paradigme dont nous avons parlé dans l'introduction de ce livre. Le tableau ci-après montre certaines des évolutions auxquelles nous assistons.

DE	VERS
Synchrone	Asynchrone
Papier	Multimédia
Production individuelle	Production collective
Physique	Virtuel
Mono-équipe	Multi-équipes
Écrit structuré	Écrit interactif
Information	Connaissance
Désordre, vrac	Ordre
Empilage	Structuration
Oubli	Présence
Consultation	Production

Le réel groupware se présente sous l'architecture des 3 C (Communication, Collaboration, Coordination). Chaque « C » dispose de ses propres outils. La Communication bénéficie d'une messagerie électronique évoluée. La Collaboration dispose d'un espace de travail virtuel et partagé (la salle de réunion). À partir de règles et de procédures de workflow (flux de travail), la Coordination permet le fonctionnement des équipes de travail qui communiquent et collaborent entre elles. Cette architecture prend en compte l'environnement des équipes de travail et inclut les travailleurs nomades, les télétravailleurs, et également les communications avec l'extérieur de l'entreprise.

Chacun des 3 C dispose d'outils adaptés pour stocker et gérer la mémoire vivante de l'entreprise sous différentes formes (messages, documents, formulaires, rapports…). Chacun des 3 C dispose d'un modèle d'accès et de distribution basé sur la « réplication » qui achemine, coordonne les données entre les différents lieux et différentes personnes tout en tenant compte de règles d'accès sécurisé selon les informations.

Les solutions groupware
face aux problématiques des entreprises

Les technologies de Lotus Notes se développent sur la base d'une vision générale. Les entreprises peuvent avoir différentes tailles ou structures et donc différents besoins de communication, collaboration et coordination qui leur sont propres. Le schéma suivant permet de clarifier les grandes familles de besoins auxquels répond Notes.

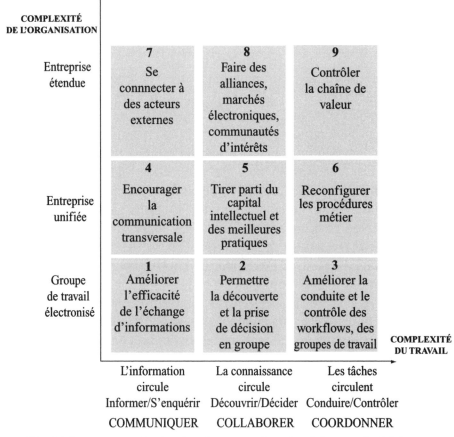

Fig. 25. La structure des besoins des entreprises face à la complexité de leur organisation et de leur travail (schéma Lotus)

Nous voyons sur cette grille (Figure 25) que les entreprises ou organisations peuvent se découvrir à travers deux axes : celui de la complexité de leur organisation (équipe de travail, entreprise unifiée, entreprise étendue) et celui de la complexité de leur travail (besoin de communiquer l'information, de collaborer au niveau des connaissances, ou de coordonner les tâches).

Ces quelques exemples d'application ci-dessous se répartissent en 9 tiroirs ou familles de besoins et illustreront cette grille de compréhension.

Communication

Tiroir 1 : La performance de l'entreprise est améliorée en permettant à ses équipes de travail d'échanger des informations et de partager des documents.

Tiroir 4 : Pour un développement cohérent et performant, l'entreprise fait circuler l'information entre ses différents sites et départements.

Tiroir 7 : Pour maintenir un lien efficace avec ses employés dispersés, l'entreprise fait communiquer l'information en bi-directionnel.

Collaboration

Tiroir 2 : Des dirigeants dispersés géographiquement améliorent leurs prises de décision collectives.

Tiroir 5 : Des spécialistes dispersés d'une même entreprise mettent en commun leurs connaissances, expériences et meilleures pratiques.

Tiroir 8 : Des groupes, des réseaux, des entreprises, des communautés font circuler leurs informations, leurs connaissances et leurs expériences, complètent leurs recherches…

Coordination

Tiroir 3 : Dans une entreprise ou une équipe, les flux de travail sont performants parce que les tâches sont bien coordonnées, les séquences de traitement sont définies et respectées.

Tiroir 6 : Une entreprise révise ses procédures de travail de manière concertée avec ses différentes implantations.

Tiroir 9 : Une entreprise associe sa clientèle dans son schéma de coordination, c'est-à-dire que le client peut intervenir directement dans le processus d'innovation, de production, de distribution… C'est ce qui permet la production personnalisée par exemple.

Pour satisfaire ces différents besoins, Notes se présente comme un outil évolutif complet. Dans la grille suivante (Figure 26), nous retrouvons la structure de la figure précédente et les solutions technologiques Notes complétant chaque carré.

Les recherches et développements concernant Notes sont actuellement très orientés sur les 4 tiroirs de la partie supérieure droite (tiroirs 5-6-8-9).

Lotus Notes a fait connaître le groupware et a pris un avantage indéniable. Il s'est positionné dès ses débuts comme le leader du marché du groupware. En effet sa vision globale des besoins des entreprises et sa grande avance technologique dans le domaine lui ont fait développer des outils qui répondent parfaitement bien aux différents besoins du travail en équipe (équipe étroite ou réseau élargi) : collaboration, coopération, communication.

L'une des révolutions de cet outil a été de proposer un concept de partage de documents au lieu du concept ancien de duplication de documents. Ainsi a été rendu possible un véritable bond en avant avec la dématérialisation, la réplication et le partage de documents (qui permettent le travail asynchrone) ainsi que l'intégration des moyens et techniques de communication dans un ensemble homogène…

L'approche visionnaire et technologique de Notes lui donne une avance incontestable à l'heure actuelle.

Tiroir 7	Tiroir 8	Tiroir 9
Communication inter-entreprises	**Communautés électroniques**	**Innovation de la chaîne de valeur**
E-mail inter-entreprises. Publication électronique. Innovation dans l'EDI (Échange de Données Informatisées entre entreprises).	Marchés électroniques. Opérations d'alliances. Communautés d'intérêt. Enseignement interactif distribué.	Intégration du client, du réseau de distribution et des fournisseurs. Création de marchés à partir du réseau.
Tiroir 4	Tiroir 5	Tiroir 6
Communication interne	**Gestion de la connaissance**	**Innovation des procédures d'entreprise**
E-mail d'entreprise. Références globales. Agenda et planning d'entreprise.	Communautés de pratiques. Décisions à partir de la connaissance. Développement des compétences. Architectures de connaissance.	Reconfigurations du traitement des commandes, de la conception des produits, des achats ou d'autres procédures horizontales.
Tiroir 1	Tiroir 2	Tiroir 3
Communication interne	**Collaboration de groupe**	**Innovation des procédures de goupe**
E-mail au sein de l'équipe. Références d'équipe. Agenda et planning d'équipe.	Renforcement d'équipes. Discussions électroniques. Création de documents.	Automatisation des forces de vente. Automatisation des opérations internes. Reconfiguration des procédures verticales.

Fig. 26 : *Les solutions technologiques de Notes pour relever les défis des évolutions du monde économique*

CHAPITRE 3

UTILISEZ VOTRE GROUPWARE
DE MANIÈRE CRÉATIVE ET EFFICACE

L'utilisation au quotidien du groupware va permettre de faire passer par le média électronique une grande partie des échanges. Certaines personnes peuvent s'effrayer devant l'irruption de la technique, souvent qualifiée de froide et inhumaine, dans les communications et les échanges d'informations. L'arrivée du téléphone a pourtant permis, dans le passé, de multiplier les contacts avec les proches ou avec de nouveaux réseaux. Les technologies des transports ont permis de nous rapprocher plus vite et plus facilement et donc d'intensifier les contacts avec nos proches ou avec des personnes plus éloignées. Comme vous le découvrirez, ce nouveau tournant technologique des NTIC permet à son tour, s'il est bien géré, de renforcer les liens dans l'équipe, de communiquer avec des personnes nouvelles avec qui cela n'aurait pas été possible sans l'outil technologique, de réserver les rencontres pour leur convivialité et de les débarrasser de bon nombre d'affaires techniques qui seront déjà réglées...

Une introduction bien menée du groupware peut paradoxalement développer non seulement l'efficacité mais aussi la convivialité au sein des équipes de travail. Des solutions groupwares sont d'ailleurs déjà utilisées au sein de communautés diverses : familles, villages, groupes d'amis... C'est bien là une utilisation qui montre le potentiel de communication et de renforcement de liens que peut permettre le groupware. Soyons donc confiants dans le mariage entre la technologie et l'humain et découvrons comment en faire les meilleurs usages au service de l'humain.

Ce chapitre a pour but de vous faire découvrir des idées d'utilisation simples du groupware au sein de votre entreprise ou de votre équipe de travail.

Partagez les documents standardisés

Mettez en commun les documents standardisés de l'entreprise ou de l'équipe en matière de documents :
- lettres type ;
- documents type ;
- check-list ;
- formulaires standard ;
- procédures.

Le groupware, en facilitant les communications au sein de l'équipe et grâce à son organisation, permet l'amélioration permanente et la mise à jour de ces documents. Leur mise en commun évite de perdre du temps à refaire et réinventer ce qui existe déjà.

Préférez le message électronique au téléphone

Economisez votre patience, votre temps, votre énergie. Et faites de même avec vos interlocuteurs. Un appel téléphonique est toujours une interruption. Vous devez faire plusieurs tentatives pour joindre un interlocuteur que vous dérangerez peut-être au mauvais moment. Le message électronique vous laisse le loisir de le rédiger quand vous voulez, et pour votre correspondant le plaisir de le lire et de vous répondre quand il en a la disponibilité.

Messagerie ou groupware

La messagerie crée l'accumulation de messages qui arrivent en pile et en vrac dans la boîte aux lettres, parfois en très grand nombre quotidiennement. Elle peut facilement donner lieu à une surcharge d'informations et donner une illusion de suractivité. Le destinataire doit comprendre les messages, les traiter et les classer. La messagerie électronique fonctionne de manière très similaire au circuit de production et de distribution du papier et tend, tout comme celui du papier, à se développer de manière anarchique. La messagerie est sans structure.

Le groupware quant à lui est structuré. L'auteur va placer son intervention et ses documents au bon endroit pour les différents lecteurs. Un document est unique, éventuellement visible depuis plusieurs accès (il n'est pas dupliqué).

Si vous envoyez un message électronique aux 10 destinataires de votre groupe de travail avec des documents attachés, chacune des 10 personnes devra ouvrir ces documents, les traiter et les classer dans 10 endroits. Il y aura désormais sur le réseau 10 documents identiques ajoutés au vôtre. Vous aurez multiplié documents et classements. De plus vos destinataires ne pourront pas « réagir aux réactions » des uns et des autres. Ou alors il sera nécessaire de faire plusieurs envois répétitifs pour consulter chacun à chaque message et obtenir ainsi des réponses aux réactions. C'est long et compliqué !

Pour éviter ces pertes d'énergie qui appartiennent à l'ancienne logique de travail, vous pouvez utiliser les fonctionnalités du groupware qui vous permettront de localiser vos documents de façon précise et logique, de solliciter la contribution des collègues et d'assister à un échange où chacun intervient en tenant compte de ce qui est déjà exprimé. L'information n'est plus distribuée, elle est mise à disposition. Chacun est obligé de devenir pro-actif. Il ne doit plus s'attendre à recevoir l'information, il doit aller la chercher. Le message électronique reste cependant utilisable, pour les cas importants ou urgents. Mais le groupware est plus responsabilisant, plus rapide et plus simple.

Le capital intelligence de l'entreprise se développe à travers les réseaux d'échanges qui vont pousser de manière très libre leurs ramifications au-delà des initiateurs.

Préférez la réunion électronique

Vous gagnerez et ferez gagner un temps précieux. Pensez à une réunion physique standard. Il est très fréquent qu'elle ne commence pas à l'heure à cause des retards de certains participants et qu'elle finisse plus tard que prévu, bousculant le planning. De plus, elle est souvent lente à se chauffer, à se mettre en route. Son animateur n'est pas forcément un grand leader, et la réunion emprunte volontiers les sentiers de traverse en abordant peu le sujet… Chacun des participants est inégalement intéressé par les sujets traités et par ce qui est dit. En conséquence une partie des échanges est inutile pour certains, voire pour tous! Vous n'aurez pas nécessairement la parole quand vous voudriez intervenir. Vous ne trouverez peut-être pas les bonnes idées au bon moment ; les bonnes idées viennent parfois à des moments imprévisibles !

Grâce à la réunion électronique, les silencieux vont pouvoir s'exprimer plus volontiers et ainsi faire profiter l'équipe de leurs bonnes idées, alors qu'auparavant ils s'exprimaient peu.

Pour qu'une réunion électronique soit efficace, veillez à formuler clairement l'objectif de la discussion, à en montrer l'intérêt pour les participants et pour la mission de l'entreprise. Donnez des délais précis en expliquant la raison. Déterminez quels sont les participants.

En tant que participant à une réunion virtuelle, veillez à ce que vos interventions soient pertinentes, concises et claires. Pensez chaque fois à l'objectif de la discussion. Le titre de votre réponse doit dire en quelques mots l'essentiel de votre message pour faciliter la navigation et la recherche de tous les participants. Le premier paragraphe est la synthèse de votre pensée. Le reste du message est le développement, l'argumentaire... Quand les participants n'ont pas suffisamment de discipline dans leur intervention (participer, mettre son intervention au bon endroit, un titre qui exprime l'objet de leur intervention, etc.), c'est frustrant pour les autres.

La réunion électronique vous fera gagner du temps de réunion et du temps de déplacement. Vous pouvez désormais vous réunir sans parcourir les distances qui vous séparent et sans être tous disponibles en même temps, c'est la communication asynchrone. Imaginez une salle de réunion virtuelle. Vous entrez quand vous voulez. Vous vous mettez au courant de l'évolution des travaux et échanges. Vous apportez une contribution si vous pensez avoir quelque chose de pertinent à ajouter. Vous quittez la réunion en sachant que vous pourrez y revenir plus tard. La réunion est permanente, ouverte 24 heures sur 24, 7 jours sur 7. Même si votre équipe est dispersée tout autour de la planète, la réunion se poursuit. Vous pouvez ainsi chaque jour passer dans chacune de vos salles de réunion en quelques instants.

L'asynchronicité de la réunion électronique permanente a par ailleurs un autre avantage secret et redoutable. Vous avez pu souvent observer que, dans le cas de la réunion physique traditionnelle, les suivis sont peu faits entre deux séances. Les participants reviennent à la séance suivante en retrouvant les sujets, malheureusement trop souvent, à peu près dans l'état où ils les avaient quittés lors de la séance précédente. Ce type de réunion physique est donc lent et peu productif. En effet en quittant leur réunion les participants plongent à nouveau dans d'autres préoccupations et, s'ils sont peu organisés, oublient la réunion et leurs engagements ; c'est une logique synchrone et hachée. L'avantage incomparable de la réunion virtuelle asynchrone est sa permanence. Vous la visitez régulièrement et savez que les autres participants attendent vos contributions. L'émulation agit. La réunion poursuit sa vie en dehors du temps et de l'espace.

Le lieu de réunion est le « forum ». Il permet de structurer les échanges et de les capitaliser.

Et la convivialité ? Pensez-vous peut-être. La convivialité peut également passer à travers l'électronique. À chacun de trouver sa manière personnelle de communiquer son inspiration et sa chaleur dans un outil qui est neutre par nature. Les réunions physiques, ou encore les réunions par téléphone ou visiophone, seront alors débarrassées des processus d'échanges lents et laborieux, parfois ennuyeux et démotivants. Elles pourront être menées rapidement et avec efficacité puisque les consensus seront préparés en amont par les échanges électroniques. Elles permettront de laisser plus de temps à des rencontres plus conviviales qui n'auront d'autre objet que celui de partager un moment de sympathie ensemble.

Pour que les forums soient efficaces, il faut une discipline d'équipe, dont la première règle, évidente, est d'y participer régulièrement. Le leader a là un rôle important à jouer.

Et si vous préférez une réunion physique

En complément de la réunion virtuelle, vous avez besoin d'organiser des rencontres physiques. Comme nous l'avons vu dans le chapitre précédent, le groupware peut vous aider à mieux organiser vos réunions.

Cette solution vous offre plusieurs options. Les suggestions qui suivent vous permettront de multiplier l'efficacité de vos réunions.

Avant la réunion, le groupware vous sera utile :

1. pour trouver les plages de temps où les participants sont disponibles ensemble au même endroit (grâce à l'agenda partagé) ;

2. pour transmettre l'invitation au groupe de personnes sélectionnées (elles pourront vous répondre directement par un « accepté » ou « refusé ») ;

3. pour réserver votre salle de réunion ;

4. pour faire préparer l'ordre du jour (chacun peut alimenter le projet d'ordre du jour avec ses besoins) ;

5. pour faire connaître l'ordre du jour retenu par le responsable de la réunion et les informations pratiques (jour, heures de début, heures de fin, lieu...) ;

6. pour mettre à disposition des documents de référence ;

7. pour éventuellement organiser une réunion électronique de préparation, ce qui permettra d'avoir des participants réellement préparés, d'avoir déjà résolu quelques questions et de laisser à la réunion physique son vrai rôle que ne peut remplir une réunion électronique.

Pendant la réunion,

1. un secrétaire de séance prendra les notes sur un ordinateur portable et archivera le procès-verbal dans l'espace prévu sur sa base groupware ;

2. les décisions seront clairement mises en valeur ;

3. les plans d'action seront saisis pour faciliter le suivi.

Après la réunion,

1. la réplication immédiate des notes de séance permettra de les mettre tout de suite à disposition des participants et des personnes autorisées ;

2. une discussion électronique pourra également permettre de terminer une réunion écourtée ;

3. une discussion électronique peut accompagner les suivis de la séance.

Coopérez avec votre secrétaire

Le propre d'une secrétaire ou d'une assistante est d'être constamment dérangée, en premier lieu par ou pour son responsable. Elle est l'interface à la croisée des chemins. Elle reçoit des messages par téléphone, par fax, par courrier, par messagerie, par visites inopinées dans son bureau… Les interruptions sont garanties et innombrables, et il faut penser à tout.

Imaginez maintenant que vous disposiez d'un espace groupware partagé avec votre secrétaire. Vous y laissez vos instructions, requêtes, plans… Vous recevez régulièrement les messages téléphoniques qui vous sont destinés, vous êtes interpellé sur certains messages entrants pour lesquels elle a besoin que vous répondiez directement ou donniez vos consignes. Vous êtes en voyage, elle numérise pour vous des documents papier qui arrivent sur votre ordinateur portable, vous pouvez les lire à distance. Vous suivez l'avancée des travaux, vous pouvez les corriger ou les réorienter si nécessaire. Vous pouvez planifier et mutuellement suivre votre programme et votre charge de travail. Vous pouvez consulter les documents en phase finale qui n'attendent plus que votre visa. Vous pouvez trouver un document en quelques secondes de manière autonome sans devoir la déranger.

Utilisez le précepte PEP N° 1 (Programme d'Efficacité Personnalisé) de l'efficacité « Faire tout tout de suite », et, si c'est impossible, le précepte PEP N° 2 « Planifier le reste tout de suite ».

En adoptant ces principes, en consignant le maximum de vos transmissions dans le groupware, vous respectez votre secrétaire. Elle pourra mieux s'organiser et mieux se concentrer. Son travail sera de meilleure qualité. Elle sera plus satisfaite de son travail. Que vous soyez au bureau, à la maison ou en déplacement n'a plus d'importance. Vous êtes efficace. Vous assurez régulièrement le suivi des affaires.

Et quand vous rencontrez votre secrétaire, vous pourrez le faire dans une atmosphère plus détendue et plus constructive, puisque la plupart des détails seront déjà réglés.

Si vous managez de nombreux collaborateurs...

Comme nous l'avons vu dans l'avant-propos, la tendance actuelle est de niveler les échelons hiérarchiques. Si, auparavant, un responsable gérait en direct entre 6 et 10 personnes, les nouvelles structures créent un changement d'échelle, un manager va désormais gérer des dizaines de collaborateurs directs.

Sans groupware, la mission est presque impossible. Le groupware vous permet de gérer une grande équipe en maintenant des contacts privilégiés et fréquents avec chacun, ou même de quitter la logique de hiérarchie et de maintenir un important réseau de contacts de toutes sortes (experts, autres spécialistes de l'entreprise, fournisseurs, clients...).

Si vous avez de nombreux collaborateurs et partenaires extérieurs, réservez deux temps privilégiés chaque jour pour :
- *être réactif* et répondre aux demandes des uns et des autres que vous trouverez dans vos différents espaces virtuels,
- *être proactif* et insuffler l'énergie, mettre en œuvre les délégations, initier de nouveaux moyens de répondre aux besoins détectés, évaluer...

Ces temps peuvent être réservés une fois par jour ou plusieurs fois par jour selon la fréquence adaptée à votre situation. Veillez à conserver un minimum quotidien.

Rappelez-vous ce que nous avons vu précédemment :
• faites tout de suite ;
• planifiez le reste tout de suite ;
• détectez au plus tôt les problèmes ; quand vous vous en occupez au moment où ils sont encore mineurs, ils sont plus faciles à résoudre ;

• rencontrez vos collaborateurs régulièrement (les petites questions étant réglées par voie électronique, profitez des rencontres pour être un leader et un coach).

Créez un forum des stratèges

Vous voulez développer au sein de votre équipe ou de votre entreprise une démarche stratégique consensuelle : créez un forum spécifique qui sera votre « salle de pilotage » ou votre « cockpit », le lieu à la fois de rassemblement des options stratégiques, de suivi des développements, d'élaboration des prochaines orientations. La réflexion stratégique sera ainsi permanente (et non réservée au moment des négociations sur les budgets !).

Créez un inventaire des décisions

Travailler collectivement de manière coopérative nécessite de disposer du même référentiel. Il peut s'avérer utile que les décisions concernant une équipe soit rassemblées en un même lieu virtuel pour servir de référence, soit pour rafraîchir la mémoire, soit pour transmettre vos messages à ceux qui étaient absents, aux nouveaux, à ceux qui n'ont pas compris, à ceux qui ne se rappellent plus... Ce moyen aide à garder le cap.

Gérez vos projets

Votre groupware va vous faciliter la vie pour gérer en commun vos projets. Que votre équipe soit dispersée ou qu'elle travaille dans un même lieu, vous allez pouvoir structurer vos projets et coopérer de manière très intéressante.

Jusqu'à l'arrivée du groupware, l'informatique n'amenait à la gestion de projet qu'un accompagnement figé dans une seule direction. Avec l'émergence du groupware, la gestion électronique du projet devient interactive et permanente.

Ainsi, vous pouvez imaginer que la gestion de projet, grâce à l'utilisation d'un groupware, va vous permettre, pour chaque projet :

- de mettre à disposition les nouvelles récentes concernant le projet (le tableau d'affichage ou le bulletin d'information) ;
- de disposer du carnet d'adresses des membres de l'équipe projet, ainsi que des personnes périphériques ;
- de garder en vue les objectifs du projet ;
- d'avoir à disposition le plan d'action initial et ses adaptations ;
- de disposer des fiches de travail qui constituent le journal du projet, qui permettent d'avoir une meilleure vision de la gestion du temps, et qui facilitent la facturation ;
- de disposer d'un système automatisé pour facturer au client ;
- de gérer des ressources multiples ;
- de disposer des documents relatifs au projet et de les classer en documents « en-cours », de « références » ou « d'archives » ;
- de classer les correspondances diverses (lettres, fax, messages électroniques…) relatives au projet ;
- d'utiliser un ou plusieurs forums de discussion.

L'information sera en permanence à disposition de toute l'équipe. Vous éviterez les risques des oublis de transmission à tel ou tel quand il est absent… Chaque acteur du projet pourra en prendre connaissance au moment qui lui convient et pourra apporter plus facilement sa contribution personnelle. Les feed-back seront multiples, l'émulation de l'équipe sera stimulée par la transparence.

Le responsable de projet deviendra également un médiateur électronique qui stimulera, organisera et facilitera les échanges électroniques.

Faites des groupes de créativité

Vous êtes à cours d'inspiration. Vous voulez développer une idée. Vous voulez secouer votre équipe pour préparer des changements. Vous voulez impliquer des collaborateurs. Vous voulez trouver des idées géniales…

Créez un groupe de créativité ad-hoc. Cette équipe virtuelle de créativité peut être une équipe différente de votre équipe de travail. Elle peut être composée de personnes particulières appartenant à d'autres équipes.

Vous mettrez à leur disposition un espace virtuel pour accueillir des documents de référence, un autre espace qui précise les objectifs, les contraintes et les libertés ainsi que les règles de fonctionnement du groupe, et enfin des forums comme un forum de brainstorming, un forum d'évaluation… selon les particularités que vous souhaitez donner à votre groupe de créativité.

Organisez des systèmes d'alerte

Dans toute entreprise, il y a des imperfections, des erreurs, des possibilités d'amélioration à tous les niveaux. Chaque collaborateur est susceptible de découvrir un problème (un lavabo qui fuit un peu, un document diffusé comportant des données obsolètes, l'action d'un concurrent, une réclamation ou le besoin particulier d'un client, un problème de charge de travail…). S'il y a urgence, les voies habituelles directes (rencontre ou téléphone) fonctionnent généralement bien. Cependant quand ce n'est pas très important, quand il n'y a pas urgence, quand on ne rencontre pas la personne responsable, ces découvertes et ces suggestions risquent d'être perdues. Le groupware peut vous offrir la possibilité d'avoir une plateforme d'alerte. Les collaborateurs disposent alors d'un moyen leur permettant de noter l'anomalie constatée ou leur suggestion. Des secteurs de classement peuvent être organisés pour permettre un premier tri des contributions. Des personnes responsables peuvent prendre connaissance des remarques, apporter une solution aux problèmes, informer de la résolution ou de la planification...

Prévoyez également un secteur « fourre-tout » pour toute « alerte » que le « veilleur » ne saurait où classer. Une personne attitrée en prendra connaissance et assurera le suivi adéquat.

C'est là un gisement fabuleux pour l'amélioration permanente de l'organisation.

Créez un forum libre

L'idée du forum libre est d'offrir un support équivalent aux bruits de couloir, aux rassemblements autour des machines à boissons, aux petits potins... C'est un moyen de faciliter l'expression libre pour des sujets qui n'ont pas besoin d'être structurés. Chacun peut être créatif, donner des nouvelles, transmettre des idées ou des opinions, faire des suggestions sur tout et n'importe quoi et surtout sur ce qui n'a pas encore de structure d'accueil... C'est une manière de répondre aux besoins, de partager des choses sérieuses ou non, personnelles ou professionnelles..., de fournir à l'équipe un espace convivial pour faire une « causette » collective... Pour ceux qui sont éloignés ou qui sont absents durant une période, pour ceux qui veulent partager, voici l'espace idéal pour être au courant de tout...

Si l'un des sujets venant de ce forum libre émerge comme quelque chose qui mériterait des développements, créez-lui alors un espace propre.

Pourquoi pas un panneau d'affichage électronique ?

Le panneau d'affichage électronique peut être un lieu complémentaire d'information et de convivialité.

Dans une équipe, une entreprise, il y a toujours de multiples informations à diffuser. Le panneau d'affichage est souvent utilisé pour transmettre des informations d'actualité. Le problème le plus fréquent est l'emplacement de ces panneaux, surtout quand les équipes sont réparties en plusieurs lieux. Il faut aussi veiller à y supprimer les informations obsolètes...

Avant de le mettre en place, et notamment si vous avez également un forum libre, distinguez bien sa fonction, préparez des masques de saisie correspondant aux types d'informations, ainsi que des catégories pour les sélections. Chacun pourra aller y chercher l'information.

Les informations devront y être organisées de manière fine pour que l'accès en soit intuitif. Les différentes catégories sont à prévoir en amont tout en gardant la possibilité de les modifier. Il peut y avoir un classement de ces informations telles que les Ressources Humaines (congés, présentation des nouveaux employés, annonce des départs, etc.), Syndicats, NTIC, « activités culturelles », « ressources du quartier », « listes des numéros de téléphones internes », « résultats de l'entreprise », etc.

C'est une manière habile de décharger la messagerie de ses utilisations abusives. Inutile d'inonder toutes les boîtes aux lettres électroniques pour informer que des travaux vont être faits au sous-sol le mois prochain, que des billets sont disponibles pour une soirée cinéma ou qu'un article de presse a fait la louange d'un membre de l'entreprise...

Le système « pull » permet à chacun d'aller consulter l'information voulue au moment qui lui convient. Consultez régulièrement le panneau d'affichage. Si vous vous rendez compte que certains collaborateurs ne consultent pas le panneau d'affichage et qu'ils ne participent de ce fait pas à une partie de la vie de l'entreprise, essayez de les convaincre.

Inspirez-vous de ce chef d'entreprise. Il se désolait, car beaucoup de ses employés n'utilisaient pas leur messagerie (ou peu). Il en résultait une sous-utilisation de ce moyen de communication, puisque chacun savait que son message envoyé ne serait peut-être pas vu. Ce patron a eu un trait de génie pour convaincre : un jour, il envoie un message électronique à chaque employé annonçant qu'une demi-journée de congé exceptionnel était offerte à tout le personnel le lendemain matin en raison des bons résultats de l'entreprise. Le lendemain matin, malgré le cadeau, certains collaborateurs étaient à leurs postes, se demandant où étaient passés leurs collègues : ils ne lisaient pas leurs messages, n'ont sans doute pas eu la chance d'être informés par leurs voisins de bureau et n'ont donc pas profité de l'aubaine ! Inutile de dire que le changement s'est vite opéré. La messagerie a été soudain utilisée. Le chef d'entreprise a entretenu ce moyen de communication en continuant à envoyer de temps à autre des messages importants ou attractifs pour ceux qui prenaient soin de lire leurs messages. La messagerie était devenue le lieu des surprises agréables. Vous pouvez faire de même avec le tableau d'affichage en y mettant parfois une opportunité attractive à saisir immédiatement pour en stimuler la visite.

Simplifiez les demandes répétitives

Pour traiter les demandes répétitives, les entreprises créent un grand nombre de formulaires de toutes sortes : les demandes de congé, les formulaires d'achat de fournitures, les formulaires d'incidents, les demandes de travaux, les demandes de déplacements, les demandes d'autorisation de mission, les bons de commande de clients, les bulletins d'inscription à des cours, les déclarations d'accidents, etc.

La grande majorité de ces formulaires peuvent être maintenant avantageusement remplacés par les formulaires électroniques. Il y a un double intérêt à le faire : une diminution du papier et de ses lents cheminements, une facilitation et une accélération de la gestion des données.

La gestion de ces formulaires peut donner lieu à des systèmes de workflow plus ou moins complexes pour le traitement des données. Si le formulaire papier doit être maintenu pour des raisons pratiques ou légales, il peut être mis à disposition sur le groupware. Il suffit alors d'imprimer le formulaire adéquat. Il n'y a plus besoin de stocker des formulaires en de nombreux endroits, de déranger un service pour demander le formulaire nécessaire, d'avoir de nouveaux coûts d'imprimerie si le formulaire est simplifié, amélioré... Il n'y a plus de risque que d'anciens formulaires obsolètes soient utilisés.

Pensez vos workflows

Le workflow, ou gestion de flux de travail, est basé sur l'analyse d'un processus administratif. Il permet d'automatiser des tâches administratives répétitives dans une séquence de travail préétablie où chaque acteur a un rôle précis.

Le workflow pourra traiter par exemple le suivi de clientèle, les réponses à des appels d'offres, le service après-vente, l'élaboration d'un prix, le lancement d'un nouveau service, les notes de frais, les demandes de congé, etc. Comme nous le voyons dans les exemples ci-dessus, un workflow est toujours taillé pour sa vocation, il peut être relativement simple et court, ou complexe et long.

Le workflow définit avec précision le cheminement du traitement d'un dossier et inclut les opérations de vérification et d'approbation. Il précise les acteurs, les délais et les actions attendus à chaque étape. Il transmet automatiquement au bon moment. Si certains champs ne sont pas renseignés par la personne concernée, un système d'alarme peut bloquer instantanément le workflow. Les intervenants peuvent avoir à disposition les informations spécifiques dont ils ont besoin pour le traitement de leur partie du travail. Le workflow leur rappelle les critères à prendre en compte, les données dont ils doivent disposer pour décider, les délais à respecter...

Il peut permettre une analyse statistique, une identification des éventuels écarts par rapport aux normes établies.

Le workflow garantit un traitement beaucoup plus rapide et plus sûr des processus administratifs.

Cependant, il faut savoir parfois le contourner ou le modifier s'il est devenu trop rigide, s'il ne permet plus le traitement de délais exceptionnels, s'il ne donne plus la flexibilité nécessaire pour une négociation spécifique souhaitable dans des circonstances particulières...

Créez un centre documentaire pour votre équipe

Dans une entreprise il y a toujours de nombreux documents qui se ressemblent.

Plutôt que chacun crée ses formulaires, ses lettres-type, ses documents de base, ses propres applications (sur tableurs ou bases de données), c'est-à-dire réinvente le fil à couper le beurre, envisagez le regroupement sur la base documentaire des meilleurs modèles réutilisables par l'équipe (formulaires, lettres-type, contrats-type, offres-type, tableaux, etc.). Utilisez une architecture de classement intuitive et facile pour tous.

Cette opération de rassemblement de la richesse documentaire de l'équipe ou de l'entreprise exige de faire faire à tous les niveaux de l'entreprise un inventaire de ces documents à usage répétitif, de sélectionner ceux qui seront conservés et d'éliminer ceux qui devraient l'être, de mettre en conformité certains autres, etc.

Par la suite, chaque modification d'un de ces documents de base sera apportée sur l'original. Même un document-type a une vie : il est créé (pour répondre à un besoin), il évolue (il est amélioré), il est corrigé (par exemple changement des noms d'un signataire), il est abandonné (il ne répond plus aux besoins).

Quant aux documents longs dont la rédaction est collective (rapports annuels, rapports d'audit, rédaction de processus, caractéristiques et modes d'emploi d'un appareil...), à travers le groupware vous pouvez susciter l'esprit d'équipe, la visibilité permanente de l'évolution des travaux, l'émulation, une meilleure organisation des différentes parties du document, un enrichissement rédactionnel... Un forum de discussion peut d'ailleurs permettre de stimuler l'amélioration permanente de ces documents. Chacun viendra proposer l'amélioration qui lui paraît bienvenue, ou une variante pour telle ou telle situation...

Cette base documentaire peut être considérablement élargie à toute la documentation collective nécessaire pour une équipe ou pour l'entreprise. Pensez encore dans ce cas à un classement respectant les trois grandes classes (en cours, référence, archives). Joignez à cette base un ou plusieurs forums qui permettront que ces documents ne « s'empoussièrent » pas ; en fonction de l'inspiration ou des nécessités des uns et des autres, des améliorations pourront être apportées. Le responsable d'un document pourra alors, si besoin, le faire évoluer grâce aux différentes contributions collectives.

Un bon groupware vous permet d'avoir une bibliothèque vivante des documents de référence utilisés dans le cadre de vos activités. Apprenez donc à les utiliser. « Trop d'information tue l'information », dit-on. Si une grande quantité de documents est conservée dans votre base, la tâche de recherche pourrait s'avérer ardue si vous n'apprenez pas à chercher et trouver l'information.

Partagez-vous la veille informative

Pour tous les membres de l'équipe, il y a beaucoup à lire dans les magazines spécialisés, dans les livres, sur les sites Internet ou Intranet. Partagez-vous le travail et contribuez à multiplier la capacité d'information de chacun. Vous allez créer votre salle de lecture virtuelle.

Dans une équipe chacun connaît les centres d'intérêt des autres membres de l'équipe ainsi que les intérêts communs. Dès lors répartissez-vous la veille informative. Chacun se verra attribuer la responsabilité de surveiller un magazine, certains sites internet, etc. Quand quelque chose de pertinent pour tous ou pour l'un est découvert, l'information va être rendue accessible. Plusieurs moyens de transmission sont alors à disposition dans le cadre du groupware :

- envoyer un message électronique avec la référence au collègue concerné ;
- mettre clairement les décisions en valeur ;
- utiliser la base documentaire « salle de lecture » de l'équipe qui peut être constituée de dossiers à disposition collective et de dossiers à disposition de certains membres ;
- mettre l'information à disposition dans le dossier de référence concernant ce thème.

Comment transmettre les informations ?

- Vous pouvez simplement noter la référence d'un magazine ou d'un site Web en regard du thème découvert.
- Vous pouvez scanner un article et l'intégrer dans votre base.
- Vous pouvez faire des copier-coller.
- Vous pouvez faire des résumés, etc.

Lorsque vous utilisez une option telle que « la salle de lecture », une consultation hebdomadaire de la salle de lecture vous permettra de vous tenir au courant des actualités sur les thèmes qui vous intéressent.

Si chacun contribue, apporte sa contribution en lisant et en partageant, vous recueillerez beaucoup plus d'informations pertinentes. C'est aussi ça l'esprit d'équipe et de partage : penser « équipe » et non seulement « moi ».

Utilisez les spécialistes

Dans une équipe ou une entreprise qui met l'accent sur le partage de connaissances et d'expériences, il va de soi que tout le monde devrait pouvoir se mettre à la disposition de tout le monde.

Cependant pour des raisons pratiques, il sera préférable que des fonctions de « conseillers » puissent être envisagées. Pour chacune des spécialités, une fonction « conseil » peut être prévue. Cette fonction conseil peut être assurée par une ou plusieurs personnes ou encore par un roulement de spécialistes.

L'idée est la suivante. Les bases documentaires et les forums peuvent référencer beaucoup d'informations. Il n'est pas forcément simple de la retrouver quand on connaît mal le domaine. Si toute personne de l'entreprise a la possibilité de demander par voie électronique un conseil à un spécialiste choisi, les recherches iront beaucoup plus vite, l'information sera plus pertinente, le spécialiste pourra également créer des contacts précieux ou donner de l'information qui n'avait pas été référencée. Celui qui cherchait une information précise pourra beaucoup plus vite se remettre à sa tâche principale et faire usage de l'information.

Au Japon, une coutume est de garder actifs dans l'entreprise des retraités dont la fonction est uniquement de servir de « personnes ressources » pour le personnel et de prendre le temps de transmettre leur expérience à la demande. Nous avons toujours besoin de l'expérience des anciens ou des experts.

Des espaces de communication, de collaboration et de coordination

Pour mettre en place un groupware qui répond aux besoins de votre équipe, vous devez d'abord analyser vos besoins, puis trouver des solutions avec vos conseillers. Présentez les espaces de votre groupware de manière simple et attractive pour vos équipes en les personnalisant de manière à en faciliter l'appropriation collective. Ces espaces pourraient être par exemple :
• l'espace quotidien du suivi des affaires ;
• l'espace réunions ;
• l'espace décisions ;

- l'espace projets ;
- l'espace innovation ;
- l'espace veille ;
- l'espace des potins ;
- l'espace tableau d'affichage ;
- l'espace centre documentaire ;
- l'espace des experts ;
- l'espace des stratèges.

À chaque équipe ou entreprise de découvrir ce qui lui est nécessaire, et les mots et symboles les plus représentatifs.

Profitez des nouvelles perspectives que vous ouvre le groupware vers une nouvelle conception du travail en équipe, une conception créative et efficace.

CHAPITRE 4

MANAGER LA PERFORMANCE DE L'ENTREPRISE GRÂCE AU GROUPWARE

Booster la performance collective avec certaines applications

Le vrai groupware offre des fonctionnalités qui peuvent booster l'efficacité de votre équipe et de votre entreprise, tout en apportant une convivialité et un support pour développer l'esprit d'équipe. Il livre une solution généraliste que vous aurez peut-être envie d'adapter. Pour répondre à vos besoins spécifiques, vous pourrez choisir une des nombreuses solutions existantes et qui correspondent à des produits disponibles immédiatement, largement expérimentés, vivants et constamment améliorés.

Quand vos besoins s'y prêtent, il est en effet préférable de vous orienter vers des solutions standard qui évolueront et qui vous permettront de profiter de l'expérience d'autres entreprises plutôt que de vous enfermer dans une application sur-mesure dont vous êtes propriétaire et développeur et qui aura de la peine à suivre les évolutions technologiques. Mieux vaut l'identification de 80 % de vos besoins par le choix d'une solution moins chère, immédiatement disponible et régulièrement améliorée, qu'une solution groupware très performante mais qui sera inadaptée à votre évolution.

Nous avons retenu pour vous des exemples d'applications qui nous paraissent particulièrement intéressantes pour illustrer certaines

utilisations originales du groupware liées à notre thème de l'efficacité. Ces quatre approches vous aideront à stimuler la performance de votre entreprise en répondant à des besoins spécifiques :
*   la performance bureautique à travers le suivi des affaires et du quotidien ;
*   la performance de la force créative de l'entreprise ;
*   la performance du reporting et de la prise de décision ;
*   la performance de la formation à distance.

La performance bureautique à travers le suivi des affaires et du quotidien

« **Trace** » [1] est une application reposant sur le système Lotus Notes. *Trace* intègre toute votre bureautique de base en un tout cohérent, simple à comprendre, simple à utiliser, en solo ou en équipe… *Trace* est le bureau du groupware ! Il est votre centre de communication et d'information.
Là où auparavant l'outil le plus utilisé était le traitement de texte, outil personnel et individuel par excellence, avec *Trace* vous passez à l'âge du travail collectif. Vous allez enfin créer la communauté professionnelle dans laquelle vos carnets d'adresses, vos communications, vos flux de travail et de documents, vos accès confidentiels ou ouverts, vos suivis de projets, vos classements automatisés, vos suivis d'affaires sont organisés de manière instinctive, sobre et logique. Grâce à *Trace*, l'efficacité, individuelle ou d'équipe, vous accompagne avec votre informatique portable ou fixe, où que vous soyez et à toute heure. *Trace* a une longue expérience. Depuis 1988 il amène des solutions pour faciliter le travail en groupe, et depuis 1993 il s'est

---

1. *Trace* est un produit développé par Trace Software Industries SA.
Pour plus d'informations, voir le site web www.trace.ch

complètement renouvelé en utilisant Lotus Notes comme plate-forme. *Trace* est le chevalier blanc du travail d'équipe, pourfendant les solutions individualistes des traditionnelles suites bureautiques. Il propose en outre un réel changement de paradigme (le passage de l'individualisme vers le travail d'équipe).

Les suites bureautiques habituelles, elles, sont conçues sur une technologie de création de fichiers, *Trace* profite des avantages de Notes dans une conception du document dématérialisé. Lorsque le fichier est individuel, il est en général copié et, à l'inverse, lorsque avec *Trace* le document dématérialisé est collectif, on peut y accéder sans faire de copies, depuis plusieurs entrées.

Lorsqu'un message électronique avec fichier attaché est envoyé à plusieurs destinataires, il y a duplication et diffusion. Chacun doit archiver et trouver où classer ce document qui lui arrive. Le fichier s'est cloné, cependant les clones peuvent subir des modifications faites par leurs nouveaux propriétaires, rendant parfois périlleuse la recherche ultérieure du fichier original !

Les suites bureautiques amènent des possibilités absolument remarquables, dont 80 % des fonctions ne sont malheureusement pas employés par la plupart des utilisateurs parce qu'ils n'ont pas besoin d'outils bureautiques très sophistiqués pour leurs travaux quotidiens. Cependant elles présentent l'inconvénient de créer de la « paperasse » électronique, de multiplier les fichiers électroniques identiques et les classements douteux.

Les messageries électroniques sont entièrement centrées sur l'individu. Chacun fait son classement personnel, même si le message est utile pour une autre personne. Si un autre a besoin du message pour effectuer son travail, le moyen utilisé est habituellement la fonction « faire suivre » qui dupliquera le message. Lorsqu'un document est vraiment dématérialisé, il peut aisément être manipulé à distance par plusieurs acteurs : création, modification, lecture, impression, etc. Cette composante représente la réelle fracture entre d'un côté le monde du travail individuel, personnifié par l'ordinateur personnel et tous les systèmes d'exploitation (DOS, Windows, etc.), et de l'autre côté le monde du groupware qui permet à plusieurs personnes de travailler ensemble et de partager des informations de manière simple.

Un document visible sur un réseau informatique d'entreprises est souvent un fichier classique résidant sur un serveur, et donc non dématérialisé. Ce fichier a les contraintes de tout autre fichier qui serait sur n'importe quel disque dur de PC ; il est illusoire de penser vraiment faire le pas vers les nouvelles technologies de l'information en utilisant des outils et une logique conçus pour l'ère du travail personnel. Il faut radicalement changer les habitudes et les méthodes et passer à un nouveau paradigme, c'est le changement culturel que proposent des logiciels comme *Trace*.

Pour en comprendre l'originalité et la puissance, nous allons passer en revue quelques-unes des spécificités de cette application de groupware, véritable bureau d'une équipe.

La base du concept d'organisation de *Trace* repose sur « l'adresse ». En effet, en matière de communication, nous avons toujours à communiquer avec quelqu'un et non avec des fantômes. Chaque document est créé pour une adresse (interlocuteur externe ou interne). Il est classé automatiquement au même endroit que l'adresse. Chaque média de communication dispose de son propre format : lettre, fax, message électronique, etc., et tous sont classés selon la même logique (d'abord en fonction du destinataire). C'est ainsi que pour un même interlocuteur il sera facile de retrouver tous les documents qui le concernent, y compris les documents de référence qui ne lui ont pas été envoyés.

Lorsque l'on travaille en équipe sur une base *Trace*, il devient inutile d'envoyer un document à ses collègues. Chacun pourra trouver, quand il en a besoin et à leur place, les informations et les documents nécessaires.

Le travail de bureau au quotidien passe par des lettres, fax, messages électroniques, des rapports, des mémos, des notes d'entretiens téléphoniques, etc. Chaque document nécessite d'écrire les coordonnées du destinataire et de le classer.

Trace vous simplifie également la vie en plaçant les « données d'adressage » directement dans le document que vous créez grâce au carnet d'adresses dont il dispose. Nul besoin de réécrire. Il va en outre classer automatiquement votre nouveau document. Vous pourrez le retrouver immédiatement en cherchant par adresse ou par ordre chronologique, ou selon d'autres possibilités si vous avez affiné le classement. Des recherches « plein texte » sont possibles à partir d'un mot contenu dans le document que vous cherchez.

D'un coup d'œil, vous visualisez l'ensemble des documents concernant une adresse, quel qu'en soit l'auteur dans l'équipe. Tout nouveau document qui a été créé par une autre personne et que vous n'avez pas encore consulté est identifiable facilement grâce à un repérage de couleur distincte.

Une grande originalité de *Trace* est de présenter tous les documents organisés selon un lien logique pour le travail, peu importe qu'il s'agisse d'un message électronique, d'un fax, d'une lettre ; ainsi l'ère du classement des e-mails d'un côté, des fax de l'autre et des lettres/rapports encore ailleurs est terminée. Plusieurs types de documents, un seul type de classement.

Dans ce logiciel, la rédaction est simplifiée pour tous les documents comportant des parties standard grâce à la possibilité de disposer d'une bibliothèque de textes standard prêts à s'intégrer dans une lettre, un message électronique, un procès verbal de réunion ou autre… Ces « textes » peuvent être des lettres-type, des collections de paragraphes tout faits, des tableaux, des modèles d'offres, de contrats, ou de tout autre document à usage fréquent.

La transmission de travaux à suivre est organisée de manière simple. Tout document créé avec *Trace* se termine par un tableau dans lequel vous pouvez déterminer une opération de suivi, en définir la date, la priorité et surtout indiquer la personne devant prendre ce travail en charge… Il n'est pas nécessaire de faire un échange de documents électroniques ou sous forme papier pour transmettre le travail ; grâce à un jeu de listes appropriées à l'écran, chacun verra ce qu'il doit faire, y compris les nouveaux travaux qui lui sont transmis.

Les dossiers (les affaires en cours) regrouperont des documents indépendamment de l'adresse du destinataire et de son auteur, c'est une possibilité supplémentaire de classer les documents en fonction d'un thème. Un ensemble de listes prévues vous donne une vision adaptée de ce que vous cherchez. Il est également facile d'identifier les nouveaux documents.

La transmission d'informations à d'autres est simplifiée. Vous avez besoin d'attirer l'attention d'un collègue sur un document particulier ou vous voulez lui demander une approbation. Depuis ce document, d'un clic vous pouvez lui faire parvenir un message électronique qui lui servira d'accès direct à ce document que vous voulez lui montrer. Vous n'aurez pas fait de copie du document (copie qu'il devrait classer, modifier, avec le risque de ne plus savoir quelle est la dernière version), *Trace* lui ouvre une porte d'entrée directe sur le document en l'état actuel, il pourra le retravailler si nécessaire.

Vous avez besoin de transmettre un rapport de message téléphonique (ou le message d'un visiteur inattendu) que vous avez pris en l'absence de votre collègue : nul besoin de papier, *Trace* va se charger d'accueillir votre prise de notes et va la placer automatiquement à l'adresse de l'appelant (comme le serait un message électronique ou une lettre) tout en informant le collègue dès qu'il revient devant son écran. Finis les petits billets qui traînent ou disparaissent.

Les classements sont organisés dans Trace selon une logique définie pour l'équipe. Les paramètres des classeurs, du type de suivis, d'état d'avancée des tâches, etc., sont à définir par l'équipe, ce qui lui permet de disposer d'une structure d'organisation homogène et adéquate facilitant classement et recherche. Une équipe, un classement. Des dispositions sont prises pour affiner les possibilités de classement lorsqu'il y a nécessité.

Le travail à distance est facilité par *Trace*. Celui qui se déplace est habituellement obligé de penser à copier sur son ordinateur portable un certain nombre de fichiers dont il pourrait avoir besoin. Durant son déplacement il est cependant possible que ces dossiers soient modifiés par d'autres personnes. Grâce à la réplication propre à Lotus Notes (plate-forme du logiciel *Trace*), les documents se mettent à jour automatiquement, aucun risque d'oublier un document ou une mise à jour. Le travailleur nomade réplique avec la base de son équipe, il peut consulter ce qui s'est fait en son absence et transmettre toutes les informations qu'il a recueillies ainsi que les documents créés. Le travail collectif peut continuer efficacement même avec l'éloignement momentané de certains de ses membres.

L'organisation du temps est simplifiée. En effet chacun peut retrouver chaque jour les tâches qu'il a planifiées ainsi que celles qui lui sont demandées par les autres collègues. Il n'y a plus de risques d'oublier une tâche, d'oublier un suivi planifié depuis longtemps, d'oublier de rappeler un client avec qui il avait été convenu de se contacter trois mois plus tard, d'oublier de rédiger un rapport qui est à fournir tous les quatre mois, etc. *Trace* rappelle également aux utilisateurs ce qu'ils ont planifié pour aujourd'hui ou pour la semaine ou pour le mois… Lorsqu'une tâche est accomplie, elle disparaît de l'écran de suivi et de l'agenda. Ces suivis sont présentés de multiples manières sur des vues variées et sur un agenda selon les besoins de l'utilisateur.

Les suppléances aisées découlent du concept de travail d'équipe. En cas d'indisponibilité d'un membre de l'équipe, il est beaucoup plus simple pour l'équipe d'assurer sa responsabilité collective. En effet d'un coup d'œil, il est possible de savoir ce que l'équipier absent avait planifié de faire pour ce jour, il suffit de cliquer sur l'action planifiée pour savoir que faire et retrouver tous les documents nécessaires pour l'exécution de cette tâche.

La gestion de projet est gérée par Trace. Un tableau de bord détaillé présente de nombreuses informations sur le projet. Toute l'administration du projet est prise en charge (classement des fiches de travail, des documents, des correspondances, etc., ainsi que la gestion des suivis). Vous pouvez même intégrer les décomptes des heures de travail, les notes de frais et les comptes financiers. Les tableaux de planning du projet peuvent être insérés également.

La gestion de courrier est entièrement assurée par Trace. Chaque entreprise ou interlocuteur est référencé. Les courriers sont automatiquement classés et peuvent être retrouvés selon le destinataire, le chrono, le sujet, le projet, le suivi prévu, etc. Les courriers papier reçus peuvent être intégrés dans la base sous forme de documents scannés ou sous forme de résumés rapides. Chaque courrier reçu ou envoyé peut faire l'objet d'une ou plusieurs opérations de suivi, ces actions seront donc planifiées et permettront de rappeler au bon moment, par exemple, que le correspondant aurait dû avoir déjà donné sa réponse, que vous aviez vous-même promis un suivi pour une date convenue…

Les workflows de Trace font circuler l'information sans dupliquer les documents et permettent la gestion du quotidien. Ils ne sont pas prévus pour la gestion des processus complexes ; mais sont amplement suffisants pour le quotidien et toutes ses opérations habituelles rapides et simples du bureau. Tout travail peut être acquitté, un responsable peut être défini pour le vérifier… Chaque document peut être visé par tout membre de l'équipe pour information ou approbation… Les suivis sont délégables et consultables…

Les discussions entre membres de l'équipe peuvent se faire au sein du forum d'équipe proposé par *Trace* pour des échanges multiples avec sujets principaux catégorisables, réponses, réponses aux réponses… Si le besoin d'échange est limité et consiste en un simple commentaire sur un document, il est possible de faire une fiche « commentaire » qui se met en évidence sur l'écran au niveau du document concerné.

Une bibliothèque de documents permet d'organiser le classement des références, des informations générales, des procédures, des formulaires type…

Un tableau d'affichage accueille les nouvelles à partager au sein de l'équipe. C'est en quelque sorte le journal de l'équipe. Bien tenu à jour, il devient un élément indispensable non seulement à la transmission des nouvelles importantes, mais aussi à la convivialité en partageant des nouvelles sur les membres de l'équipe ou les potins. L'expérience montre que pour être intéressant il doit avoir une grande fréquence de renouvellement (les gens n'iraient pas acheter et lire leur journal quotidien si les articles étaient inchangés d'un jour à l'autre !).

Les accès aux documents sont différenciables assurant d'une part le contrôle de la confidentialité de certains documents et informations et évitant d'autre part que l'attention des membres d'une équipe qui ne seraient pas concernés par certains travaux ne soit dispersée, etc.

Trace prévoit l'espace privé. Avec un outil utilisé au quotidien, il est inévitable que les utilisateurs veuillent y consigner certaines informations d'ordre privé comme des actions à faire ou des notes aide-mémoire. *Trace* présente un espace privé non consultable par les autres membres de l'équipe.

Un module « Trace Exchange » permet une phase de transition pour les équipes qui disposent d'une documentation familière et abondante sur leurs serveurs. Trace Exchange crée et organise les liens d'accès en référençant les chemins vers les fichiers qui ne sont pas inclus dans *Trace*.

Cette application dispose également de très nombreuses fonctionnalités qui viennent compléter cette structure de base. Il est par exemple possible d'éditer un annuaire de toutes les personnes et entreprises appartenant à son réseau, de créer des porte-documents qui permettent d'importer des documents créés sur n'importe quel logiciel, de créer des fiches d'action, de gérer ses projets avec tous les documents qui les concernent, de faire soi-même des profils type sur mesure pour avoir des grilles d'information, de faire valider ses délégations, de demander un visa, de créer des mailings directement sur les adresses sélectionnées, etc.

Comme dans tout bon groupware, *Trace* invite à aller chercher l'information utile à l'endroit approprié (« système pull ») au lieu de s'encombrer de fichiers nouveaux qui sont « poussés » vers l'utilisateur (« système push »). Le système est simple d'emploi et rapide, chaque utilisateur peut y retrouver aisément ses marques. Chaque équipe de travail peut avoir « sa base *Trace* » d'équipe dans laquelle elle partage les informations et le travail.

Trace représente une palette robuste et très complète d'outils bureautiques pour satisfaire les besoins de la gestion du quotidien dans la vie d'une équipe de travail. Il est le groupware d'une équipe. C'est un produit en développement permanent.

La performance de la force créative de l'entreprise

« **Idea Central** » [1] est une application de groupware qui fonctionne aussi bien sur Lotus Notes que sur des navigateurs web ou encore sur Microsoft Exchange. Elle peut donner des ailes au management des « meilleures pratiques » et à la créativité de votre entreprise.

La plupart des entreprises savent à quel point il est important d'utiliser le capital constitué par leurs connaissances. On parle à présent beaucoup de « Knowledge Management » (ou gestion de la connaissance). Le Knowledge Management consiste à extraire, organiser et utiliser les connaissances au sein de l'entreprise. Habituellement il aide seulement à mieux gérer les ressources intellectuelles existantes (c'est-à-dire les expériences et les connaissances accumulées jusque là). C'est déjà beaucoup et pourtant c'est maintenant devenu très insuffisant.

Les entreprises de pointe doivent aller plus loin et apprendre à manager leur potentiel collectif d'innovation. Pour être concurrentiel, il devient impératif, non seulement de savoir identifier rapidement ses centres d'expertise, mais surtout de savoir générer de nouvelles idées qui feront diminuer les coûts, qui identifieront plus finement les besoins du marché, qui développeront des produits et services répondant mieux aux besoins des clients, qui généreront du chiffre d'affaire et du profit, qui sauront améliorer la qualité de vie au travail des collaborateurs...

---

1. *Idea Central* est un produit d'Imaginatik. Voir le site web www.imaginatik.com

Les organisations ont une richesse illimitée d'idées en sommeil et susceptibles d'être régulièrement explorées et exploitées pour relever leurs défis les plus fous. La voie est ouverte pour l'« Innovation Management ».

Si vous pouviez seulement saisir au vol toutes les bonnes idées qui traversent votre entreprise et les mettre en pratique, vous vous positionneriez inévitablement aux meilleures places. Mais de nombreux obstacles rendent difficiles la saisie des idées et leur mise en œuvre. C'est souvent le manque de temps ou de disponibilité qui dans un premier temps fait mettre au vestiaire des idées de génie. Ensuite, les comportements réfractaires au partage des intuitions et des bonnes idées rendent silencieux des collaborateurs éclairés, par peur du ridicule, par peur de ne pas savoir défendre une intuition, par le peu de motivation à partager une bonne idée... Enfin, le manque de canaux efficaces de transmission des idées innovantes rend difficile la découverte de la créativité des collaborateurs. Une culture managériale peu ouverte à la créativité, à l'écoute, à la participation du personnel engendre un désintérêt pour l'innovation.

Traditionnellement le vieux système de la « boîte à idées » est censé stimuler la collecte des idées. Cependant le résultat est trop souvent décevant pour les initiateurs et pour ceux qui ont contribué. Peu de suggestions arrivent dans cette boîte. Le manque d'intérêt des employés est souvent dû au fait que leur motivation n'est pas grande ou que, lors de participations précédentes, ils ont été déçus par l'absence de suivi et de retour d'information ou de reconnaissance suite à leurs contributions.

Idea Central génère la créativité en tenant compte des facteurs déterminants pour stimuler les idées dans une entreprise. Il « capture » les bonnes idées, en assure une diffusion efficace et permet de les partager et de les exploiter.

Idea Central part du principe que les collaborateurs d'une entreprise sont une source infinie d'ajout de valeur ajoutée. Chacun dans ses responsabilités, stratégiques ou modestes, est dans une position privilégiée pour apporter son expérience, sa force d'observation et de suggestion... Toute idée est intéressante à prendre en compte car elle est susceptible d'entraîner d'importants changements pour améliorer la rentabilité d'une entreprise, la satisfaction des clients et celle des collaborateurs... La croyance fondamentale et dynamisante est donc de croire en ses ressources humaines et en la puissance innovative des équipes et des individus pour relever les défis de l'entreprise.

Le problème de la plupart des entreprises n'est pas le potentiel créatif de son personnel, mais bien plutôt sa capacité à mettre en œuvre la stratégie, les processus et les outils pour générer cette motivation à partager des suggestions, pour collecter ces idées, pour les examiner, pour les faire aboutir.

Pour favoriser l'innovation, l'interactivité joue un rôle essentiel. Une étude faite il y a peu fait apparaître que 90 % de l'innovation générée dans les entreprises est due aux interactions entre les personnes. *Idea Central* crée ces interactions nécessaires en permettant aux collaborateurs d'apporter leurs idées et leurs commentaires sur les idées des autres et de collaborer au-delà des barrières géographiques, de fonctions ou de niveaux hiérarchiques. Les idées bénéficient donc des extensions et des améliorations d'autres personnes, permettant à la force créative collective de jaillir et rebondir à l'infini. Une idée nouvelle ne s'enferme pas dans l'esprit d'une personne, mais devient un déclencheur d'une nouvelle chaîne créative collective. L'interaction entre contributeurs crée une dynamique d'inspiration.

Le célèbre inventeur Thomas Edison reconnaissait que « l'innovation, c'est 1 % d'inspiration et 99 % de transpiration ». C'est la sueur nécessaire pour faire accoucher les idées, les reconnaître et leur offrir un flux jusqu'à leur aboutissement qui fait en général défaut dans les organisations qui ne se sont pas organisées adéquatement pour cet objectif. *Idea Central* prend donc soin de la partie « transpiration » pour transformer l'innovation en résultats.

Le Knowledge Management se concentre trop souvent sur la seule connaissance répertoriée, oubliant ainsi toute les idées non encore formalisées, voire même jamais dites ; par cet oubli dramatique, les entreprises se privent d'un gisement de ressources gigantesques et bon marché !

Selon des études récentes [1], le secteur industriel est celui qui traditionnellement implique le plus les employés dans la génération de nouvelles idées. Une recherche met en évidence le nombre d'idées émises par 100 employés selon les secteurs économiques, les résultats sont éloquents :

– secteur automobile : 83 idées par 100 employés ;
– secteur des assurances : 26 idées par 100 employés ;
– secteur des services : 7 idées par 100 employés ;
– secteur fonction publique : 0,3 idée par 100 employés.

Ces chiffres montrent que si certains secteurs économiques ont une culture de l'innovation par les employés, d'autres secteurs sont totalement en friches et ne pourraient que bénéficier d'une stratégie de dynamisation de leur force créative interne. Il y a là comme un paradoxe curieux, en effet les ressources humaines du secteur des services sont pour une grande part de niveau universitaire, sont habituées à la démarche de créativité et ont une liberté d'innovation...

En fait l'utilisation à grande échelle ou non de la créativité de l'ensemble du personnel semble liée à la pression concurrentielle du marché. L'industrie, à travers sa longue évolution, a dû survivre aux combats économiques et a souvent innové grâce à l'écoute de ses collaborateurs. La fonction publique a vécu dans une absence de stimulations par la concurrence. Le secteur des assurances qui se trouve confronté à une concurrence de plus en plus féroce fait de plus en plus appel aux contributions créatives de ses employés. La Chambre de Commerce aux États-Unis a révélé que chaque idée (dans le secteur industriel) avait un retour financier moyen de l'ordre de 5 538 dollars.

Idea Central amène une réponse attractive à toutes les entreprises de services, du secteur public ou privé, aux industries, aux PME

---

1. Deutsches Institut für Betriebswirtschaft (DIB) in *RKW-Zeitung* « Wirtschaft & Produktivität », April 1998.

tout comme aux entreprises géantes. Toutes peuvent maintenant multiplier leur force innovante en faisant participer leurs employés. Dans les services, la majorité des employés utilise l'informatique, c'est donc par le groupware que les idées vont jaillir, se transmettre et être exploitées.

L'application *Idea Central* repose sur un concept managérial original et dynamisant en créant des périodes intensives et cycliques d'encouragement à la créativité dans la vie de l'entreprise.

Chaque employé pourra depuis son ordinateur proposer une idée sur n'importe quel sujet, la décrire brièvement ou longuement, la référencer, la présenter sous forme anonyme s'il le souhaite, annoncer qui peut être autorisé à en prendre connaissance... La direction peut également proposer à la force créative de l'entreprise des thèmes de génération d'idées qui lui paraissent mériter une attention particulière.

La culture de transparence que permet *Idea Central* offrira la possibilité aux collaborateurs de réagir aux idées des autres pour les améliorer, pour amener des commentaires (sauf si il y a demande explicite de non-exposition de l'idée).

Une équipe d'évaluation pourra être composée pour la circonstance. Son rôle sera d'analyser à l'écran chaque idée proposée. Elle peut si besoin faire appel électroniquement à des experts qui pourraient mieux évaluer l'intérêt de certaines suggestions. Les fenêtres d'évaluation d'*Idea Central* aident les membres de cette équipe à analyser l'importance de l'impact de l'idée, son type d'impact, son secteur d'application, son coût et ses délais de mise en œuvre. Aucune contribution ne peut être oubliée ou non traitée. Chacune est analysée rapidement et complètement. Les multiples évaluations d'une même idée par plusieurs personnes lui garantissent que son intérêt aura été perçu.

La fin d'une idée consistera à la transmettre via *Idea Central* au département ou service concerné pour sa mise en œuvre. L'auteur de l'idée est automatiquement informé du suivi de sa contribution.

Idea Central comprend aussi une bibliothèque des « meilleures pratiques » de l'entreprise (ce sont les bonnes idées déjà appliquées) pour permettre de les partager largement et de les réutiliser. Elles peuvent devenir des modèles ou sources d'inspiration vers de nouvelles innovations. La mise en commun des meilleures pratiques par delà les localisations géographiques et les métiers les plus divers va permettre de fertiliser la compétence de l'ensemble de l'entreprise. Les utilisateurs de ces modèles peuvent les commenter, les améliorer, les faire vivre…, garantissant ainsi qu'elles ne tombent pas dans l'obsolescence et que les meilleures méthodes soient suivies par l'ensemble de la compagnie.

Un système d'aide très complet guide pas à pas les différents intervenants (l'ensemble du personnel et plus particulièrement l'équipe d'évaluation).

Une compilation statistique permet en outre d'observer d'un coup d'œil les mouvements de la vague créative dans l'entreprise (par région, par centre de profit, par type d'impact, etc.). L'avancée et les résultats de l'équipe d'évaluation peuvent aussi être suivis statistiquement. Cette vue générale de l'évolution de l'innovation à travers les secteurs de l'entreprise permet de prendre les actions correctives éventuellement nécessaires pour que la société reste à la pointe dans le futur.

Ce système démontre sa capacité à respecter le processus créatif et les auteurs d'idées. Les apporteurs d'idées sont remerciés, sont tenus au courant du cheminement de leurs idées, peuvent être sollicités pour des compléments d'information… Les membres de l'équipe d'évaluation sont rappelés personnellement dans leurs échéances de telle manière que toute idée soit suivie. Le rythme devient donc dynamique, rapide et très pro-actif, stimulant encore plus la contribution des innovateurs.

Idea Central est un catalyseur puissant de la force de renouvellement dans l'entreprise. Pour suivre le rythme de l'innovation et intégrer rapidement de nouveaux projets dans le quotidien des équipes, l'entreprise devra aussi être innovante dans sa manière de gérer le temps et son organisation. C'est pourquoi, associer le PEP (Programme d'Efficacité Personnalisé) à *Idea Central* va encore renforcer l'impact d'une telle action en faisant gagner du temps et de l'efficacité, en boostant sa mise en œuvre auprès du management et des réviseurs, en favorisant l'émergence de la nouvelle génération des idées nouvelles et en accompagnant la réalisation des innovations retenues. La technologie et les comportements vivent une mue commune.

Idea Central exploite le capital intellectuel de l'entreprise. Le talent de cette approche est de joindre la technologie et l'humain, de fournir une infrastructure ouverte qui permet à la connaissance et aux nouvelles idées de circuler librement, d'être encouragées à se manifester, à se laisser saisir, et à être mises en œuvre quand leur intérêt a été vérifié. Il crée une source infinie d'avantages compétitifs.

La performance du reporting et de la prise de décision

« **Focal Point** » [1] est développé sur Lotus Notes. Il complète une approche groupware en intégrant tout le système de reporting et de tableaux de bord permettant au P.-D.G., aux directeurs et différents responsables de mieux piloter leur entreprise et leurs activités. Cette solution est particulièrement précieuse pour les multinationales qui souffent de la distance entre leurs dirigeants et leurs lieux d'activités.

Actuellement, face à un monde économique en mouvement croissant, il devient de moins en moins possible de gérer une entreprise comme au temps de l'entreprise taylorienne où les structures, les marchés, les prévisions étaient bien définis et très stables. L'anticipation était mécanique. Les décideurs doivent maintenant décider dans l'urgence, avec une vue relativement incertaine sur ce qui peut se passer dans un avenir proche à propos de leurs marchés, de leurs concurrents, des évolutions

---

1. *Focal Point* est un produit développé par Imaginatik. Voir le site web www.imaginatik.com

technologiques… Un hors-bord réagit immédiatement aux commandes de son pilote, un gros paquebot a une force d'inertie qui rend difficile un résultat rapide lors d'une manœuvre d'urgence. C'est souvent le problème des grosses entreprises qui ont un système de reporting relativement bien établi, mais rigide et lent, et qui ont de ce fait une force d'inertie dans la prise de décision, la communication et l'exécution des décisions.

Les tableaux de bord dont disposent les dirigeants sont souvent d'une conception obsolète en regard des nécessités d'un management de l'immédiateté lié à une vision claire du long terme. Ils sont les héritiers de la conception pyramidale de l'entreprise qui place les centres de décision de l'entreprise loin du terrain. Les agrégations d'informations auxquelles chaque niveau hiérarchique procède fait perdre le détail et transforme des données concrètes en généralités abstraites. Les distorsions d'informations sont générées à chaque nouveau niveau d'agrégation. Le sens et la vitalité se perdent. La conception elle-même des tableaux de bord va jouer le rôle d'un prisme à travers lequel la réalité va subir des contorsions, des omissions, des déformations, cachant involontairement certaines perceptions précieuses. Les données transmises sont des tableaux de chiffres, dénués d'expression personnelle. Lorsqu'une décision est prise de cette manière, le retour de la décision et l'action qu'elle implique va subir le même cheminement réducteur.

La conception centralisatrice devient caduque et les mutations du monde forcent les entreprises à redistribuer le pouvoir de décision plus proche du terrain pour une meilleure réactivité et à créer une communication étroite et immédiate entre les décideurs et le terrain.

La force du décideur n'est pas de disposer de masses d'informations, mais de savoir repérer rapidement l'information pertinente qui lui permet de prendre la meilleure décision dans un environnement fait d'incertitudes. Un grave problème affecte le management : la bonne information n'arrive pas jusqu'à lui, elle se perd ou se transforme en route. Dans certaines entreprises, des collaborateurs passent beaucoup trop de temps à rédiger des rapports et semblent plus occupés à soigner méticuleusement de longs textes et tableaux peu utilisables plutôt qu'à accomplir le travail réellement attendu d'eux. Pour certains, rédiger des rapports est souvent associé à une perception bureaucratique et à une perte de temps.

C'est dans ce contexte que *Focal Point* apporte une solution réaliste permettant de réaliser un tableau de bord stratégique, communiquant et pointu. *Focal Point* va fournir des grilles électroniques de « reporting vivant » qui amènent les managers à fournir une information seulement si elle est pertinente.

L'équipe qui a mis au point *Focal Point* a soigneusement étudié les comportements des managers dans les différents secteurs économiques et a identifié leurs manières de communiquer, de déléguer, de résoudre les problèmes, de prendre leurs décisions, les communiquer et les suivre. Les solutions ont été trouvées pour rendre encore plus efficaces leurs activités. Pour concevoir leur approche, les créateurs de *Focal Point* ont clairement défini les préoccupations essentielles du management et les solutions y répondant.

PRÉOCCUPATIONS DE LA DIRECTION	SOLUTIONS *FOCAL POINT*
Les managers n'ont pas le temps ou pas d'intérêt pour apprendre des systèmes compliqués.	Un système de menu simple et direct, des icônes et des symboles pour comprendre plus vite. Possibilité d'imprimer. Il est facile de déléguer à des assistants.
Ils ont besoin d'une rapide vue générale des points essentiels et veulent avoir également accès aux détails.	Le système consolide et extrait les informations importantes. Eclairages pour une orientation rapide. Approfondissement simple vers le niveau détail.

Ils ne veulent pas qu'on leur présente des pages de tableaux indigestes.	Des graphiques clairs avec différents niveaux de précision pour aider à comprendre facilement les données essentielles et à approfondir.
Ils n'ont pas le temps de lire des rapports longs et compliqués.	Les rapports sont saisis dans des grilles homogènes et structurées pour forcer la concision, la cohérence et la pertinence.
Ils n'ont pas la patience d'attendre de recevoir des tableaux financiers consolidés.	Les données financières sont extraites directement des bases de traitement par téléchargement automatique.
Les finances ne sont pas une base suffisante pour conduire une société parce que ce sont des informations du passé. Elles n'expliquent pas les chiffres et sont donc d'un faible secours pour trouver les solutions adéquates.	Les rapports couvrent toutes les perspectives (finances, clientèle, processus, collaborateurs/partenaires, etc.) liées aux stratégies Les commentaires textes complètent les données numériques et permettent une explication plus personnelle des raisons sous-jacentes
Il leur est important de passer à l'action quand les décisions sont prises.	Des actions peuvent être initiées à n'importe quel niveau de la base *Focal Point*. Les actions sont faciles à suivre. Des rappels sont en place pour que les actions suivent leur cours.
L'organisation a besoin d'une mémoire d'entreprise.	L'information est conservée de manière centralisée pour permettre d'analyser les tendances. Les nouveaux managers peuvent se mettre en action sans délai.
Ils sont soucieux de la sécurisation des accès aux données.	La sécurité est organisée pour protéger les données confidentielles.
Les dirigeants passent une grande partie de leur temps en déplacement.	Les dirigeants voyagent avec leurs tableaux de bord puisque *Focal Point* peut être installé sur leur ordinateur portable et être mis à jour à chaque réplication.

Focal Point se présente en 4 modules complémentaires.

1) Module 1 : « Focal Point »

Il contient les informations sensibles partagées au sein de la direction. Une partie de cette information est créée par les membres de la direction tandis que le reste est automatiquement extrait du module « Focal Point Enterprise ». Il est spécialement conçu pour fournir à la direction une vue générale des performances de l'entreprise et l'accès à différents niveaux de détail. Il est intégré au module « Action Central » pour permettre la délégation d'actions basées sur une information à jour.

2) Module 2 : « Focal Point Enterprise »

Ce module ressemble au précédent, mais est orienté vers les autres responsables. Il comprend des informations importantes provenant des différents secteurs de l'entreprise. Il contient habituellement plutôt des informations fonctionnelles et tactiques que des informations stratégiques. Les extraits non confidentiels des rapports de la direction peuvent être intégrés pour faciliter le partage de l'information dans l'organisation.

3) Module 3 : « Action Central »

Ce module est considéré comme l'une des composantes clés de *Focal Point* car il permet aux managers d'aller plus loin en lançant des actions basées sur une information pertinente. Cette particularité ajoute une valeur considérable au reporting car elle stimule l'organisation à réagir très rapidement. Ce module est accessible par tout le monde dans l'entreprise, et pas seulement par les managers. Après une décision, les managers de tout niveau peuvent à tout moment déclencher les actions nécessaires. Tout collaborateur de l'entreprise peut être mobilisé immédiatement d'un clic de souris. Toutes ces actions peuvent être suivies depuis n'importe quel écran d'ordinateur puisqu'elles sont gérées sur le réseau de l'organisation. La traçabilité et le contrôle de ces activités stimulent la responsabilisation et la discipline nécessaires pour que tout soit fait correctement et dans les délais.

Ce module renseigne complètement sur l'évolution des actions déclenchées à travers l'organisation jusqu'à son aboutissement.

4) Module 4 : « Show Business » [1]

Ce module exploite les chiffres de différentes sources et les recompose en graphiques agréables à lire et clairs. Il peut rentrer dans les détails selon les désirs de ses utilisateurs. Il laisse la possibilité de faire des ajouts de commentaires texte pour offrir une meilleure compréhension des graphiques.

La mise en place de *Focal Point* dans une entreprise implique un travail préalable de consulting et d'analyse de la stratégie et des indicateurs sensibles de l'entreprise. Chaque installation demande une adaptation soignée aux types de données, de présentations et d'alertes dont l'entreprise a besoin pour être bien pilotée. Les paramètres de mesure sont établis en fonction des objectifs et évoluent avec eux. Chaque *Focal Point* sera donc personnalisé aux besoins de la société concernée et de ses différents segments (équipes, départements, pays, etc.) ou de ses différents décideurs, garantissant par là une approche juste, adaptée et évolutive.

Pierre van Beneden, Directeur Général et Vice-Président de Lotus Development EMEA commente l'introduction de *Focal Point* dans sa compagnie ainsi : « Nous avons maintenant un outil de communication et de rapport qui marche. C'est une immense opportunité pour nous de sortir d'un système de courrier qui fragmente notre temps et notre réflexion pour adopter un outil qui nous permet d'avoir une vision globale et une pensée globale et ensuite de passer aux décisions. Cette solution va être utilisée comme un outil de communication prioritaire ». C'était en juillet 1997, Lotus EMEA avait 2000 employés, 4 mois plus tard tous les managers utilisaient le système *Focal Point*. Là où initialement il fallait en moyenne 74 jours pour réaliser une

---

1. « Show Business » est une marque déposée de la société Show Business. Ce module est incorporé dans *Focal Point* d'Imaginatik.

action importante, douze mois plus tard, il fallait moins de 17 jours ! Le DG prenait en moyenne 6 semaines pour traiter les rapports qui lui parvenaient, avec *Focal Point* ce délai est tombé à seulement 3 jours ! Lotus Development EMEA a été en pleine phase de succès en 1998, atteignant une croissance de 32 %, soit deux fois plus que la croissance du marché ; *Focal Point* a permis aux différents niveaux de management d'avoir un meilleur contrôle des affaires et de réagir plus promptement aux problèmes qui surgissent tout en sachant mieux saisir les opportunités. Les managers de tout niveau ont pu partager une information précieuse à laquelle ils n'avaient auparavant pas accès. Leur reporting leur a fourni des informations constamment à jour. Le DG précise que, du fait des transmissions de rapports par *Focal Point*, sa messagerie électronique s'est trouvée vite soulagée d'un tiers de ses messages, lui dégageant du temps et de l'énergie qu'il a pu consacrer à ce qui est important pour l'entreprise.

Focal Point s'appuie sur un « tableau de bord équilibré », c'est-à-dire qu'il va bien au-delà des données financières en intégrant des données non financières pour créer des indicateurs pertinents et simples pour la réussite de l'entreprise. Il permet de comprendre instantanément le développement, la situation et les résultats de l'entreprise... Il traduit les objectifs et les visions stratégiques en résultats mesurables et visibles par toute l'entreprise.

Focal Point accompagne le changement, prend en permanence le pouls de tous les secteurs de l'entreprise et de son environnement, met les dirigeants à l'écoute de toute l'entreprise en temps réel (et non avec un retard de plusieurs semaines), permet de décider efficacement et immédiatement sur des informations solides, offre une rapidité étonnante de retour d'action, il devient un centre de communication permanente au cœur de l'entreprise. *Focal Point* est un outil puissant pour orienter et augmenter les performances.

La performance de la formation à distance

« **LearningSpace** » [1] est une gamme de produits intégrés pour l'apprentissage distribué (c'est-à-dire s'appuyant sur l'interaction entre le formateur et l'apprenant), considéré comme la clé de voûte d'une stratégie de management des connaissances pour permettre aux entreprises de mieux développer l'innovation, la rapidité de réaction, la productivité et les compétences.

Les budgets en matière de formation sont importants (frais de formation directs, heures non travaillées, remplacement des absents, déplacements, etc.) et continuent à augmenter alors que les entreprises cherchent à réduire leurs coûts, même quand il s'agit de bons investissements. Elles ont de la peine à libérer leur personnel pour participer à des cours, et demandent des formations de moins en moins gourmandes en temps. La nécessité de formation continue est sans cesse croissante vu la vitesse de renouvellement des connaissances et des savoir-faire ; les entreprises ont besoin de collaborateurs toujours mieux formés et rapidement opérationnels. L'exigence de qualité de l'enseignement et de résultats concrets est de plus en plus pressante. Lors d'une enquête, il a été relevé que, parmi les critères définissant l'entreprise idéale, les personnes interrogées valorisaient particulièrement le critère « offrir la possibilité de suivre des formations et de progresser ». Tous ces faits montrent la curieuse situation de la formation : moins d'argent, besoin quantitativement plus élevé, contraintes dues au manque de disponibilité et à la dispersion des équipes…

L'enseignement à distance a une longue tradition à travers l'enseignement par correspondance. Les temps ont évolué. La technologie moderne peut amener l'enseignement directement sur l'ordinateur au bureau ou à domicile. Elle permet de dispenser l'enseignement n'importe où, au bon moment et à moindre coût. *L'enseignement à distance* correspond à un enseignement où l'ap-

---

1. *Learning Space* est une marque déposée de Lotus. Voir le site web www.lotus.com/learningspace

prenant peut suivre sa formation où et quand il veut, sans lien avec un groupe. Ce mode d'apprentissage a de grands avantages, mais aussi de graves inconvénients, car il est peu adapté aux personnes qui ont besoin d'un accompagnement, qui ont besoin de convivialité et de ressources plus larges que celles offertes par un enseignement standard à distance. Ainsi les formations dispensées sur cassettes, vidéos, CD-Rom, même quand elles sont bien conçues, ont peu de réponses à amener à l'individu qui ne comprend pas, qui a besoin d'encouragements, qui a besoin d'être stimulé par un formateur ou par des pairs. La technologie nous permet maintenant d'aller plus loin, vers ce que l'on appelle « l'enseignement distribué ».

L'enseignement distribué est un enseignement à distance, en mode synchrone ou asynchrone, qui responsabilise l'apprenant qui offre à une équipe d'apprentissage ou d'études, la possibilité d'avoir recours à des experts, un suivi personnalisé par un formateur…

Lotus montre dans le schéma suivant (Figure 27) l'évolution vers l'apprentissage distribué pour présenter sa démarche technologique. Les objectifs d'apprentissage sont présentés dans l'axe des ordonnées en 3 niveaux :
• le transfert d'informations et de connaissances ;
• l'acquisition de compétences ;
• le changement de culture.

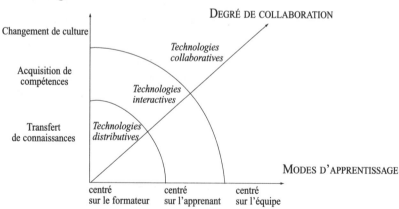

Fig. 27 : Technologies, objectifs pédagogiques et modes d'apprentissage en fonction du degré de collaboration (source Lotus)

À chaque objectif pédagogique s'adapte un mode d'apprentissage correspondant.

Pour le transfert d'informations et de connaissances, le schéma classique est centré sur le formateur. L'objectif est de permettre à l'apprenant d'acquérir et mémoriser une somme d'informations et de connaissances indispensables. On n'attend pas de l'apprenant qu'il transforme ou interprète ce qu'il apprend.

Pour l'acquisition de compétences, le modèle est centré sur l'apprenant. L'acquisition passive est insuffisante, l'apprenant doit redécouvrir, se réapproprier les connaissances pour les faire siennes, il doit expérimenter, faire des erreurs, recommencer.

Pour le changement de culture, le modèle se centre sur l'équipe. Cet objectif pédagogique cherche à favoriser l'innovation. Des problèmes seront soumis à une équipe pour trouver des modèles de résolution, des solutions nouvelles, pour inventer de nouveaux schémas ou de nouvelles connaissances, pour faire une nouvelle synthèse des connaissances existantes ou pour les appliquer de manière innovante... Ce modèle peut être utilisé lorsque la finalité de la formation est d'avoir un impact sur la culture de l'entreprise.

Pour chaque mode d'apprentissage, un ensemble de technologies amène une réponse (voir Figure 28) :

- *les technologies distributives* (télévision, cassettes vidéos et audio) permettent les transferts de connaissances (formations centrées sur le formateur) ;
- *les technologies interactives* (EAO, CD-Rom, simulation) ouvrent à l'apprentissage de nouvelles compétences (formations centrées sur l'apprenant) ;
- *les technologies collaboratives* cherchent à provoquer des changements de fond et l'innovation en favorisant les interactions entre les personnes (formations centrées sur l'équipe).

Le tableau suivant également réalisé par Lotus montre clairement les approches pédagogiques possibles en fonction des objectifs d'apprentissage.

TECHNOLOGIES DISTRIBUTIVES	TECHNOLOGIES INTERACTIVES	TECHNOLOGIES COLLABORATIVES
Transfert de connaissances	*Acquisition de compétences*	*Changement de culture*
Conférences	Exercices guidés	Discussions
Démonstrations/ présentations	Tests	Projets de groupe
Présentations utilisant plusieurs médias	Sessions questions réponses	Ressources (bibliothèques, réseaux, musées…)
Lectures obligatoires	Révisions/exercices complémentaires	Feedback du formateur
Sessions questions réponses	Réunions individuelles avec le formateur	Forums
		Discussions informelles entre participants
		Débats planifiés

Fig. 28. Tableau des formes pédagogiques en fonction des objectifs pédagogiques (Source Lotus)

Face à ces besoins grandissants et aux particularités des différents objectifs et formes d'apprentissage, Lotus a créé *LearningSpace* qui, s'appuyant sur la technologie Notes, répond aux trois formes d'apprentissage : centrée sur le formateur, centrée sur l'apprenant, centrée sur l'équipe. *LearningSpace* présente un avantage inestimable dans sa capacité à servir le mode d'apprentissage le plus efficace et actuellement le plus nécessaire : l'apprentissage collaboratif en équipe et décentralisé. Ce nouveau concept de formation présente une architecture souple, complète et évolutive, il permet les trois composantes de l'apprentissage distribué.

1 – Un apprentissage autonome. L'étudiant conduit sa formation à son rythme en utilisant des manuels électroniques et des vidéos que fournit le cours, il peut faire ses auto-évaluations.

2 – Un apprentissage coopératif asynchrone. Ce mode utilise la richesse de l'interaction sociale avec enseignants, experts, collègues, autres apprenants. L'accès reste souple et indépendant du temps et du lieu.

3 – Un apprentissage coopératif synchrone. Comme dans les séminaires ou cours traditionnels, l'étudiant rencontre l'enseignant et les autres étudiants dans des classes virtuelles, dans laquelle chacun peut contribuer par l'usage de la conférence audio/vidéo, par l'usage du tableau blanc électronique partagé, par les outils de questions et réponses, par le partage d'applications informatiques, etc.

LearningSpace est composé de plusieurs infrastructures qui se complètent :

– une pour les participants à un cours ;

– une pour l'enseignant ;

– une pour le gestionnaire des cours.

Le participant à un cours sur *LearningSpace* peut y avoir accès depuis son navigateur web habituel. Il va disposer de quatre modules de base qui vont lui permettre de résoudre des problèmes, de participer à des débats ou des discussions, de faire des exercices d'apprentissage, d'accéder aux données théoriques (textuelles, audio ou vidéo), de les commenter, d'avoir des échanges personnalisés avec son enseignant…

Cinq modules vont couvrir l'ensemble des besoins d'un cours efficace et dynamique (les quatre premiers sont destinés aux participants, le cinquième est exclusivement réservé au formateur).

1) Module « Programme »

L'étudiant découvre dans ce module le programme de son cours, les travaux à effectuer et les délais ainsi que le cas adapté à l'étudiant. L'étudiant peut avoir accès aux évaluations (tests-éclairs, auto-contrôles, enquêtes…).

2) Module « Médiathèque »

L'étudiant trouve dans cette partie le catalogue des connaissances à découvrir. Il pourra par exemple accéder à un manuel électronique de formation, des documents complémentaires (texte, graphique, projection de diapositives, tableur, son, vidéo, objet multimédia, simulation...), des bibliographies, des informations en provenance de sites Web, des données provenant d'autres applications existantes d'enseignement assisté par ordinateur (appelées EAO), des bibliothèques... Ce programme de connaissances est organisé dans une logique propre à la démarche d'apprentissage et permet également des recherches intuitives par mot-clé (recherche plein texte). De nombreuses possibilités peuvent être offertes à l'étudiant pour adapter son apprentissage à son approche personnelle et donner satisfaction à ses besoins particuliers. L'apprenant peut faire des annotations privées sur le matériel de cours, il les retrouvera facilement et sera le seul à les voir.

3) Module « Salle de classe »

Dans cet environnement interactif se déroule le travail coopératif sur les projets et les travaux en cours. Les étudiants peuvent discuter entre eux. Ils peuvent avoir des échanges avec leur formateur individuellement ou en groupe. Ils peuvent effectuer des travaux collectifs. Il est possible de participer soit en mode asynchrone (chacun contribue quand il veut) ou en mode synchrone (en même temps, par exemple grâce à la conférence audio, à la visioconférence, au tableau blanc électronique...). La communication peut s'effectuer par écrit ou par oral. Le tableau blanc électronique permet au formateur de faire des annotations sur des points qu'il veut souligner. Le formateur peut aussi décider de le laisser à disposition des participants pour qu'ils puissent réagir sur ce support. Avec l'outil « Web Follow Me », l'enseignant peut emmener son groupe sur une visite guidée d'Internet pour leur montrer les chemins vers des sources de connaissances ou pour leur commenter des informations...

4) Module « Profils »

Ce module rassemble les présentations personnelles des participants et du formateur. Chacun peut s'y présenter (coordonnées, photographie, CV, centres d'intérêt, objectifs, etc.) pour renforcer le sentiment d'appartenance à un groupe et créer une communauté virtuelle. Le profil contient également un répertoire à l'accès protégé dans lequel sont consignés les résultats obtenus par l'étudiant pour ses travaux et à ses contrôles de connaissances.

5) Module « Gestionnaire d'évaluation »

Cet outil d'évaluation est réservé à l'usage du formateur. Il y crée ses questionnaires, tests, enquêtes... pour évaluer les niveaux d'apprentissage de ses étudiants. Depuis ce module, il communique ses feed-back aux participants. Les envois de l'enseignant seront postés dans le module « Programme » de chaque participant, c'est là qu'ils trouveront les épreuves, les échéances, les commentaires de leur enseignant. Le formateur retrouvera les réponses des étudiants dans son « Gestionnaire d'évaluation » où il pourra étudier leurs réponses, les noter et leur communiquer de manière personnelle ses commentaires.

Pour les services de formation proposant plusieurs cours, les outils « **LearningSpace Campus** » gèrent la totalité des processus de gestion des cours et des inscriptions. Ils sont personnalisables aux besoins spécifiques. Ce campus virtuel couvre plusieurs domaines.

1 – On y trouve un catalogue des cours et un processus d'inscription qui peut avoir des liens avec un système externe de facturation ou de commerce électronique.

2 – Le « Gestionnaire de cours » gère la création des nouveaux cours et l'archivage de ceux qui sont terminés ou en train de se dérouler.

3 – Une base de profils d'étudiants qui peut être partagée entre différents cours.

4 – Un circuit de validation pour la création d'un nouveau cours ou pour l'acceptation d'étudiants dans un cours. Ces circuits (workflows) sont adaptables sur mesure en fonction des particularités de situations à gérer.

5 – Une base de gestion des résultats des étudiants peut en option permettre un suivi des étudiants participant à plusieurs cours.

Comme pour tous les produits Lotus Notes, *LearningSpace* offre une grande flexibilité d'usage aux apprenants comme aux formateurs. Ils peuvent travailler depuis leurs postes fixes ou au cours de déplacements, en ligne ou hors connexion, grâce aux réplications occasionnelles.

Cette application Notes va stimuler l'acquisition de nouvelles compétences dans l'entreprise et permettre de faciliter l'accès aux formations tout en améliorant la qualité des prestations de formation par l'apprentissage collaboratif, en réduisant les coûts de formation par personne formée… Il offre une solution spectaculaire pour la formation des équipes dispersées ou des collaborateurs qui n'ont jamais le temps de participer à des formations.

D'autres fonctionnalités et nouvelles perspectives annoncées par Lotus promettent un bel avenir à *LearningSpace* qui s'est déjà imposé comme la meilleure plate-forme de solutions d'apprentissage distribué [1].

En conclusion, les quatre applications spécialisées dont nous venons d'explorer la philosophie et les principales caractéristiques (*Trace, Idea Central, Focal Point, LearningSpace*) offrent des perspectives particulièrement attractives pour améliorer les résultats de l'entreprise à travers des angles d'approche différents qui se complètent. Ces solutions sont en constant développement pour répondre toujours plus finement aux nouveaux besoins des utilisateurs. Elles donnent au groupware une dimension pleine d'ouvertures vers de nouveaux horizons où la technologie est au service des besoins de performance des entreprises.

---

1. Si vous êtes intéressé(e) par un apprentissage du Programme d'Efficacité Personnalisé avec *LearningSpace*, voir le site web www.fr.ibt-pep.com/livres

CHAPITRE 5

CONSEILS POUR IMPLANTER UN GROUPWARE DANS UNE ÉQUIPE

Implanter un projet groupware dans une équipe n'est pas une affaire facile. Il ne faut pas sous-estimer les changements d'habitudes de travail et de communication qui vont en découler. Curieusement, la principale difficulté ne sera sans doute pas l'informatique, mais bien la réflexion sur la manière de s'organiser et de travailler ensemble. À cela viendront s'ajouter les changements d'habitudes de management et de travail.

Il est évident qu'un bon groupware mal utilisé restera pauvre. Son introduction est l'opportunité de renouveler les manières de travailler, de remettre à plat des procédures et des processus de travail, de remettre en question des habitudes de travail pour trouver une plus grande efficacité.

Méthodologie pour mettre en place un groupware

Préalablement veillez à nommer un responsable de ce projet qui bénéficie d'une position hiérarchique élevée pour montrer l'importance managériale et stratégique du projet, et qui soit un utilisateur averti et motivé de l'actuel ou du futur groupware. Il est important que ce soit un adepte du management participatif. Il comprendra plus facilement toutes les possibilités offertes au niveau du travail d'équipe. Il deviendra en quelque sorte le rédacteur en chef qui devra orchestrer la composition d'un nouveau média pour répondre aux différents besoins d'information et de partage d'informations… Il prendra en compte les besoins et attentes des futurs utilisateurs. Il n'est pas conseillé que ce soit un informaticien. Pour les parties techniques, il pourra se faire assister d'un responsable informatique.

Assurez-vous de faire connaître clairement le soutien de la direction. Si possible, il faut faire participer activement la direction dès le début du projet, voire lui faire utiliser ces nouvelles technologies.

Penser à un changement tel que celui que nous évoquons implique de penser en termes de développement de projet avec ses différentes étapes.

1 - **La phase diagnostic** permettra de cerner les problèmes et les besoins, et de déterminer les objectifs retenus pour les différentes équipes cibles.

2 - **La phase de conception et de choix** permettra d'une part de remettre en question les processus de travail pour les optimiser et les simplifier en perspective de l'arrivée du groupware (reengineering), et d'autre part de sélectionner les fonctionnalités informatiques pertinentes disponibles et les adaptations indispensables (solutions informatiques). Des indicateurs de performance sont choisis. Un jeu de choix harmonieux se fera entre les solutions idéales, les possibilités techniques, le niveau des investissements, les évolutions futures des besoins et la capacité des solutions personnalisées sélectionnées à évoluer facilement avec le logiciel de base... Les cibles d'implantation du groupware sont déterminées : toute l'entreprise en une seule opération simultanée, un département en opération pilote, une équipe motivée, quelques leaders sélectionnés, etc.

3 - **Le plan d'action** est établi pour la mise en place. Il prévoit toutes les étapes détaillées ainsi que les éventuelles difficultés prévisibles de la mise en œuvre et leurs solutions possibles. Il prévoit également les sécurités qui permettront que le travail puisse se poursuivre facilement en cas d'incidents.

4 - **La mise en place** se fait en trois temps :
- éventuels développements logiciels ;
- installation de la partie technique ;
- formation et accompagnement des personnes impliquées.

Le plan d'action se réalise étape après étape avec les ajustements nécessaires. Les animateurs des forums et des différents espaces électroniques ainsi que les managers concernés devront être actifs pour impliquer tous les membres des équipes.

5 - L'étape de suivi de projet permettra d'optimiser la première mise en place. Tous les processus sont à nouveau réexaminés, l'utilisation faite par les collaborateurs est améliorée. L'amélioration est permanente pour rendre le groupware vivant. Il progresse vers sa maturité.

Les changements humains

Dans toute entreprise, il y a des individus et des équipes particulièrement performants et désireux de progresser ; des individus performants, satisfaits d'eux-mêmes et sans ambition de progression, des non-performants en apprentissage et désireux d'apprendre et enfin des non-performants désireux ni d'apprendre, ni de changer.

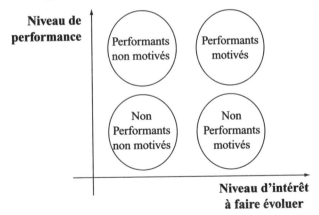

Fig. 29 : Corrélation performance/motivation
face au changement

L'introduction du groupware devra d'abord s'appuyer sur les performants-motivés, puis sur ceux qui rencontrent des difficultés mais sont motivés pour trouver des solutions (les non-performants motivés), et enfin sur les autres. Ce sera un chemin plus facile, car vous aurez des alliés dans le changement. Ces personnes et équipes verront d'abord l'intérêt de ces changements importants, ils aborderont ensuite comme des défis à relever les difficultés inhérentes à toute nouveauté, ils chercheront à en tirer le maximum de bénéfices, ils en obtiendront des retours et pourront finalement influencer les autres catégories ou créer une situation telle que les autres seront contraints de prendre le train en marche.

L'introduction de ce livre vous donne quelques éléments sur les précautions à prendre pour implanter une innovation majeure qui remet en question des habitudes.

Le personnel devra recevoir à la fois une éducation technique et une éducation comportementale.

La formation technique lui permettra de découvrir le groupware et son utilisation. Il est important que les formateurs techniques pensent à familiariser les participants du groupware avec les utilisations simples et avantageuses qu'ils pourront en faire. La motivation sera ainsi plus facile à susciter ou à maintenir. Ces formations auront un plus grand intérêt si elles sont faites en plusieurs sessions pour permettre aux personnels de les pratiquer, puis de poser des questions au spécialiste.

Lorsque le Programme d'Efficacité Personnalisé est associé à la mise en place du groupware, les consultants aident chacun à trouver son intérêt individuel et collectif à la mise en œuvre réussie et rapide de cette innovation technologique. Chacun bénéficie d'une attention individuelle pour utiliser au mieux les nouvelles possibilités offertes par cette avancée, pour remettre en question ses habitudes de travail et progresser.

En effet il est peu utile d'avoir un bel outil si on l'utilise mal. Ce serait un peu comme mettre une Formule 1 dans les mains d'un chauffard ou d'un promeneur du dimanche. L'outil ne pourrait pas offrir les avantages de sa technicité.

En quoi est-il nécessaire d'avoir une telle innovation technologique si les individus ne répondent pas aux messages électroniques qui leur sont adressés, s'ils ne participent pas aux forums, s'ils ne vont pas prendre connaissance des informations qui sont à leur disposition, s'ils ne fournissent pas les informations sur ce qu'ils font, s'ils ne contribuent pas à partager leurs connaissances et leurs expériences… ? Les changements d'habitudes sont difficiles pour la plupart des gens. Il est donc bon qu'ils soient accompagnés, écoutés et aidés individuellement et en équipe.

Chaque équipe va pouvoir personnaliser le groupware pour se l'approprier et lui permettre de répondre à ses besoins particuliers. L'adaptation personnalisée à cet environnement va permettre à l'équipe de remettre en question ses responsabilités, ses flux de travail, ses flux de documents et ainsi de les améliorer et de les introduire dans le groupware.

Il est important que les gens apprennent à bien utiliser le groupware et qu'ils profitent de son introduction pour trouver des manières plus efficaces de travailler individuellement et collectivement. Ils éviteront ainsi le piège dans lequel est tombée trop souvent la bureautique : les habitudes de désordre dans les dossiers et les tiroirs ont été transférées sur les disques durs ; les procédures compliquées ont été directement informatisées au lieu d'être préalablement simplifiées et optimisées…

Comme vous le comprenez, l'arrivée d'une avancée technologique telle que le groupware demande une remise en question des comportements humains au travail, c'est là que le consultant peut vous être d'une grande aide.

CHAPITRE 6

QU'EST-CE QUI FERA
LE SUCCÈS DE VOTRE GROUPWARE ?

L'efficacité du groupware doit s'accompagner de comportements responsables, autonomes et efficaces de la part des membres de l'équipe. Sinon le groupware restera un outil sous-utilisé avec un faible retour sur investissement.

Comme nous l'avons vu dans le chapitre précédent, le facteur humain est particulièrement important pour le succès de l'opération.

La prévalence du facteur humain

Pour convaincre les utilisateurs, il faut que le groupware leur permette d'améliorer leur communication, leur accès à l'information, leur plaisir à travailler, leur productivité et la qualité de leurs prestations tout en diminuant leur stress... Bref, il doit être au service de l'homme.

Les utilisateurs seront d'autant plus vite très motivés par le groupware qu'ils passeront le plus de temps possible « connecté » dans leur environnement de travail. Il est donc important que les applications soient faciles à utiliser et deviennent rapidement indispensables (l'application *Trace,* présentée au chapitre 4, est un bon exemple de ces caractéristiques).

Soyez créatif pour mettre très vite sur le groupware des informations particulièrement importantes et inédites, pour faire passer par ce média les échanges les plus motivants... Évitez de doubler ces informations avec une édition papier pour les personnes connectées. Vous créerez ainsi un mouvement d'aspiration vers le groupware.

Les collaborateurs s'habitueront peu à peu à préférer le contact électronique à l'interruption téléphonique, à la visite impromptue, à l'usage du papier... Les moyens traditionnels, tels que réunions et appels téléphoniques, seront conservés pour les besoins qui ne peuvent pas être satisfaits par le groupware. L'utilisation du papier sera dévalorisée pour stimuler les échanges électroniques et la conservation électronique des documents.

Pour stimuler et aider, un espace électronique d'assistance et de partage sur la mise en place du groupware sera prévu et ouvert. Il sera composé entre autres :
• d'un espace de présentation du plan de mise en œuvre et de ses indicateurs de performance ;
• d'un forum des utilisateurs ;
• d'un forum des animateurs du groupware ;
• d'une bibliothèque des documents d'aide et des Questions/ Réponses les plus fréquentes.

Le groupware peut facilement être à disposition de groupes de grande taille. On considère habituellement qu'une équipe de petite taille est plus efficace que les grands groupes. Il est donc préférable que le groupware puisse offrir des espaces virtuels réservés à des équipes de 4 à 8 personnes (taille considérée comme la meilleure pour l'efficacité d'une équipe). Avec le groupware il est cependant possible d'aller au-delà de ce nombre, si le leader reste proche des membres de son équipe et tient compte correctement des besoins individuels et du groupe.

Particularité des équipes virtuelles dispersées

Les recherches de A. Drexler et de D. Sibbet [1] attirent l'attention sur l'énergie affectée par une équipe à sa construction et à son

---

1. « The Team Performance Model» in *Team Building Blueprints for Productivity and Satisfaction*, Institute for Applied Behavorial Science, 1998.

développement. Pour une grande partie des individus, la nécessité de se connaître et de s'adapter les uns aux autres passe avant la réalisation de la tâche. Pour les équipes travaillant en groupware dans un même espace physique, le problème est facilement résolu par les interactions physiques quotidiennes.

Cependant pour les équipes dispersées, le besoin de se rencontrer, de faire connaissance les uns avec les autres (en se voyant, en se parlant, etc.) existe, et il faudra soit offrir les opportunités de rencontres physiques, soit créer les espaces de rencontres informelles sur le groupware pour satisfaire ce besoin propre à tout groupe.

La dimension sociale du groupe doit être prise en compte par le groupware. La technologie doit être au service de la dynamique du groupe, et non l'inverse. Faute d'intégrer cet élément humain, le groupware peut être fortement menacé.

Principes de base pour renforcer l'efficacité du groupware

Tous les principes de renforcement de l'efficacité individuelle et de l'efficacité collective développés dans les précédentes parties de ce livre sont des préalables à la réussite d'un groupware. Pour récapituler, rappelons simplement quelques-uns des principes de base.

Principe 1 : Faire bien et tout de suite ce qui est à faire.
- Traitez vos sollicitations et vos tâches tout de suite ou à des moments quotidiens choisis pour cela.
- Répondez au moins une fois par jour à vos messages.
- Sachez identifier le bon destinataire ou le bon espace électronique avant d'adresser une information.
- Jetez ou détruisez tout de suite ce qui est inutile.

Principe 2 : Organisez tout de suite vos espaces électroniques et vos espaces de rangement.

- Organisez de manière simple et efficace les différents espaces électroniques selon les différentes responsabilités de votre équipe.
- Respectez les règles d'organisation collective de votre espace commun électronique.
- Organisez chaque information de manière simple, claire et brève.
- Jetez, classez ou archivez tout de suite.

Principe 3 : Planifiez tout de suite.
- Planifiez tout de suite vos moments quotidiens de réponse à vos messages.
- Planifiez vos moments réguliers de participation aux réunions électroniques.
- Planifiez une séance hebdomadaire de planification de vos activités de la semaine suivante de manière à remplir vos responsabilités et à atteindre vos objectifs.
- Planifiez votre rythme régulier de consultation des espaces électroniques dans lesquels vous êtes impliqué(e).

Le groupware demande une grande remise en question de la manière de communiquer et de travailler à plusieurs. Il est un outil flexible qui devient ce que ses utilisateurs en font, et se révèle finalement à l'image des équipes qui l'animent.

CHAPITRE 7

COMMENT ÉVALUER L'EFFICACITÉ DU GROUPWARE ?

Évaluer l'efficacité du groupware est souvent assez délicat car ses avantages ne sont en général pas mesurés. Cependant nous pouvons considérer que les avantages du groupware pourraient être évalués dans des domaines tels que :
- l'amélioration de l'efficacité ;
- la diminution des coûts ;
- l'amélioration de la qualité de service.

Choisissez les critères qui vous paraissent intéressants et mesurables parmi ces exemples d'amélioration souvent cités. De nombreux autres paramètres peuvent être pris en considération en fonction de vos buts et des particularités de votre équipe.

L'amélioration de l'efficacité

Voici quelques gains que vous pourrez évaluer :
- le gain de temps d'accès à l'information ;
- la meilleure consultation de l'information parce que l'accès est plus facile et plus rapide ;
- la meilleure circulation de l'information au sein des équipes ;
- l'accès plus facile aux procédures, aux descriptions des processus, au circuit des flux d'information, des flux de documents, des flux de travail…
- la facilité de mise à jour et de gestion des nouvelles versions des divers documents ;

- la diminution des erreurs grâce à un meilleur travail d'équipe ;
- le temps gagné sur les déplacements ;
- la possibilité de travailler depuis l'extérieur de l'entreprise et donc d'utiliser plus facilement des personnes compétentes éloignées ;
- le gain de concentration sur les activités les plus importantes ;
- le gain de rapidité dans les interventions et le traitement des dossiers, dans la résolution des problèmes ;
- l'organisation des réunions plus simple et plus rapide ;
- la réduction des temps de réunion et l'amélioration de l'efficacité des réunions ;
- la réduction du temps d'exécution des tâches ;
- la meilleure gestion des risques de surcharge de travail ;
- la multiplication des échanges ;
- la facilité d'accès aux experts ;
- la meilleure coopération au sein des équipes.

La diminution des coûts

Vous pouvez évaluer par exemple :
- les économies de papier (moins de photocopies, moins d'impression papier, moins de lettres, moins de fax, moins de dossiers papier…) ;
- les frais de distribution épargnés (poste, fax, distribution interne…) ;
- les économies sur les frais de photocopies ;
- les économies d'espace et de matériel de stockage ;
- la diminution des frais de manipulation du papier ;
- la disparition des formulaires papier et des frais liés à l'imprimerie, au manque ou au surplus de stock… ;
- la réduction d'un certain nombre de déplacements, donc de frais de voyage et de frais liés à la fatigue ;

- la diminution de frais de réunion (locaux de réunion, frais de documentation et autres services liés à l'organisation de réunions…) ;
- la possibilité de diminuer les surfaces de bureaux et de lieux d'archivage.

L'amélioration de la qualité de service

Les clients ont également beaucoup d'avantages à voir se développer le groupware :
- une plus grande rapidité de réponse aux clients ;
- une meilleure satisfaction des besoins des clients ;
- plus de sûreté et de précision dans les informations données aux clients ;
- une simplification des procédures et une diminution des « bureaucraties » ;
- une meilleure gestion des délais et des flux de travail ;
- une plus grande rapidité dans le développement de produits et de services particuliers ;
- un meilleur service après-vente, etc.

Les critères de performance que vous donnerez à votre groupware permettront d'en apprécier l'efficacité et de corriger ce qui doit l'être. Le changement périodique de certains critères d'évaluation et leur communication va stimuler l'évolution de votre instrument et la performance de son utilisation.

Résumé de la troisième partie

LES SECRETS DE L'EFFICACITÉ AVEC LES NOUVELLES TECHNOLOGIES DE L'INFORMATION ET DE LA COMMUNICATION

Les NTIC, ou Nouvelles Technologies de l'Information et de la Communication, s'introduisent dans les différents territoires de l'entreprise. L'un de ses plus beaux fleurons est le groupware qui, non seulement est une avancée technologique, mais plus encore stimule une nouvelle manière plus efficace de travailler ensemble au sein des équipes.

Le groupware est un ensemble de technologies logicielles qui facilitent le travail en équipe d'une manière complète et unifiée, en permettant à la fois de coordonner, de collaborer et de communiquer.

Il vous permet de travailler ensemble, à proximité ou à distance, en écartant les barrières géographiques et temporelles.

Pour bien réussir votre groupware, il faut :

➤ respecter les étapes d'introduction du groupware présentées dans le chapitre 5 de cette partie ;

➤ organiser votre groupware de telle manière qu'il donne satisfaction aux différents besoins de ses utilisateurs, et qu'il fournisse une réponse meilleure que celle des canaux traditionnels tels que réunions, appels téléphoniques, diffusion papier… ;

➤ faire immédiatement passer les informations clés et motivantes par le groupware en évitant une diffusion parallèle sur papier ;

➤ penser que la réussite du groupware tient plus des facteurs humains que des facteurs informatiques ;

➤ prévoir la formation et l'assistance nécessaire pour que le groupware soit bien utilisé et qu'il dynamise la stratégie de l'entreprise.

Avec le groupware, vous avez un instrument stratégique très puissant pour dynamiser votre entreprise. Bien des remises en question vont en découler et amener obligatoirement à une amélioration des manières de travailler, par une diminution de certains coûts, une plus grande satisfaction des clients, une réaction plus dynamique et plus rapide aux nécessités de changement, etc.

CONCLUSION

LES PLAISIRS DE LA VIE AU TRAVAIL

La mise en œuvre de ce programme d'amélioration de votre efficacité personnelle et de votre efficacité d'équipe vous aura offert la satisfaction, nous l'espérons, de récolter des premiers résultats en termes d'efficacité.

Vous cherchez à mieux vous organiser pour être plus efficace et vous le faites déjà. Quand vous vous organisez mieux, vous créez de l'harmonie en vous et autour de vous. Il n'est pas anodin que l'étymologie grecque du mot « organisation » signifie « harmonie » !

Quelques bénéfices de l'efficacité

Vous avez pu découvrir que travailler seul ou en équipe avec plus d'efficacité peut vous donner des satisfactions nouvelles :
- gagner du temps (soit du temps privé, soit du temps au profit d'activités professionnelles importantes) ;
- diminuer les frustrations que créaient les tâches inutiles et les réunions improductives ;
- mieux maîtriser votre rôle et votre mission ;
- éviter le piège des activités parasites et des sollicitations trop nombreuses ;
- mieux vous concentrer sur ce qui est le plus important ;
- trouver immédiatement les documents ou les informations que vous cherchez au lieu de perdre votre temps en recherches trop longues ;

- mieux communiquer au sein de l'équipe par le fait que chacun contribue de manière plus efficace à l'entreprise ;
- sortir du mutisme et trouver la possibilité d'exprimer son potentiel et d'être soi-même ;
- quitter le travail et rentrer chez soi en étant plus détendu ;
- atteindre de meilleurs résultats en moins de temps, avec moins de fatigue et moins de stress ;
- avoir plus de plaisir au travail.

Notez vos satisfactions après cette première phase de mise en pratique. Enregistrez-les. Pensez que ces premiers succès seront le moteur qui permettra de générer des satisfactions encore plus grandes en lançant un nouveau cycle de progression.

Pourquoi cette démarche réussit-elle ?

Outre leur forte synergie, le Programme d'Efficacité Personnalisé (PEP), Lotus Notes et son application bureautique *Trace*, de même que les applications d'innovation *Idea Central* ou de pilotage *Focal Point*, ont des points communs. En particulier leur démarche est :

1. *d'une logique limpide* qui permet d'en comprendre rapidement les principes et le fonctionnement ;

2. *simple à appliquer* et facile à mettre en œuvre par chacun, car elle fait le lien entre les comportements, les technologies et les défis du présent ;

3. *utile et nécessaire* car la démarche répond aux préoccupations de proximité de chacun et a un grand impact en aidant l'entreprise, l'équipe et l'individu à être à la hauteur des défis ;

4. *sécurisante* car la démarche est claire, à la portée de chacun, et procure des avantages au niveau personnel et professionnel, individuel et collectif, en permettant à chacun de satisfaire ses besoins mieux qu'auparavant et en s'intégrant dans une vision systémique ;

5. autonomisante car la démarche, tout en proposant des repères, laisse une grande latitude d'adaptation aux particularités des missions et des équipes ou des individus ;

6. porteuse d'enthousiasme et de satisfaction, car la mise en œuvre procure libération et simplification.

Les résultats seront-ils aussi bons partout ?

Nous voyons que les grands principes sont universels tant qu'ils obtiennent des résultats de manière simple et qu'ils sont facilement applicables. D'un bout à l'autre de la planète se développe une «culture business» de l'efficacité à laquelle il est préférable de pouvoir s'adapter.

Cependant les valeurs changent selon les cultures. Le style des missions et des objectifs varient également.

La propension à privilégier l'individu ou le groupe, la propension à préférer le succès professionnel ou la sécurité sont des éléments variables selon les cultures. Le Néerlandais Geert Hofstede a

Fig. 29. L'impact des cultures

mené une enquête sur une quarantaine de pays. Ses résultats font mieux comprendre les différences de culture et leur impact sur les thèmes que nous avons traités dans cet ouvrage.

La roue de l'amélioration tourne sans cesse

Le plaisir de la vie est d'apprendre, de se développer, de pouvoir s'arrêter et de se reposer, puis de reprendre un chemin d'évolution. «Quand l'éducation d'un homme est finie, il est fini» (E. A. Filene). Le concept d'apprentissage permanent est de plus en plus reconnu, d'abord par les grandes entreprises qui ont donné le ton, puis par la grande majorité des organisations et des individus.

La réalité se révèle de plus en plus complexe et déroutante, mouvante et vivante. Elle est angoissante pour ceux qui croient avoir fini leur chemin d'apprentissage. Elle est fascinante pour ceux qui ont choisi de mettre leur plaisir dans le changement permanent. Révisons notre logique linéaire habituelle où nous pensions en termes de dépendance ou d'indépendance des éléments, et entrons dans l'univers grandiose de l'interdépendance des éléments. Tout change et tout est interactif.

Les dernières vagues des anciens modèles de l'entreprise viennent encore se briser sur les nouveaux rivages de l'innovation, de l'action immédiate, du management de la communication, du nomadisme, du travail en réseau…

Les nouvelles générations se forment à travers la culture Internet. Elles ont un goût aigu pour la curiosité, pour la diversité, pour la tolérance, pour la remise en question des opinions établies, pour l'autonomie. Elles ont la capacité de développer des sentiments d'appartenance à des organisations sans avoir jamais rencontré l'un de leurs membres. Elles trouvent leur place dans des réseaux mobiles, riches et variés. Elles ont un goût pour chercher l'information, pour enquêter et travailler en réseau. L'entreprise de demain sera bâtie sur leur manière d'être, celle de ceux qui appartiennent à la «Net Gen» (la génération Internet) et que l'on nomme déjà les «Net Geners». Les entreprises et leurs organigrammes commencent une mue inévitable vers des structures en réseau et vers des manières de penser et de savoir en réseau.

La remise en question permanente est indispensable, elle fait déjà partie de la culture actuelle.

Le chemin d'évolution n'a pas un but ultime, il est le but ultime. Ce n'est pas l'arrivée qui est le but, c'est dans l'avancée que réside le plaisir et l'accomplissement.

Pour parcourir les plaisirs du chemin d'évolution, explorons quatre de ses voies parmi d'autres. Elles pourront vous guider dans votre voyage à travers l'amélioration permanente :
- celle de l'expert ;
- celle du provocateur ;
- celle du fou ;
- celle du sage.

La voie de l'expert

Les experts cotés aujourd'hui sont inévitablement les experts qualité. Qui n'a jamais entendu parlé de Qualité Totale ? On ne parle d'ailleurs plus de Qualité Totale, mais de Management par la Qualité Totale, ce qui exprime bien que la démarche est entrée dans les rouages profonds de l'entreprise. Les meilleurs modèles sont incontestablement le modèle Deming, le modèle du Malcom Baldrige National Quality Award (États-Unis), et le modèle EFQM (Europe).

Le modèle de l'EFQM nous paraît particulièrement intéressant. L'EFQM (European Foundation for Quality Management) a été fondée en 1988 pour promouvoir le Management par la Qualité Totale en Europe. L'EFQM adapte et crée des modèles en tenant compte des diversités européennes. Cette fondation a rassemblé un recueil important de données de Benchmarking et cherche ainsi à développer la «Business Excellence».

Le modèle EFQM (Figure 30) nous montre que la «satisfaction du client», «la satisfaction du personnel» et «l'impact sur la société» sont obtenus grâce au «leadership» qui oriente «la politique et la stratégie», «le management du personnel», «les ressources» et «les processus», et conduit à l'excellence dans les «résultats opérationnels».

Chacun de ces neuf éléments est un critère qui peut être utilisé pour évaluer les progrès de l'organisation tout au long de son chemin vers l'excellence. Les «résultats» indiquent ce que l'entreprise a accompli et est en train d'accomplir; les «facteurs» indiquent comment ces résultats sont obtenus.

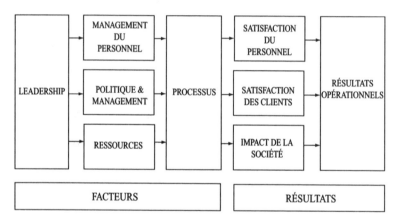

Fig. 30. *Le modèle EFQM*

Les guides d'auto-évaluation mettent à votre disposition un ensemble de questions pertinentes que doit se poser toute entreprise désireuse de s'améliorer. Les résultats sont pondérés en pourcentage de la note globale.

Critère 1 : Leadership (10 %)

Comment les comportements et les actions des dirigeants et des autres leaders inspirent, soutiennent et promeuvent une culture du Management par la Qualité Totale.

Comment les leaders :

    1a. montrent leur implication de manière visible dans la culture du Management par la Qualité Totale ;

1b. soutiennent l'amélioration et l'implication en fournissant les ressources et l'assistance appropriées ;
1c. sont impliqués vis-à-vis des clients, des fournisseurs et des autres organisations externes ;
1d. reconnaissent et apprécient les efforts du personnel et ses réalisations.

Critère 2 : Politique et Stratégie (8 %)

Comment l'organisation formule, déploie et examine sa politique et sa stratégie, et les transforme en plans et en actions.
Comment la politique et la stratégie sont :
2a. basées sur une information adéquate et complète ;
2b. développées ;
2c. communiquées et mises en œuvre ;
2d. régulièrement mises à jour et améliorées.

Critère 3 : Management du personnel (9 %)

Comment l'organisation utilise et développe le potentiel de son personnel.
Comment, en ce qui concerne le personnel :
3a. les ressources humaines sont planifiées et améliorées ;
3b. les compétences sont soutenues et développées ;
3c. le personnel donne son accord sur les objectifs et examine régulièrement ses performances ;
3d. le personnel s'implique, se voit responsabilisé par des délégations et est reconnu ;
3e. l'organisation maintient un réel dialogue ;
3f. l'organisation prend soin du personnel.

Critère 4 : Ressources (9 %)

Comment les organisations gèrent les ressources de manière efficace et efficiente.
Comment :
4a. les ressources financières sont gérées ;
4b. l'information est gérée ;
4c. les relations avec les fournisseurs et les achats sont gérés ;
4d. les bâtiments, les équipements et autres biens sont gérés ;
4e. la technologie et la propriété intellectuelle sont gérées.

Critère 5 : Processus (14 %)

Comment l'organisation identifie, gère, examine et améliore ses processus.
Comment les processus :
5a. sont identifiés comme des clés pour le succès de l'entreprise ;
5b. sont gérés de manière systématique ;
5c. sont examinés et les objectifs fixés en vue d'être améliorés ;

5d. sont améliorés en faisant appel à l'innovation et à la créativité ;

5e. sont modifiés et les gains évalués.

Critère 6 : Satisfaction des clients (20 %)

Comment l'organisation satisfait ses clients externes.

6a. Quelle perception les clients ont des produits, des services et des relations clients de l'entreprise ?

6b. Quelles autres mesures sont prises pour évaluer la satisfaction des clients de l'entreprise ?

Critère 7 : Satisfaction du personnel (9 %)

Comment l'organisation se comporte pour satisfaire son personnel.

7a. Comment le personnel perçoit l'entreprise ?

7b. Quelles sont les mesures complémentaires pour évaluer la satisfaction du personnel ?

Critère 8 : Impact sur la société (6 %)

Ce que l'organisation fait pour satisfaire les besoins et les attentes des communautés locales, nationales et internationales au sens large (selon le cas). Ceci inclut la perception de la politique de l'entreprise dans les domaines de la qualité de vie, de l'environnement et de la protection des ressources globales. Ceci inclut aussi les mesures internes d'efficacité prises par l'entreprise dans ces secteurs. Seront également inclues ses relations avec les autorités et les organismes chargés de la réglementation de ses domaines d'activité.

8a. Quelle est la perception que la collectivité a de l'organisation ?

8b. Quelles sont les autres mesures de l'impact de l'entreprise sur la collectivité ?

Critère 9 : Résultats opérationnels (15 %)

Ce que l'organisation réalise en fonction de ses objectifs opérationnels planifiés et en réponse aux besoins et aux attentes de tous ceux qui ont un intérêt financier ou des actions dans l'entreprise.

9a. Quelles sont les mesures financières de la performance de l'organisation ?

9b. Quelles sont les autres mesures de la performance de l'organisation ?

L'EFQM propose son modèle d'auto-évaluation pour quatre usages :

• comme une trame que l'entreprise peut utiliser pour s'aider à développer sa vision et ses buts vers le futur d'une manière tangible et mesurable ;

- comme un profil utilisable par l'entreprise pour identifier et comprendre la nature systémique de ses opérations, les liens clés et les relations de cause à effet ;
- comme une base pour concourir au Prix Européen de la Qualité, qui permet à l'Europe de récompenser ses entreprises les plus méritantes et de les promouvoir comme modèles d'excellence ;
- comme un outil de diagnostic pour évaluer la santé actuelle de l'entreprise. À travers ce processus, une entreprise peut ainsi mieux équilibrer ses priorités, allouer plus judicieusement ses ressources et lancer des plans réalistes de développement.

La voie du provocateur

Vous voulez être ou vous estimez être le pilote idéal d'un changement personnel ou institutionnel. L'Irlandais Charles Handy vous suggère d'être quatre divinités grecques. Soyez Zeus, Apollon, Athéna, Dionysos. Pas l'une ni l'autre, mais les quatre à la fois ! Si vous ne connaissez pas Charles Handy, sachez qu'il est un des grands gourous des organisations. Vous comprendrez mieux quand vous saurez que, selon Handy, Zeus représente l'intelligence intuitive, Apollon l'intelligence logique, Athéna l'intelligence pratique, Dionysos l'intelligence relationnelle. Mettez ces quatre divinités dans votre moteur et vous voilà le pilote idéal des transformations !

Le paradoxe peut être également une manière de sortir des sentiers battus. Acceptez les provocations ou créez-en. Elles peuvent être une manière de voir la même réalité sous un jour nouveau.

Un dicton japonais dit : « Il est plus facile d'augmenter de 30 % que de 5 %. » Pour augmenter de 5 %, il faut pousser et forcer les systèmes, les rythmes et les hommes qui fonctionnent peut-être déjà à haut régime. Pour augmenter de 30 %, il faut penser et agir de manière radicalement différente pour faire plus avec moins, et non un peu plus ou un peu mieux.

Certaines équipes marketing fournissent parfois de fausses informations à leur département Recherche et Développement en leur annonçant qu'un concurrent est prêt à mettre sur le marché un produit incroyable ou apparemment impossible à réaliser. Les équipes R&D sont alors dans la certitude que c'est possible et, piquées au vif, cherchent et trouvent. Les équipes marketing et commerciales, en raison de leurs contacts étroits avec leur marché, connaissent les sensibilités ou les espoirs utopiques de leurs clients, qui, concrétisés, peuvent donner des avantages concurrentiels évidents.

Que faire face à l'impossible? Un slogan de mai 68 clamait : « Soyez réalistes, demandez l'impossible ». En France, on dit : « Impossible n'est pas français ». Aux États-Unis, on déclare : « Pour l'impossible, ça prendra juste un peu plus de temps ».

Et pourquoi ne pas réussir un bon échec! « Il est heureux de tomber à terre si votre main rencontre un diamant », dit un proverbe indien. Laissez de la place à l'erreur! Rendez-la positive. L'erreur est l'occasion d'apprendre et d'expérimenter. « Si vous fermez la porte à toutes les erreurs, la vérité restera dehors » (Tagore). Cependant soyez créatif, changez d'erreur à chaque fois! La sagesse populaire dit : « Il n'y a que les imbéciles qui ne se trompent jamais et... ceux qui ne font rien ».

La voie du fou

Il arrive que les chemins du succès dépassent l'entendement. Restons ouverts à ce qui n'est pas raisonnable. Le philosophe Pascal dans ses *Pensées* propose la modération : « Deux excès : exclure la raison, n'admettre que la raison. »

Il m'arrive de découvrir des systèmes utilisés par certaines personnes pour développer leur efficacité. Parfois ces trouvailles sont prodigieuses et marchent, mais se révèlent difficilement utilisables par quelqu'un d'autre que celui qui les a mises en place.

Ainsi des spécialistes de l'aéronautique disent que les bourdons ne devraient pas pouvoir voler en raison de leur trop grand poids par rapport à la taille de leurs ailes. Et pourtant les bourdons volent! Ils ne savent pas qu'ils sont incapables de voler.

Karl Weick[1] rapporte une expérience de Gordon Siu :

> « Si vous mettez six abeilles et six mouches dans une bouteille que vous couchez cul vers la fenêtre, vous verrez que les abeilles ne cesseront pas de chercher à découvrir une issue à travers le verre jusqu'à ce qu'elles meurent d'épuisement ou de faim, alors que les mouches, en moins de deux minutes, seront sorties par le goulot de l'autre côté. C'est l'amour de la lumière des abeilles et leur intelligence qui causent leur perte dans cette expérience. Elles s'imaginent apparemment que la sortie d'une prison doit se trouver là où la lumière est la plus vive, et elles agissent en conséquence et s'obstinent dans cette action trop logique. Pour elles, le verre est un mystère surnaturel qu'elles n'ont jamais rencontré dans la nature, elles n'ont aucune expérience de cette atmosphère soudain impénétrable, et plus leur intelligence est développée, plus cet obstacle paraîtra inadmissible et incompréhensible. Tandis que ces têtes de linotte de mouches, indifférentes à la logique comme à la logique du verre, ignorant l'appel de la lumière volent frénétiquement dans tous les sens et rencontrent là la bonne fortune – qui sourit souvent aux simples qui trouvent leur salut là où les plus sages périssent – et finissent nécessairement par découvrir l'ouverture qui leur rend leur liberté. »

Et Weick de commenter : « Cet épisode parle d'expérimentation, de persévérance, d'essais et d'erreurs, de risques, d'improvisation, de la meilleure voie, de détours, de confusion, de rigidité et de hasard, éléments qui entrent tous en jeu pour faire face au changement. »

---

1. *The Management of Organizational Change Among Loosely Coupled Elements*, 1981, et *Sense making in Organizations (Foundations for Organizational Science)*, 1998.

La voie du sage

Si maintenant vous savez vous organiser, sachez prendre votre temps. «Désormais tout le monde a une montre et personne n'a le temps. Échangez l'une contre l'autre : donnez votre montre et prenez votre temps!» conseille Michel Serre.

Lewis Caroll, dans *Alice au pays des merveilles* : «Si vous connaissiez le temps aussi bien que je le connais moi-même, dit le chapelier, vous ne parleriez pas de le gaspiller comme une chose. Le temps est une personne.»

Un passage savoureux du *Petit Prince* d'Antoine de Saint-Exupéry à propos de l'innocence, pose la question du sens des économies de temps :

> «Bonjour, dit le petit prince.
> – Bonjour, dit le marchand.»
> C'était un marchand de pilules perfectionnées qui apaisent la soif. On en avale une par semaine et l'on n'éprouve plus le besoin de boire.
> «Pourquoi vends-tu ça? dit le petit prince.
> – C'est une grosse économie de temps, dit le marchand. Les experts ont fait des calculs. On épargne cinquante-trois minutes par semaine.
> – Et que fait-on de ces cinquante-trois minutes?
> – On en fait ce que l'on veut...»
> «Moi, se dit le petit prince, si j'avais cinquante-trois minutes à dépenser, je marcherais tout doucement vers une fontaine.»

Un poème venu d'Irlande suggère de réfléchir sur de nouveaux usages de votre temps «gagné» :

> Prends ton temps pour travailler, c'est le prix du succès.
> Prends ton temps pour réfléchir, c'est la source de la force.
> Prends ton temps pour jouer, c'est le secret de la jeunesse.
> Prends ton temps pour lire, c'est la base du savoir.
> Prends ton temps pour être amical, c'est la porte du bonheur.
> Prends ton temps pour rêver, c'est le chemin qui mène aux étoiles.
> Prends ton temps pour aimer, c'est la joie de vivre.
> Prends ton temps pour être content, c'est la musique de l'âme.

«Voyez-vous… dans la vie, il n'y a pas de solutions. Il y a des forces en marche : il faut les créer, et les solutions suivent» (Antoine de Saint-Exupéry, *Vol de Nuit*).

Changer est parfois difficile et ressemble à la métamorphose de la chenille en papillon. Il y a souffrance, déchirement, abandon et deuil, avant de découvrir la libération et la liberté de l'envol… «Ce que la chenille appelle fin du monde, le Maître l'appelle un papillon» (Richard Bach dans *Illusions*).

Cependant, comme le dit si joliment Louis Pauwels, dans *L'apprentissage de la sérénité* : «Il ne s'agit pas de changer l'homme, mais de lui donner le goût de s'accomplir.»

Puissent cette lecture et la mise en œuvre de ce programme vous avoir donné l'envie et le plaisir de vous accomplir personnellement dans votre vie professionnelle.

Puisse ce programme permettre à votre entreprise de se développer et de réussir.

ADRESSES IBT
(Institute for Business Technology)

IBT fournit le pont ou le chaînon manquant entre les comportements humains et les avancées technologiques.

Ses programmes aident les entreprises de toutes tailles et de tous secteurs économiques à faire plus et mieux avec moins de ressources, moins de temps, moins de stress et plus de plaisir.

Ils aident leurs clients à rester efficaces et à le devenir davantage dans des contextes d'incertitude et de changement permanent.

Cette société est présente sur tous les continents et a accompagné individuellement plus de 300 000 managers et leurs équipes dans plus de 2 500 entreprises, ce qui représente l'observation multiculturelle des comportements, attitudes et valeurs de milliers de cas de réussites ou d'échecs transformés en réussites.

Ce livre vous a présenté le Programme d'Efficacité Personnalisé (le PEP). Il vous manque cependant l'essentiel : l'adaptation personnalisée aux individus, aux équipes et aux entreprises grâce à laquelle la méthodologie donne de vrais résultats, profonds, visibles et durables, c'est ce que font avec talent les consultants d'IBT.

Cette entreprise a débuté en Suède et a commencé son développement international en 1984 et son fondateur et actuel Président est Kerry Gleeson. Ses consultants opèrent actuellement en une quinzaine de langues, ce qui est un grand avantage pour toutes les sociétés internationales, souhaitant développer une démarche similaire dans les différents pays où elles sont présentes.

Si la lecture de ce livre vous donne envie d'en savoir plus et de profiter de l'expérience d'IBT pour accompagner votre entreprise ou votre équipe dans son évolution vers plus d'efficacité, contactez le bureau IBT de votre pays.

Si le travail que font les consultants IBT vous paraît être une nouvelle activité professionnelle qu'il vous plairait d'exercer et si vous voulez rejoindre les équipes du réseau IBT, mettez-vous en contact avec la société IBT.

Visitez le site internet d'IBT à l'adresse Web : www.FR.IBT-PEP. com (site en français, anglais, allemand, arabe, norvégien, suédois).

IBT dans les pays d'expression française :

IBT Bénélux
P.O. Box 688
NL - 1183 JD Amstelveen
Téléphone : + 31-206473752 - Fax : + 31-206477633
Adresse électronique : ibt@ibt-nl.demon.com

IBT Canada
96 Donegani, Suite 604
Pointe Claire, Québec H9R 2V4 – Canada
Téléphone : + 1-514-426 2325 - Fax : + 1-514-426 4986
Adresse électronique : pep@ibtcda.ca

Pour tous les autres territoires appartenant à la Francophonie (en Afrique, Asie, Polynésie, Europe...) :

IBT Francophonie, France, Suisse
Case postale 339
CH - 1224 Chêne-Bougeries - Genève
Téléphone : + 41.22.869.11.00 - Fax : + 41.22.869.11.01
Adresse électronique : ibt@ibt-pep.ch

Pour contacter l'auteur, écrire à Bruno.Savoyat@ibt-pep.ch

Lectures conseillées :

- Kerry GLEESON, *Mieux s'organiser pour gagner du temps, un programme d'efficacité personnalisé*, préface de Bruno Savoyat, Maxima Laurent du Mesnil éditeur, 1995.
- Kerry GLEESON, *How to Be Better Organized in an Electronic Environnement*, Wiley & Sons, 1997 (non traduit en français).

INDEX

V-W

··· SAGIM ···

Achevé d'imprimer en janvier 2000
sur rotative Variquik par l'imprimerie
SAGIM à Courtry (77)

Imprimé en France

Dépôt légal
N° d'impression : 4048